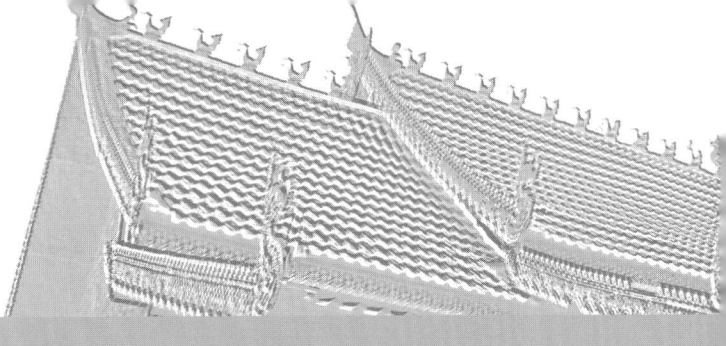

东南亚神王文化研究

张红云 著

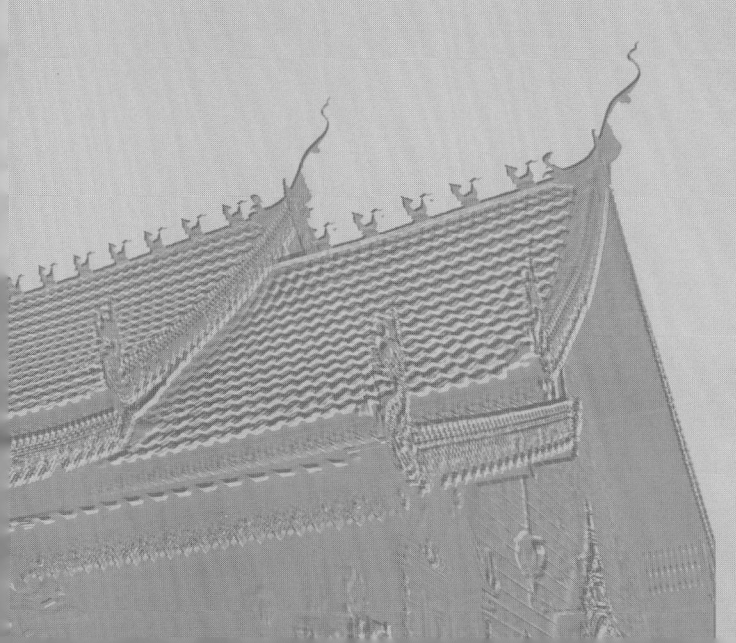

中国社会科学出版社

图书在版编目(CIP)数据

东南亚神王文化研究 / 张红云著. —北京：中国社会科学出版社, 2017.6
ISBN 978-7-5203-0632-4

Ⅰ.①东… Ⅱ.①张… Ⅲ.①神—文化研究—东南亚 Ⅳ.①B933

中国版本图书馆 CIP 数据核字(2017)第 148554 号

出 版 人	赵剑英
责任编辑	王莎莎
责任校对	张爱华
责任印制	张雪娇

出　　版	中国社会科学出版社
社　　址	北京鼓楼西大街甲 158 号
邮　　编	100720
网　　址	http://www.csspw.cn
发 行 部	010-84083685
门 市 部	010-84029450
经　　销	新华书店及其他书店
印　　刷	北京君升印刷有限公司
装　　订	廊坊市广阳区广增装订厂
版　　次	2017 年 6 月第 1 版
印　　次	2017 年 6 月第 1 次印刷
开　　本	710×1000　1/16
印　　张	15
插　　页	2
字　　数	246 千字
定　　价	68.00 元

凡购买中国社会科学出版社图书，如有质量问题请与本社营销中心联系调换
电话：010-84083683
版权所有　侵权必究

序

　　印度宗教文化神王观念，贯穿于东南亚地区受印度文化影响国家的整个历史长河之中。古代东南亚地区的统治者们为了显示自己的崇高地位及法力无边，把自己说成是某神灵的化身或转世。因此，他们的称号也神秘地糅合了神灵的称号。国王驾崩后，人们会按照其生前所信宗教中主神的特征来为其建造雕像，如果该国王信奉印度教，其雕像便是印度教神灵的模样；如果信奉佛教，那么其雕像便是佛教神灵的模样。当印度教和佛教在某一王国并行时，在神王合一的基础上，会出现二神合一的现象，如：印度尼西亚麻喏巴歇王国（Majapahit）创始人拉登·维加亚（Raden Wijaya）国王，他有两处陵庙，在苏姆泊尔加蒂陵庙（Candi Sumberjati），他的雕像是以湿婆神的形态出现；而在安塔布拉陵庙（Candi Antahpura），他又是以佛祖释迦牟尼的形态出现。这说明他既信奉印度教又信奉佛教。在印度尼西亚古代爪哇，当一国统治者将自己的统治扩展到一个新近征服的地区时，便着手建筑一座陵庙以显示自己的强大，在陵庙内供奉的是他死后与之合为一体的神灵。人们经常举行隆重的祭奠仪式，祈求神灵和亡故的国王护佑他们的子孙。无论是受婆罗门教、印度教影响较深的国家还是受佛教影响较深的国家，神王思想无不是民众精神生活的重要组成部分。东南亚古代国家崇尚神王合一思想构成其文化的主题。印度文化进入东南亚地区时，正是东南亚古代文化处于形成的前期。印度宗教对神灵的崇拜与东南亚古代所信仰的万物有灵不谋而合，发展水平较高的印度文化受到当地人们的欢迎。由此可见，东南亚古代国家文化是本土文化和外来文化的混合物。本土文化是外来文化能够生根发芽的土壤，外来文化嫁接到东南亚文化后，从本土文化中汲取了养分，获得了新的生命力，焕发出新的生机和活力。研究东南亚古代国家的神王文化，不仅是对东南亚文化研究的重要补充，而且也是对东南亚政治、历史、对外关系研究的重要补充。该研究有助于窥见东南亚文化的全貌。近年，中国与东南亚的经贸往来、文化交流更加频繁。只有深入研究东南亚各国的历史文化，才能进一步增进互相了解，和睦共处，共同发展。该研究符合中国国际地位提升的需要，因而，具有现实意义。

张红云博士在阅读与东南亚古代国家神王文化有关材料的基础上，把神王观念的起源及神王文化的内涵作为本书的切入点，进而围绕东南亚半岛地区以吴哥为中心的神王文化、海岛地区以爪哇为中心的神王文化等进行分析研究，最后以曼陀罗式的神王文化作为结语来概括全文。张红云博士在研究、分析的基础上，提出古代东南亚地区的神王文化虽然起源于印度，但已经演变成为东南亚自己的文化特征的观点，如"东南亚国家国王起源于神灵、国王称号神灵化、林伽崇拜神王化、神灵雕像人格化、建筑神王化、国家管理神王化等"。张红云博士在前人研究的基础上，从宗教学、历史学、政治学等视角系统地、多角度地探讨东南亚古代国家的神王文化，在东南亚文化研究领域具有重要的参考价值。

古代东南亚各国的神王文化，不仅是历史的组成部分，而且也是政治和文化的组成部分。随着人类科学技术的进步，文化转型不断加快，古代东南亚国家的神王合一机制表现出了原有的活力和作用。研究古代东南亚地区神王文化有利于我们更深入地了解当代东南亚各国的社会现状。

梁敏和
2017 年 6 月 29 日

前　言

东南亚的宗教文化既"多样"又"神秘"。柬埔寨的吴哥窟建筑群及其壁画，泰国金碧辉煌的大皇宫建筑群及其壁画，印度尼西亚的婆罗浮图建筑群及其雕像，缅甸、老挝、泰国、柬埔寨等南传佛教国家高耸入云的佛塔，遍布东南亚令人敬畏的神庙，随处可见犹如"飞龙在天"的那伽（Naga）形象，古代遗留下来的形态各异的神灵雕像，似神似人的古代国王雕像，"出淤泥而不染"的莲花，被视为神圣的白象，神秘的菩提树，人神合一的伽楼罗（Garuda）图案，深受东南亚人民喜爱的罗摩，涵义深邃的林伽，被东南亚人民视为神物的石碑，冗长的泰国国王称号等等都影射着神秘的东南亚宗教文化，给人留下了无限的探索空间。

当我2006年第一次到达泰国时，就被当地神秘的佛塔、神庙、佛陀雕像、莲花形象、那伽形象、皇宫和土地庙深深地吸引住了，并产生了一探究竟的念头，因此收集了一些相关的资料。2011年，我考上了北京大学的博士研究生，在北京大学图书馆里，我更广泛地接触到了东南亚、南亚方面的资料，尤其是大量的英文资料。于是在导师梁敏和教授及吴杰伟教授、薄文泽教授的建议下，我把东南亚的神王崇拜作为了博士论文的选题。

在他们的鼓励和支持下，我不仅阅读了大量的中文史籍中、东南亚当地的碑铭中、英文文献中、泰文文献中与东南亚、南亚宗教文化、政治历史有关的资料，而且还阅读了《罗摩衍那》、《摩诃婆罗多》、《摩奴法论》和《吠陀经》等印度古代的经典作品，以便深入地探讨东南亚地区的神王崇拜，试图揭开东南亚地区神王文化的神秘面纱。

东南亚地区的宗教文化，基本上都是外来的，尤其是来自古印度。古印度可以说是东南亚宗教文化的源头。因此，在研究东南亚宗教文化的时候，只有把视野延伸至古印度，才能更全面地探讨问题的实质。本书正是作者把古印度的宗教文化与东南亚的宗教文化相结合的产物，是从古印度宗教文化的视角来回答东南亚的宗教文化问题。

本书从六个部分来论述了东南亚神秘的神王文化这个问题。

第一部分是在总结前人研究的基础上提出本书的选题意义，论述本书的特色。这部分主要是对东南亚神王崇拜研究的现状进行系统地梳理，该部分搜罗了古今中外关于东南亚神王文化的相关论述，包括印度历史文化中的神王观念。第二部分论述了古印度神王观念的起源、传播到东南亚、以及对古代东南亚国家国王的影响等，并对什么是"神王合一"进行了界定。这部分综合了中外学者关于东南亚神王合一的论述。第三部分主要讨论以吴哥为中心的神王崇拜。在这部分中，首先是在参考中国史籍的基础上，分析了东南亚最早王国扶南、占婆的神王崇拜，其次是讨论了吴哥和占婆地区以林伽、神灵雕像为对象的神王崇拜。第四部分主要论述了东南亚海岛地区的神王崇拜。这部分是在参考当地发现的一些碑铭和历史文化的基础之上进行的，首先是对海岛地区早期国家古戴王国（Kutai）、达鲁玛王国（Daruma）和室利佛逝王国（Srivijaya）的神王崇拜进行了探讨，其次是重点探讨了爪哇地区国王雕像中的神王崇拜。第五部分是在参考中、英、泰三种文字资料的基础上系统地论述了泰国从古至今的神王崇拜，包括国王称号中的神王崇拜、各种仪式中的神王崇拜、王宫建筑中的神王崇拜、各种神灵图案（符号）中的神王崇拜。第六部分主要是论述曼陀罗式的神王崇拜。第六章所讨论的问题与前面各章节中所讨论的问题融合在一起构成了东南亚神王崇拜的基本特征，因为无论是曼陀罗式的神王崇拜还是梅卢山式的神王崇拜都与印度的神王观念有关。

本书中我所参考的碑文，有的是经过翻译的中文译文，如古代印度尼西亚的碑文；有的是英文，如关于占婆地区的碑文；有的是泰文，如泰国的兰甘亨碑文，但即便是泰文也是经过专家学者释读出来的泰文。本书中所出现的神灵称号、国王称号（尊号）大多是梵文。本书中所使用的"神王崇拜"、"神王信仰"和"神王文化"指的是同一概念，即"把国王视为神灵"的习俗。本书所讨论的东南亚神王文化的时间跨度比较大，约从公元1世纪起一直到现在，这是因为东南亚的神王崇拜现象自公元初出现后，就一直存续到现今。

本书可以说是我对东南亚宗教文化研究的集大成者,虽然比较拙劣,不尽完美,但它是我花了近五年的时间,网罗了大量的资料,凝结了无尽的汗水,寒窗苦读、不辞辛劳、夜以继日才得以完成的著作,如果就让它这样"束之高阁""默默无闻",不让其与世人见面,没有体现出其应具有的价值,着实令人遗憾。于是我将其再行修改、完善并付梓。

在本书的出版过程中,中国社会科学出版社的王莎莎老师始终与我联系、协调、修改等相关事宜,深表感谢!另外,本书的出版,得到了玉溪师范学院博士科研启动基金的大力支持,在此表示感谢!

张红云

2017 年 4 月

目　　录

第一章　绪论 ……………………………………………………（ 1 ）
　第一节　问题的提出 ………………………………………（ 1 ）
　第二节　选题意义 …………………………………………（ 2 ）
　第三节　本文研究范围和概念界定 ………………………（ 3 ）
　第四节　研究综述 …………………………………………（ 5 ）
　第五节　本文的研究视角、研究方法、写作思路 ………（13）

第二章　印度神王观念的起源、对东南亚国家的影响及内涵 ……（15）
　第一节　印度神王观念的起源 ……………………………（15）
　第二节　印度神王观念对东南亚国家的影响 ……………（23）
　第三节　东南亚国家国王神性和神王合一的内涵 ………（33）
　本章小结 ……………………………………………………（39）

第三章　以吴哥为中心的神王崇拜 ………………………………（40）
　第一节　扶南王国、占婆王国早期的神王崇拜 …………（40）
　第二节　吴哥王朝和占婆王国的林伽崇拜与神王合一探析 …（48）
　第三节　吴哥王朝初期的提婆罗阇崇拜初探 ……………（66）
　第四节　吴哥地区神灵雕像中神王崇拜的特征 …………（74）
　本章小结 ……………………………………………………（88）

第四章　以爪哇为中心的神王崇拜 ………………………………（91）
　第一节　爪哇地区早期王国神王崇拜的特点 ……………（91）
　第二节　以神灵的启示为特点的肯·昂罗的神王崇拜 …（102）
　第三节　格尔塔那加拉的佛陀—拜依拉哇崇拜 …………（107）
　第四节　爪哇地区雕像中神王崇拜的特征 ………………（117）
　本章小结 ……………………………………………………（122）

第五章　以泰国为中心的神王崇拜 ……………………（123）
 第一节　素可泰王朝时期从神王到佛王的崇拜 ……………（123）
 第二节　阿瑜陀耶王朝时期神佛并重的神王崇拜 …………（131）
 第三节　曼谷王朝从淡化到重构的神王崇拜 ………………（141）
 第四节　提婆罗阇对当代泰国国王加冕仪式的影响 ………（151）
 本章小结 ………………………………………………………（156）

第六章　曼陀罗式的东南亚神王崇拜 ……………………（157）
 第一节　曼陀罗模式与梅卢山的关系 ………………………（157）
 第二节　宗教建筑中曼陀罗式的神王崇拜 …………………（159）
 第三节　王城、王宫中曼陀罗式的神王崇拜 ………………（173）
 第四节　梅卢山与东南亚的神王崇拜 ………………………（179）
 本章小结 ………………………………………………………（184）

第七章　结论 …………………………………………………（185）

参考文献 ………………………………………………………（189）

附　录 …………………………………………………………（198）

后　记 …………………………………………………………（231）

第一章 绪 论

第一节 问题的提出

东南亚犹如一个文化上的万花筒，这里既有婆罗门教（印度教）文化，也有佛教文化；既有基督教文化，也有伊斯兰教文化。东南亚现存的各种宗教遗迹、宫殿建筑、神灵雕像、国王雕像无不诉说着曾经的信仰和崇拜。

东南亚神秘的寺山（神庙）、神灵雕像、国王雕像一直吸引着学者们对之进行不断地探讨。为什么吴哥窟整体建筑群、婆罗浮图整体建筑群和普兰巴南整体建筑群的平面分布图都由一个中心和围绕中心的同心圆圈构成？为什么东南亚印度教神庙的空间分布都具有层层重叠的特点？为什么吴哥窟、婆罗浮图、普兰巴南的廊壁上和泰国王宫的建筑物上都雕满了神灵？为什么东南亚古代各国都要在王城的中心建造许多神庙，而且还要把神灵、国王的雕像保存在神庙里？为什么有的东南亚古代国家国王的雕像坐在神灵身上？为什么东南亚地区现存的一些神灵雕像与当地人的形象非常相似？为什么东南亚地区发现的大多数古代碑铭总是把国王与神灵联系在一起？为什么当今泰国国王在国内拥有如此高的地位？这些问题都与神灵和国王有关。东南亚国家国王与神灵之间似乎存在着某种割舍不掉的联系。虽然有的学者在东南亚的历史研究、政治研究、宗教研究、美术研究和文学研究中都曾提到过神灵和国王之间的关系，但仍然没有从根本上解答这个问题。本书将在前人研究的基础上，对这些问题进行深入地探讨，以期找到这些问题的答案。

第二节 选题意义

国王与神灵在东南亚历史文化中构成了两个主要的文化元素。国王与神灵之间的关系，或者说把国王视为神灵的神王合一崇拜，在东南亚社会历史发展中扮演了重要的角色。从最早的扶南王国到现代的泰国、柬埔寨都存在这一现象，即把国王与神灵联系在一起。东南亚国家国王与神灵的联系是如此紧密，以至于可以说国王是与神灵关系最密切的人。国王从出生到死亡都离不开神灵。有国王的地方就有神灵和神灵符号。正如学者所说："如果一个国家是通过建构一个国王而建构起来的，那么，一个国王就是通过建构一个神灵而建构起来的。"① 国王的神性是王权能否具有合法性和正统性的标志。② 人们认为，国王具有神性则万民臣服、国泰民安；国王没有或失去神性，则整个国家将陷入混乱，甚至导致王朝的更替。③ 国王与神灵之间的联系是国家稳定、社会繁荣的风向标。神化国王构成了东南亚文化中不可或缺的部分。国王、神灵是历史发展的两条主线，只有把国王与神灵的关系研究清楚了，才能更深入地了解东南亚的历史与文化。

古代东南亚碑铭中所记载的事件大多与国王、神灵有关，如泰国素可泰王朝的兰甘亨碑、柬埔寨的斯多卡通碑等，这是国王、神灵在文化历史发展中重要地位的体现。研究东南亚国家的神王合一崇拜，不仅是对东南亚文化研究的重要补充，而且也是对东南亚政治、历史、对外关系研究的重要补充。研究神王合一信仰有助于更好地窥见东南亚文化的全貌。

随着中国改革开放和对外交往的进一步扩大和加深，中国与东南亚的经贸往来、文化交流更加频繁。当今世界被各种信息紧密地联系在一起，

---

① ［美］克利福德·格尔兹：《尼加拉：十九世纪巴厘剧场国家》，赵丙祥译，王铭铭校，上海人民出版社1999年版，第150页。

② 宋立道：《神圣与世俗：南传佛教国家的宗教与政治》，宗教文化出版社2000年版，第69—84页。另参阅 O. W. Wolters, *History, Culture, and Region in Southeast Asian Perspectives*, Southeast Asia Program, Cornell University, Ithaca, New York, 1999, pp. 15—26.

③ Robert Heine-Geldern, "Conceptions of State and Kingship in Southeast Asia", *Far Eastern Quarterly* 2 (1942), pp. 15—30.

中国离不开东南亚，东南亚离不开中国，只有研究东南亚各国的历史文化，才能增进互相了解，和睦共处，共同发展。研究东南亚各国的历史文化是中国经济发展的需要，也是中国国际地位提升的需要，更是社会科学研究者迫切需要完成的任务。现如今，东南亚古代神王合一信仰的机制表现出了原有的生机和活力。研究东南亚国家的神王崇拜，有利于了解当代东南亚各国的政治动因。

第三节　本文研究范围和概念界定

一　研究范围界定

本文研究的对象主要是受印度宗教文化影响的东南亚国家。扶南王国自立国起就受到印度婆罗门教的影响，所以是本文研究的起点。继扶南王国之后兴起的占婆王国，虽然后来被并入了非小乘佛教文化圈的越南，但从现在发现的一些碑铭记载来看，占婆王国曾是受印度宗教文化影响较深的国家，因此，也是本文研究的对象。海岛地区的古代王国达鲁玛（Daruma）、古戴（Kutai）、室利佛逝（Srivijaya）也在本文的研究范围之内，虽然这些国家的历史不甚清楚，但相关碑铭中所记载的国王名字（名号）是真实的。半岛地区的吴哥王朝、泰国各王朝和海岛地区以爪哇为中心的各王朝是本文讨论的重点。印度宗教文化对这些国家的影响一直持续到今天。

本文中的东南亚国家是指受印度宗教文化影响的国家，因此，就不包括受印度宗教文化影响不明显的菲律宾群岛和越南北部地区。

本文对东南亚地区神王合一崇拜研究的时间跨度很大，因为从公元1世纪左右的扶南王国开始，直到现今泰国的曼谷王朝，国王和宗教偶像之间一直存在着密切的联系。所以，本文研究的时间是纵向的，即从公元初的几个世纪直至当代。但本文研究的重点则在神王崇拜现象最为典型的几个世纪，即从公元9世纪初到公元14世纪前半叶，因为这一时期不仅是吴哥王朝流行神王文化，而且公元11世纪出现的缅人国家蒲甘王朝和公元13世纪出现的泰人国家素可泰王朝也同样流行神王文化。

二　概念界定

印度宗教中的神灵数量巨大，无法计数，但本文中的神（神灵）特指毗湿奴、湿婆、因陀罗、佛陀和菩萨。印度文化传入东南亚后，与当地文化相结合，形成了具有东南亚特色的神王文化。在印度宗教中，有三大主神即梵天、毗湿奴和湿婆。但在东南亚，印度宗教已趋于本土化，梵天的地位已大大降低，取而代之的是因陀罗，所以本文中所涉及的神就是已东南亚本土化了的神：因陀罗、毗湿奴、湿婆、佛陀和菩萨。本书中的印度宗教只包括婆罗门教、印度教和佛教。

佛陀、菩萨的特性与印度教三大主神的特性不同，小乘佛教认为佛陀不是神，而只是通过修行即将达到或已达到涅槃境界而不受业报轮回影响的人①，而大乘佛教则认为佛陀是神灵②，"有三世十方诸佛"③。东南亚国家国王与佛陀相结合所形成的神王崇拜，学者们将其称之为"佛王合一"④。

本书中的"神王合一崇拜"和"神王合一信仰"这两个概念，实际上指的是同一件事。《辞海》（第六版普及本）对"崇拜"的定义是："对精神体（如神、仙、鬼、怪等）表示尊崇而采取的某些行为（如身体的动作，念或唱某些祈祷、赞美词，特定的仪式）等。目的在于对所崇信的对象进行感恩或祈求护佑"；而"信仰"则是"对某种宗教或主义极度信服和尊重，并以之为行动的准则"。由此可见，"崇拜"不仅包含思想观念方面，而且也包含行动方面，而"信仰"则侧重于思想观念方面，两者之间互有包含，要严格地区分开来很难。所以，它们之间虽存在细微的区别，但是在本文中，为了行文的方便，没有把二者严格地区分开来。另外，学者们在谈到东南亚的神王时，有的学者使用"神王合一崇拜"这样的表述方式⑤，而另有的学者却使用"神王合一信仰"这样的术语⑥。所以，笔者认为，可不对"崇拜"和"信仰"这两个术语进行严格地区分。

---

① 古小松：《谈谈中南半岛中西部区域文化》，《东南亚纵横》2013 年第 10 期，第 55 页。
② 李政：《神秘的古代东方》，中国青年出版社 1999 年版，第 232 页。
③ 任继愈主编：《宗教大辞典》，上海辞书出版社 1998 年版，第 164 页。
④ จิตร ภูมิศักดิ์ โองการแช่งน้ำและข้อคิดใหม่ในประวัติศาสตร์ไทยลุ่มน้ำเจ้าพระยา กรุงเทพฯ：2547 ฟ้าเดียวกัน หน้า ๒๐, 另参见吴虚领《东南亚美术》，中国人民大学出版社 2010 年版，第 141 页。
⑤ 梁志明等主编：《东南亚古代史》，北京大学出版社 2013 年版，第 262 页。
⑥ 陈显泗：《柬埔寨两千年史》，中州古籍出版社 1990 年版，第 236 页。

第四节 研究综述

一 国内学者的研究状况

宋立道所著《神圣与世俗：南传佛教国家的宗教与政治》一书，从政治学的角度，把古代东南亚地区的神圣王权分为两类，即一类是神王，另一类则是法王或转轮王。该书作者认为古代东南亚受南传佛教思想影响的国家的王权合法性来源是王权神化，同时王权神化也是王权丧失的主要根源，王权神化是一把双刃剑，既有积极的作用也有消极的作用。在该书的"神王与政治观念"这一章中，作者认为古代东南亚南传佛教国家国王为了政治目的常自称是某神灵的转世，把王权与神权联系在一起，得出了王权神化的结论。虽然该书是从政治学的视角而不是从宗教文化学的视角来审察东南亚小乘佛教国家的王权的，但该书是本文研究的重要参考资料。

同样从政治学的角度来论述宗教在东南亚国家政治中所起的作用的还有段立生。他主编的《东南亚宗教嬗变对各国政治的影响》一书，从婆罗门教、佛教、伊斯兰教在东南亚地区的传播及影响出发，论述了宗教对东南亚地区各国政治所产生的影响。段先生认为，东南亚国家国王都非常重视宗教在国家政治中的作用，他指出东南亚各国国王为使自己的统治合法化，巩固王权，常常利用由婆罗门参与的各种宗教仪式把自己神化，宣称通过神圣的仪式，国王获得了神力，把自己说成是神的化身或转世。该书是本文研究中神王崇拜与统治方式方面的重要参考资料。

在由梁志明等主编的《东南亚古代史》一书的有关章节中，作者从历史学的角度谈到了东南亚古代国家国王与神灵之间的关系。该书作者认为，国王通过信奉湿婆化身林伽（男性生殖器）来体现神性。吴哥王朝的创建者阇耶跋摩二世在全国竖立了代表自己的林伽，让国民祭拜，来显示国王神化和王权神授的思想。该书作者在谈论东南亚古代国家国王与神灵之间的关系时，更强调的是王权与神权之间的关系，该书也是本文研究的重要参考资料。

王任叔所著的《古代印度尼西亚历史》（上、下）一书对古代印度尼西亚历史进行了比较全面地论述。该书虽然是历史学方面的著作，但是也谈及了一些宗教信仰和文化习俗，如谈到了古代印度尼西亚达鲁玛王国、古戴王国、诃陵王国和室利佛逝王国的宗教信仰。此外，该书还涉及许多当地的碑铭，这些碑铭是研究印度尼西亚古代神王崇拜的重要材料。王先生的《古代印度尼西亚历史》（上、下）是本文研究中关于古代东南亚海岛地区神王崇拜部分的重要参考资料。

吴哥王朝是东南亚地区受印度宗教文化影响最深的国家之一。本书中关于吴哥王朝时期的资料，主要来源于陈显泗所著的《柬埔寨两千年史》一书。该书对柬埔寨古代各个王朝的历史进行了系统地论述，其中也涉及各王朝的宗教信仰和神王信仰的一些内容，虽然该书只是从历史学的角度来谈论各王朝国王的宗教信仰，侧重的是历史学的研究，但是该书是本文研究中与古代柬埔寨神王崇拜有关的部分的参考资料。

贺圣达所著的《东南亚文化发展史》也是本书撰写过程中的重要参考资料。该书虽然没有重点谈论东南亚古代国家国王与神灵这个问题，但却从发展、变化这个视角厘清了古代东南亚文化变化的轨迹，为笔者从整体上把握东南亚文化的脉络提供了很好的帮助。

吴虚领所著的《东南亚美术》一书对东南亚国家各个王朝时期的建筑、雕像遗物进行了描述。虽然该书只是从艺术的角度来讨论，内容比较简洁，但该书所提供的东南亚古代各国的建筑和雕像遗物的图片是本书写作的重要资料来源。

谢小英所著的《神灵的故事：东南亚宗教建筑》一书，从建筑学的角度来论述东南亚地区宗教建筑（如寺庙、佛塔、窣堵波等）所体现的神圣性。该书作者通过对东南亚地区现存的宗教建筑的研究和分析，认为神王合一是东南亚宗教建筑得以发展的内在动力。这是一本比较全面地论述东南亚古代宗教建筑方面的专著，是本书中与古代宗教建筑中的神王合一信仰相关部分的资料来源之一。

莫海量等所著的《王权的印记：东南亚宫殿建筑》，也是从建筑学的角度来谈论东南亚地区宫殿建筑的神圣性。该书作者通过对泰国的大皇宫、缅甸的曼德勒皇宫等研究后得出结论认为，受印度宗教文化影响国家的宫殿无处不显示出神王观念，无论是泰国的大皇宫还是缅甸的曼德勒皇宫，都有着与印度宗教神话故事中宇宙中心梅卢山相似之处，甚至认为泰国的大皇宫、缅甸的曼德勒皇宫就是梅卢山上神灵之王因陀罗居住的宫殿——因陀罗宫（殿）。《王权的印记：东南亚宫殿建筑》一书，分析了东南亚地区古代宫殿建筑中所体现的宗教神灵与国王之间的关系，该书是本研究中泰国宫殿建筑与神王合一崇拜部分的重要参考资料。此外，莫海量的《神王合一的魅力：印度文化影响下的东南亚宫殿建筑》一文，从宗教功能与政治功能的角度出发对泰国大皇宫的建筑进行了研究，认为东南亚雄伟壮观的宫殿和宗教建筑是君王权力与地位的象征，泰国大皇宫呈现出"寺在宫中""庙在宫里"的独特景象是受印度宗教文化影响的结果，是印度宗教中王权与神权高度统一的体现。莫先生的这篇论文也是本研究中关于泰国宫殿建筑与神王合一崇拜方面的资料来源之一。

在张玉安、裴晓睿所著的《印度的罗摩故事与东南亚的文学》一书中，作者论述了印度的罗摩故事在东南亚的传播路线以及对东南亚各国的影响。从该书的内容可以看出，虽然东南亚各国的罗摩故事都有自己的特点，但是故事情节和主人公是基本相同的，即主要是歌颂罗摩的英勇和伟大。罗摩故事已影响到东南亚各国的方方面面。罗摩不仅成了东南亚地区受印度宗教文化影响国家的道德楷模，而且还成了统治者们纷纷效仿的榜样。因此，该书是本文研究中关于神王崇拜与国王品德方面的参考资料。

在梁立基所著的《印度尼西亚文学史》（上）一书的"封建社会前期的文学"这部分中，作者不仅论述了爪哇地区最早的碑铭文学，而且还重点论述了爪哇地区古代各王朝时期的宫廷文学。该书的碑铭文学涉及古戴王国的碑铭文学和达鲁玛王国的碑铭文学，而宫廷文学则主要论述了印度两大史诗在爪哇各王朝被移植、改写和再创造的过程。在爪哇宫廷诗人的文学作品里，两大史诗中的英雄人物被与本国的统治者紧密地联系在一起。因此，该书是本文研究中关于古代印度尼西亚神王崇拜方面的参考资料。

金勇所著的《泰国的民间文学》一书，在关于泰国神话和泰国民间传说的相关论述中，研究了传说中泰国国王的产生和来历，如素可泰王朝第一个国王的来历，阿瑜陀耶王朝第一个国王的来历等，并认为泰国最早的国王的来历都与神灵有关，或者是神灵的转世，或者是神灵的化身，或者直接就是神灵的后裔。虽然该书涉及泰国国王的一些神秘性，但更侧重于文学和神话传说，而不是宗教文化，也没有专门讨论泰国国王与宗教神灵的章节。

吴圣杨在《地神信仰与泰国的国王崇拜——泰国国王崇拜的民俗学解读》一文中提出，泰人对土地神的崇拜就是对国王的崇拜，对土地神的信仰就是对国王的信仰，因此，形成了对神灵、佛、国王"三位一体"的信仰格局。国王神化可以从泰语对国王的称呼中得到印证。"国王"这个词，在泰语中有5种表达方式①，其中一种就是"大地之主"。该文是本研究中与当代泰国神王崇拜相关部分的资料来源之一。

周方冶所著《王权·威权·金权：泰国政治现代化进程》一书论述了现代泰国政治制度的变迁及各政治利益集团之间的角力过程，其中也涉及专制王权、民主改革和当代泰国国王地位的演变等。该书作者认为泰国政治专制王权时期（即1932年民主改革之前）的主要特点是王权的合法性来源与国王个人的宗教修养有关，与前世的修行息息相关，国王就是全国最高的统治者，享有至高无上的权威；在政治民主改革后，国王的权力被剥夺了，地位大大降低，国王只是多股政治势力之一。但是自拉玛九世继位后，一方面是因为民选的政府总理为了提高自己的地位而取消了对王权的一些限制；另一方面是国王充分利用自己的优势，审时度势，以退为进，与民众广泛地接触，得到了广大民众的尊敬和爱戴，从而重塑了传统国王的崇高形象。因此，该书是本研究中与当代泰国神王崇拜相关部分的参考资料。

二 西方及印度学者的研究状况

法国学者赛代斯（G. Coedes）是西方研究东南亚最早的学者之一。他所著的《东南亚的印度化国家》（*The Indianized States of Southeast Asia*）一书，以东南亚地区所发现的碑铭内容为依据，论述了古代东南亚地区最早国家印度化的过程和受印度宗教文化影响国家各王朝的更替过程。该书中出现了大量的东南亚古代国家国王的名字和称号。这些国王的名字和称号大多与印度宗教神话故事中的神灵有关，是古代东南亚地区受印度宗教文化影响国家国王神化的重要证据。因此，赛代斯的《东南亚的印度化国家》一书对本文的研究有很大的帮助。

---

① Foreign Office, The Public Relations Department, Office of the Prime minister, *The Monarchy*, Paper House Limited Partnership, 2000, pp. 27—28.

印度学者达维·达维瓦恩（Dawee Daweewarn）所著的《东南亚的婆罗门教：从最早时期到公元 1445 年》（*Brahmanism In South - east Asia: From The Earliest Time To* 1445 *A. D.*）一书，从宗教学的角度，探讨了古代东南亚各国在不同时期对婆罗门教中各神灵的崇拜。该书主要论述了古代柬埔寨、占婆、缅甸等地区对梵天、湿婆、毗湿奴的崇拜，其中主要是对湿婆和毗湿奴的崇拜。此外，该书还重点论述了印度宗教神话故事中各主要神灵的特点及其名号。所以，该书是笔者研究中关于印度宗教神灵的称号在东南亚地区本土化方面的参考资料。

澳大利亚学者大卫·钱德勒（David Chandler）的《柬埔寨历史》（*A History of Cambodia*）一书的第三章"吴哥的王权与社会"（Kingship and Society at Angkor）专门论述了吴哥王朝初期王权与社会状况。该章谈到阇耶跋摩二世（Jayavarman Ⅱ）从一个名叫爪哇（Java）的地方回到吴哥后，举行了一个将国王神化的"提婆罗阇"（Devaraja）仪式，目的是使他成为符合印度宗教观念中的神王，这个仪式的具体细节不得而知。此外，该书在谈到柬埔寨王权的时候，作者提出了用三种眼光来看待的观点：一是从国王与湿婆之间的关系的视角，二是从国王超人的能力的视角，三是从普通人的日常生活的视角。该书作者所提到的国王与神灵（湿婆）之间的关系对本文的写作有很大的帮助。同时，该书在关于"阇耶跋摩七世和佛教王权"（Jayavarman Ⅶ and the Buddhist Kingship）一节中，谈到了阇耶跋摩七世为了摆脱前人对他的统治的影响，把信仰对象从婆罗门教神灵转移到了佛陀。这样，他就可以通过做宗教功德来实现对国民的统治。因此，阇耶跋摩七世统治时期建造了许多寺山、医院和水库（储水池）。这些工程是阇耶跋摩七世做宗教功德、为民造福的重要体现，也是当时宗教信仰转变的主要体现之一。大卫·钱德勒的《柬埔寨历史》一书是笔者研究吴哥王朝时期神王崇拜的参考资料。

英国著名东南亚史学家 D. G. E. 霍尔所著《东南亚史》一书，在论述东南亚古代国家早期历史时认为，由于东南亚古代国家受到印度宗教文化的深刻影响，印度宗教中对湿婆、毗湿奴的崇拜也传到了东南亚地区。古代东南亚地区国家的国王也从对湿婆、毗湿奴的崇拜中获得了权威和合法性。霍尔在该书中只是提及古代东南亚地区的神王崇拜，没有对神王崇拜进行专门论述。在该书中也没有专门论述神王崇拜的章节。霍尔在

《东南亚史》一书中认为印度教经典作品的观念、礼仪是东南亚地区出现神王观念的原因。虽然他比较注重东南亚本土文化的地位，但是他也谈到东南亚国家国王对印度教大神湿婆、毗湿奴、因陀罗和佛陀的崇拜。因此，霍尔的《东南亚史》一书值得笔者借鉴。

20世纪初，印度学者R.C.马宗达（R. C. Majumdar）在其所著《占婆：公元2—16世纪远东印度殖民地的历史与文化》（*Champa*：*History & Culture of an Indian Colonial in the Far East 2nd —16th Century A. D.*）一书中，在论述占婆王国的历史的同时，以历史和宗教内容为主线，以镌刻于当时的大量碑铭为依据，谈及了占婆国王对湿婆、毗湿奴等神灵的崇拜，尤其是对湿婆神的崇拜。该书用大量的篇幅来论述了占婆王国时期的文化与宗教信仰。该书作者认为，在国王对湿婆的崇拜中，主要表现为对湿婆林伽的崇拜。国王和王公贵族生前献祭湿婆林伽，死后与之结合成为一体。同时，该书还对占婆王国国王加冕前的名号、加冕后的名号和逝世后的名号与神灵名号的联系进行了简要地论述。该书末尾还附有占婆王国时期的130块碑铭，这些碑铭是研究占婆文化的重要史料。因此，该书是本文研究中关于占婆王国神王崇拜方面的参考资料。

美国学者安·基尼（Ann R. Kinney）等所著的《湿婆和佛陀崇拜：东爪哇寺庙艺术》（*Worshipping Siva and Buddha*：*The Temple Art of East Java*）一书主要是关于中、东爪哇即柬议里王朝、新柯沙里王朝和麻喏巴歇王朝时期建筑遗物和雕像遗物的论著。其中重点论述了东爪哇各王朝的宗教建筑遗物坎蒂（Candi）和神灵雕像。该书的作者从建筑和雕像学的视角来论述了这些古代宗教建筑和雕像遗物的特征和所包含的意义，其中也涉及了一些神王崇拜的内容，值得笔者借鉴和参考。

奥地利民族学家、人类学家罗伯特·海涅-格尔登（Robert Heine - Geldern）是最早研究古代东南亚地区神圣王权的著名学者之一，他在20世纪40年代发表的题为《东南亚国家观念和王权观念》（*Conceptions of State and Kingship in Southeast Asia*）一文，被该领域的学者们认为是东南亚神圣王权的经典。作者从印度宗教的宇宙观念出发，认为人类总是受到来自东、南、西、北四个方向和宇宙恒星的魔力的影响，如果人类的行为与宇宙恒星谐调一致，这些魔力就会为人类带来繁荣、幸福；反之，则会给人类带来混乱甚至灾难。所以，人类所从事的一切活动就必须与宇宙相符。因此，东南亚古代国家国王在建国的时候就最大可能地模仿宇宙的形状。在王都的选址、布局、王宫的建造、寺庙的建造，王国的省（部）的数量、王妃的数量，国王、王后、王族、官员的称号和宗教仪式等都尽量体现与宇宙相一致的思想，也就是所谓的"大宇宙"（神界）与"小宇宙"（王国）的世界观。① 因此，该文是本研究中关于曼陀罗式的神王崇拜方面的重要参考资料。

此外，新加坡国立大学历史系学者 I. W. 马贝特（I. W. Mabbett）对古代柬埔寨神王文化现象作了较深入地分析。在《神王》（*Devaraja*）一文中，他在对发现于柬埔寨的一些建筑和雕像遗物进行了对比研究之后，提出了柬埔寨的神王崇拜基本表现为以下四种：一是吴哥王朝建立者阇耶跋摩二世时期出现的 Devaraja（即"提婆罗阇"）崇拜，即神王崇拜；二是每位国王都把象征梅卢山的神庙建在王国的中心，把自己看作是居住在梅卢山上的因陀罗；三是出现于阇耶跋摩七世时期的雕像，这些婆罗门教诸神、佛陀和圣人的雕像，实际上就是国王和王室成员的写照；四是把国王视为神的各种颂诗。此外，马贝特从词源学的角度对"Devaraja"这个词的结构进行了分析，认为 Devaraja 这个词可以有不同的理解，但是其原意是指因陀罗。同时，马贝特还对吴哥王朝国王称号和宗教神灵称号的融合方式进行了分析。因此，该文成为本文研究中关于吴哥王朝时期阇耶跋摩二世所倡导的提婆罗阇崇拜的参考资料。

三 泰国学者的研究状况

集·普萨（จิตร ภูมิศักดิ์）所著的《湄南河流域泰国历史中的誓水圣言及其新的解读》（โองการแช่งน้ำและข้อคิดใหม่ในประวัติศาสตร์ไทยลุ่มน้ำเจ้าพระยา）一书论述了誓水圣言的称谓、誓水圣言的历史、誓水圣言中所使用的语言和泰语对神仙的习惯称法等。该书作者认为，在誓水圣言的仪式上婆罗门祭司所念诵的第一个词"Om"与印度教中的三大主神有关，是三大主神称号的结合。此外，该书还提出了用"佛王崇拜"（Buddha-king）来称谓泰国的神王崇拜等。因此，该书是本文研究中关于泰国神王崇拜部分的

---

① 在印度宗教神话故事中，宇宙最初由创造之神梵天创造。梵天不仅创造了宇宙，还创造了生活在其中的万物，包括神仙在内。

参考资料。

毕亚甘（**ปิยะกาญจน์**）所著的《却克里王朝的九世国王》（**๙ พระมหากษัตริย์ไทยแห่งราชวงจักรี**）一书分别介绍了曼谷王朝九位国王的成长、登基、婚姻、家庭情况、宗教修行和每位国王在位时期所做的主要事业，甚至还涉及了每位国王在位时期的对外关系等。该书中提到了每位国王加冕后的称号，这些称号对本文的研究有很大的帮助。

乌通·车基翁（**อุดม เชยก๋วงค์**）所著的《那伽信仰》（**ศรัธาของพญานาค**）一书，把佛教中的神仙分作三类，第一类是纯洁神①，如阿罗汉、佛陀；第二类是天生神，如真正的天神；第三类是假想的神，如国王、王后、王子、公主。同时该书作者也认为，通过举行100次马祭，国王就能成为因陀罗。该书作者把婆罗门教中的神灵与佛教中的神灵混在一起，把佛陀也视作神灵之一。这是东南亚受印度宗教文化影响国家宗教信仰的特点。该书是本文中关于泰国的神（佛）王崇拜的参考资料之一。

金达·贝玛尼湾（**จินดา. เพชรมณีวรรณ**）所编著的《素可泰王朝之父：拉玛甘亨大帝》（**พ่อขุนรามคำแหงมหาราช:อัครมหากษัตริย์แห่งอาณาจักรสุโขทัย**）一书认为，在素可泰王朝时期，泰国国王与百姓之间的关系既表现为"父与子"的关系，也表现为佛教高僧与普通信徒的关系。素可泰王朝时期，佛教是王国的宗教，全国从王公贵族到普通百姓都是佛教徒。因此，拉玛甘亨国王在素可泰城内专门建造了一个讲经台，每逢佛日就请高僧坐在上面讲经，平时则自己坐在上面为百姓讲经和处理政务。该书作者认为，泰国从素可泰王朝开始，国王与佛教高僧的地位是相等的，国王就是高僧，国王的言行就是高僧的言行，国王就是百姓学习的榜样。该书是研究素可泰王朝时期神王崇拜的参考资料之一。

昌维·哥些西丽（**ชาญวิทย์ เกษตรศิริ**）所著的《阿瑜陀耶王朝的历史和政治》（*Ayutthaya*：*History and Politics*）一书，在谈到阿瑜陀耶王朝的宗教时认为，虽然小乘佛教是国家的宗教，但同时也信仰神灵和大乘佛教，在王宫中还举行印度教和婆罗门教的仪式，国王、贵族在举行仪式的过程中获得了权力和荣誉。所以作者认为，阿瑜陀耶王朝时期国王既是

---

① "纯洁神"是原作者之意。参见**อุดม เชยก๋วงค์ เรียบเรียง, ศรัธาของพญานาค, สำนักพิมพ์ภูมิปัญญา,** 2547，**หน้า** 18。

"达摩王"（Dharmaraja）也是"神王"（Devaraja），是二者的混合。该书是本文研究中关于阿瑜陀耶王朝时期神王崇拜方面的参考资料。

帕拉底赛·西提檀基（พลาดิศัย สิทธิธัญกิจ）编著的《暹罗历史》（ประวัติศาสตร์ไทย）一书，在谈到吴哥王朝阇耶跋摩二世时，作者认为神王崇拜是当时的主要宗教信仰。湿婆林伽是阇耶跋摩二世时期百姓崇拜的对象。林伽是国王的象征，被安放在神坛的中心。神坛位于吴哥大城的中心。因此，该书是本文研究中关于古代柬埔寨神王崇拜方面的参考资料之一。

2000年泰国总理办公室公共关系部主编、献给普密蓬国王72周岁纪念日的《君主》（The Monarchy）一书，在谈及泰国君主地位的变化时认为，泰国国王在素可泰王朝时期是家长式的，但是到了阿瑜陀耶王朝时期，国王的地位却得到了极大提升，国王开始被神化而受到百姓的崇拜。国王也因此建立了使自己神化的各种皇家仪式、庆典和法典。同时该书也指出，在泰语中，"国王"这个称呼有5种，分别代表不同权力和能力。《君主》一书是研究当代泰国神王崇拜的参考资料之一。

以上是国内外与东南亚国家神王崇拜有关的主要学术著作和论文，这些并非就是全部，还可能存在最新且重要而没被发现的学术著作和论文。此外，这些只是中文、英文和泰文3种语言中关于东南亚国家神王崇拜的著作和论文，由于作者本人能力所限，其他语言中关于东南亚国家神王崇拜的著作和论文没能获取。

第五节 本文的研究视角、研究方法、写作思路

目前，关于东南亚国家神王合一信仰的研究成果不多，主要散见于历史和政治的研究中。这是由东南亚国家国王与神灵的关系这个特殊的问题所决定的。神王合一信仰，既不属于历史学研究的范畴，也不属于政治学研究的范畴，但在这两个学科领域的研究中都要涉及，却不是研究的重点和中心，它处在这两个学科研究的交叉地带。长期以来，学者们关注得不够。因此，本文的目的是在前人研究的基础上，从宗教学、历史学、政治学等视角来系统地、多角度地探讨东南亚国家的神王崇拜，以便为东南亚文化研究提供借鉴。

本文的研究方法以文献研究法、跨学科研究法为主，以其他研究法为辅。文献研究法是以阅读文献为中心，通过阅读与本文有关的文献资料，找出能支撑本文观点的论据，来证明本文的观点。跨学科研究法是使用不同学科的相关理论来审视所研究的对象，从而使研究对象的不同方面得到完整体现。笔者在阅读中、英、泰3种语言中关于东南亚历史、政治、文化习俗等材料的基础上，通过综合、归纳、分析、演绎等过程，形成本文的主要观点。

本文在行文的性质上共分为四大部分（但设为七章），即绪论、正文、参考文献和附录。第一章是绪论，介绍本文的选题意义、研究范围及概念界定、研究综述、研究视角及创新、研究方法及本文结构等，即本文的写作背景。第二章是关于印度神王观念的产生及对东南亚国家的影响以及神王观念的内涵的探讨，此章的目的在于厘清本文中出现的相关概念。第三章探讨东南亚半岛地区以吴哥为中心的林伽崇拜与神王信仰、阇耶跋摩二世的提婆罗阇崇拜、阇耶跋摩七世的神王崇拜和吴哥地区雕像中的神王崇拜。第四章探讨东南亚海岛地区以爪哇为中心的肯·昂罗的神王崇拜、格尔塔那加拉的拜依拉哇神王崇拜以及爪哇地区雕像中的神王崇拜。第五章探讨泰国各王朝时期的神王崇拜，即主要探讨素可泰王朝、阿瑜陀耶王朝和当今曼谷王朝的神王信仰。第六章是曼陀罗式的东南亚神王崇拜。本文以曼陀罗式的神王崇拜作为正文的最后一章，是因为东南亚神王崇拜与曼陀罗观念有着密切的联系。第七章是本文的结论，既包括了本研究所得出的结论也包括了本研究所做出的贡献。本文正文之后是参考文献和附录。参考文献中包含了本文中未直接引用的书目。附录（即附图）是本文中用来支撑作者观点的一些图片。

第二章 印度神王观念的起源、对东南亚国家的影响及内涵

关于古代印度神王观念的起源、传布到东南亚这个问题，国内外学者们研究得较少。即使是对印度神王观念研究得比较早的学者也很少把神王观念与东南亚联系起来，所以，就出现了古代东南亚地区的神王观念虽然有"源"，但缺乏"流"的现象。因此，本章将从东南亚学者的角度，来疏通古代东南亚地区神王观念的"源流"问题。

第一节 印度神王观念的起源

印度神王观念的起源与《梨俱吠陀》《摩奴法论》、两大史诗和佛教的传说故事有关。

一 《梨俱吠陀》中神王的产生

世界上各个民族都有自己民族起源的故事，而这些故事往往是一些神话故事。在这类神话故事中，人类往往都是由神创造的，而不是进化而来的。古代印度神王观念的起源与此相似。在印度神话故事中，国王也是由神创造的。正因为国王是由神创造的，所以国王的出现常常是神秘的，国王具有类似于神的角色属性。

古代印度也和其他地方一样，人类社会的发展也是要经历原始社会、奴隶社会、封建社会和资本主义社会这样的过程。原始社会时期，人们以分散的部落形式存在。到后来，由于部落的扩大，部落与部落之间因而发生了联系。早期部落之间的联系既有互相合作也有互相竞争，有时彼此之间为了争夺鱼塘、猎场、果林等而发生争斗，进而发展到部落与部落之间

的战争。在部落之间的战争中，那些失败的部落就把失败的原因归咎于没有一个能力强大的领导者，所以就想要有一个能力强、能够战胜对手的人，来带领他们取得胜利。那个能带领他们战胜敌人的人就是他们的大王，就是国家形成后的国王。这方面的证据可以从古代印度的神话传说中找到。据《梨俱吠陀》萨加拉派（Shakala）的经典《爱达罗耶梵书》（Aitareya Brahmana）记载①，在神仙与恶魔（阿修罗）的战争中，神仙总是打不过恶魔，总是败在恶魔的手下。因此，神仙们就把失败的原因归咎于他们没有领导者。于是他们一致同意推举苏摩当首领。神仙们有了首领之后，在各个方面都取得了胜利。同书另一处还说，神仙们因为因陀罗最有活力、最强壮、最勇武、最能完美地完成任务，所以他被推举为神仙的国王。②

关于因陀罗是如何的强大，《梨俱吠陀》中是这样说的："这聪颖的首席神刚一出生，就以强力胜超众神；在他英勇无畏的威力前，天地两界震颤，他就是因陀罗神。""谁杀死恶魔，让七河奔流，谁驱出伐拉囚居的母牛，谁两石敲磨，诞生圣火，战场上的胜者，他就是因陀罗神。"③从这些赞辞可以看出，因陀罗的神力是与生俱来的，他的出生使得天地两界为之颤抖，他杀死了囚禁河神的弗栗多，让大地得到了河水，使人类得到了赖以生存的水，是他创造了火，使人类进入了文明时代，他还是战神。因陀罗的这些与生俱来的特征，使得他当然地成为了统领天界的王者。

上述故事虽然讲的是神仙和魔鬼之间的事，但也是古代印度历史现实的反映。古代印度是外族不断入侵的国家。公元前1500年前后，雅利安人从西亚向东南方向移动，他们越过兴都库什山，进入印度西北部，一路征服了不少抵抗的部落。在与那些抵抗的部落交战中，有时候也难免不遭到失败，人们就把失败的原因归咎为没有一个能力强大的领导者。当然，这个故事也可能是印度当地部落在受到外来族群入侵且经常遭到失败时的反映，无论是当地部落抗击外来入侵而遭到失败的反映，还是雅利安外来

---

① https://en.m.wikipedia.org/wiki/Aitareya_Brahmana.

② G. P. Singh, S. Premananda Singh, *Kingship in Ancient India: Genesis and Growth*, New Delhi: Akansha Publishing House, 2008, p. 9.

③ 林太：《〈梨俱吠陀〉精读》，复旦大学出版社2008年版，第73—74页。

族群在入侵过程中所遭到的失败的反映,都不影响笔者对于"王"的起源的探讨。

所以,在《梨俱吠陀》的神话故事中,国王的产生是因为战争的需要。

二 《摩奴法论》中国王的产生

另一种关于印度神王起源的说法认为,国王的产生是因为人们日常生活的需要。为了保护百姓的生命财产安全,保护现有的法律秩序,保护现有的道德风俗文化,保护国家不受外敌之入侵,惩罚犯罪,就需要国王来完成这些特殊的使命。这方面的证据可以在《摩奴法论》中找到。据《摩奴法论》说:"当这个世界还没有国王并且因恐惧而混乱不堪的时候,为了保护这个世界,主(指梵天)取出雷神、风神、死神、日神、火神、水神、月神和财神的不朽的分子以后,创造了国王。"①《摩奴法论》说明了,在印度古代人的观念中,没有国王的国家处于恐惧和混乱之中,创造之神创造国王的目的是为了保护这个世界。因此,人类世界的第一位国王是由神灵创造的,国王生来就与神有关。在古代印度吠陀思想观念中,没有国王就没有国家,"国家和国王之间是相互依存的关系,二者相辅相成"②。

国王保护百姓的生命财产不受侵犯,这是国王的职责。要实现臣民的财产不受侵犯,国王只有通过强有力的手段来达到,那就是对作奸犯科者进行惩罚。据《摩奴法论》记载,自在之神还为国王创造了规范社会所使用的工具。不过这个工具不是有形的东西,而是一些统治的思想,被称为"法"。"为了他,自在先创造出刑杖,它是自在亲生的法,它是神的势力的化身,它是一切生物的保护者。"③ 因此,在《摩奴法论》中,国王是为了维护社会秩序、保护百姓的生命财产安全而由神灵创造的。

---

① 《摩奴法论》,蒋忠新译,中国社会科学出版社2007年版,第118页。

② G. P. Singh, S. Premananda Singh, *Kingship in Ancient India: Genesis and Growth*, New Delhi: Akansha Publishing House, 2008, p. 10.

③ 《摩奴法论》,蒋忠新译,中国社会科学出版社2007年版,第119页。

三 两大史诗中神王的产生

印度两大史诗《摩诃婆罗多》和《罗摩衍那》不仅在古代印度广受欢迎。在东南亚地区也非常受到广大人民群众的喜爱。这两部史诗产生于约公元前的几个世纪到公元后的几个世纪之间。在这两大史诗中，虽然都没有直接讲述古代国王起源的情节，但可以间接地体会到国王在这两部史诗中的地位。

在《罗摩衍那》的《阿育陀篇》中，描述了一个国家没有国王时会出现的现象。史诗这样写道：

……
在一个没有国王的国家里，
雨神戴着闪电的花环，
发出剧烈巨大的雷声，
却不把天上的水降落人间。

在一个没有国王的国家里，
一把种子也不会发芽；
没有国王，儿子违抗父亲，
妻子也不听从丈夫的话。

没有国王，就没有钱财，
没有国王，妻不安于室，
没有国王，哪里有真理？
这个和别的不愉快的事。
……
在一个没有国王的国家里
再生族不热心举行祭祀，
婆罗门也都没有耐性，
祭神祀祖把誓言坚持。
……

第二章　印度神王观念的起源、对东南亚国家的影响及内涵　/　19

在一个没有国王的国家里
没有法子保卫自己的钱财，
没有国王连军队也不会
在战斗中把敌人击败。

就像是一条没有水的河，
又像是一片没有草的草原，
也像是一群没有牧人的牛，
没有国王的国家就是这般。

在一个没有国王的国家里，
没有什么人会相知；
就像河里面的鱼那样，
人们经常互相吞噬。

那些不信神的人们，
破坏教律，为非作歹，
从前为王法所惩罚，
现在又把头抬起来。

哎呀！像是在黑暗里，
什么都看不见，
如果没有了国王，
好事坏事难以分辨。①
……

从没有国王会发生的事情中可以反向推导出国王的职责。因为没有国王的国家，天不会下雨，种子不会发芽，纲纪不守，没有真理，没有钱

---

① ［印］蚁垤：《罗摩衍那：阿育陀篇》，季羡林译，人民文学出版社1981年版，第382—385页。

财，没有庙会，没有歌舞，没有娱乐；人们不建神宫，婆罗门不行祭祀，弱肉强食，黑白不分，"达摩"（各种姓应尽的义务）得不到遵守；财产得不到保护，军队打不了胜仗；甚至情人也不带女友去遨游世界，等等。因此，在一个没国王的国家里人们会在衣、食、住、行等生活的各个方面遇到困难。所以，在《罗摩衍那》故事中即在古代印度社会中，国王的基本职责就是使天降雨，种子发芽，维持正常的生产生活，为国民带来生存所必需的食物；保卫人民的生命财产安全，维护社会的安定，维护真理，保护现有的宗教习俗，使"达摩"得到遵守；指挥军队战胜敌人；修缮神宫，使再生族举行祭祀，恢复庙会，为人们带来歌舞娱乐，甚至能使男人带女友到处旅游观光等。犹如学者所说的："如同神一样，同时也作为一位神，国王保障领土的繁荣丰产——土地的丰产；妇女的多产；居民的健康；免遭旱灾、地震、洪水、虫灾或火山爆发之祸；社会的安定；甚至（直到将它修整成一个巨大的、精致的花园，其中遍布弯曲的小径，矩形的庭院和方形的梯田）自然界的美丽景致。"① 总之，国王的职责就是在社会生活的各个方面带来好处，没有国王就没有国家，没有幸福。国王成为一个国家的重要标志。这说明了，在古代印度社会中，国王的产生是源于现实生活的需要。所以，才出现了当十车王过世之后，大臣们急切地需要一个新国王的现象。

另外，在《罗摩衍那》中，没有国王的国家会受到外敌的入侵、坏人横行。这方面的证据可以从罗摩被流放到森林后，他的弟弟婆罗多去请他回来当国王时，他对婆罗多的教导中看出。在故事中，虽然罗摩为维护老国王的承诺而拒绝回去当国王，但他却教导弟弟如何当个好国王。实际上，罗摩教导弟弟的圣言，就是他自己的治国理念。罗摩教导弟弟婆罗多说："保卫国土，修缮神庙、道路、会所、喷泉、湖泊、桥梁、河堤、花园、市场、小桥等一切百姓需要的都要兴建。""国王好比大山，人民犹如草原。确立行为的是非标准，才能使他们心悦诚服。优秀的国民好比森林，你就是森林里的雄狮，雄狮要保护森林，让森林更加美丽。他们是国民的衣食父母，无论你是苦是乐，都不可以冷漠他们。切记，使臣民深受

---

① ［美］克利福德·格尔兹：《尼加拉：十九世纪巴厘剧场国家》，赵丙祥译，王铭铭校，上海人民出版社1999年版，第156页。

灾难的五害一定要铲除干净。第一是虐待村民的官吏，第二和第三是破坏治安到处横行的盗贼和其他歹徒，第四是心怀叵测的国王心腹，第五是国王的贪婪。他们是最大的祸害。"① 从这些描述可以看出，国王产生的动因也是保卫国土、惩治罪犯、维护社会秩序、保护现有的文化传统和宗教道德。婆罗多虽然没有把哥哥罗摩请回去当国王，但他还是得到了哥哥罗摩的授权，将罗摩的一双鞋带回放在国王宝座上，以显示他只是代罗摩行事。这说明了，在古代印度社会中，国不可一日无王。

《摩诃婆罗多》是印度另一部著名的伟大史诗，其产生的年代与《罗摩衍那》相当，或者说还要更早一些。虽然在东南亚半岛地区《摩诃婆罗多》不像《罗摩衍那》那样地广受欢迎；但在印度，《摩诃婆罗多》的影响则要大得多。在印度诸语言中，印度又被称为"婆罗多族之国"②，由此可见《摩诃婆罗多》在印度人心目中的地位。

《摩诃婆罗多》也为本文提供了关于古代印度神王起源的很好实例。从《摩诃婆罗多》的故事来看，人类开始的时候没有国王，也没有法律，没有法律的执行者，人们依照梵生活。"原先没有国王，没有刑杖，没有执杖者，一切众生依照正法互相保护。"③ 后来，人类理智消失了，贪欲控制了人类，人类赖以生活的"正法"遭到破坏，因此，人间的梵消失了，人间没有了幸福，相互之间弱肉强食，陷入了一片混乱之中。人间的正法消失之后，天神也感到了恐惧，于是众天神请求梵天为人间创造了执行刑杖的人，这个人就是国王。很明显，在《摩诃婆罗多》中，国王的产生并不是出于战争的需要，而是在人类处于混乱不堪，"正法"遭到破坏时，为了使人类过上有秩序的生活，才由梵天创造了国王来管理人间。因此，在《摩诃婆罗多》中，国王是为了维持人间的秩序而出现的。

《摩诃婆罗多》也描述了没有国王的人类社会所处的状态。据《摩诃婆罗多》故事说，没有国王的保护，强者就会掠夺弱者的财富，恶人就会强行抢劫车辆、衣服、首饰和各种宝石，人间的虐待就会产生，甚至杀

---

① 张玉安、裴晓睿：《印度的罗摩故事与东南亚文学》，昆仑出版社2005年版，第380—381页。

② 许海山主编：《古印度简史》，中国言实出版社2006年版，第123—124页。

③ [印] 毗耶婆：《印度古代史诗·摩诃婆罗多》，黄宝生译，中国社会科学出版社2005年版，第105页。

死年迈的父母、老师、客人和长者;如果没有国王的保护,人类不会养儿育女,没有生产活动,正法沉沦,吠陀消失,不修苦行;如果没有国王的保护,人间的纲纪就会失去,种姓杂混,饥荒降临,世界毁灭,等等。①《摩诃婆罗多》虽然是神话故事,但其中的故事情节也间接地反映了古代印度人民的现实生活。所以,在现实生活中,国王的角色往往是保护人民的生命财产安全,维护法律和秩序,保护传统道德文化。

从古代印度两大史诗《罗摩衍那》和《摩诃婆罗多》中与国王相关的故事来看,人类原先没有国王。人间国王的产生是因为人类处于混乱状态之中,正法得不到遵守、道德沦丧、纲纪不守等,才由神灵创造了国王来维护人间的社会秩序。因此,国王从其来源上说,本身就是神灵。

四 佛教中国王的产生

依据佛教的观点,人间国王的出现也是为了维护社会的安宁,只不过在佛教中,国王应是一位形貌端正、庄严美丽的人。② 佛教认为,人类的出现是人性堕落所致。在佛教里,众生的堕落过程是这样的:最初的世界是极洁净的,那里没有阶级、没有男女,甚至没有昼夜和日月,众生没有被物质化,只是纯粹的意识,享受着纯精神的无尽快乐,后因浩渺的水上出现了酥油乳酪般的乐土,奇香无比,众生因受到引诱而品尝了这种乐土,便生了爱欲,丧失了光明之身,于是世界便衍化出了日月星辰、朝暮、四季。人们开始物质化了,有了美与丑,原先大地上的香土消失了,地上长出了菌类,随之出现了自生自长的稻谷。当众生吃了这种稻谷之后便分化出了男女形态,于是有了情爱,有了性欲,懒汉也出现了,稻谷也不自生自长了,坏法流行,导致人们强占田地,划分稻田,侵夺他人财物,辱骂他人,互相欺骗。为了维护社会的安宁,人们不得不选出一位形貌端正、庄严美丽的人,由他负责维护已经堕落了的正义,这人便作"大选君",他就是最初的国王。

佛教世界观中国王的起源和印度两大史诗中国王的出现情况非常相

---

① [印]毗耶婆:《印度古代史诗·摩诃婆罗多》,黄宝生译,中国社会科学出版社2005年版,第126—127页。

② 宋立道:《神圣与世俗:南传佛教国家的宗教与政治》,宗教文化出版社2000年版,第57—58页。

似,都是人间道德沦丧,"达摩"(法)的消失,使社会处于混乱状态,为了维护人类社会的正常秩序,神才创造了国王,把维护人间秩序的重任委托给他。从这些相似性上来看,佛教中国王的起源观受到了印度两大史诗的影响,即受到了婆罗门教的国王起源观的影响。

综上所述,古代印度神王观念的起源大致可以归为两种类型。首先是因战争的需要。虽然国王起因于战争的需要是神话故事,但也反映了当时现实生活中对国王的需要。其次是因人类世界处于极度的混乱状态,正法(在婆罗门教、印度教中是指各种姓所应尽的义务和应遵守的道德行为,在佛教中就是佛法)遭到了破坏,人间弱肉强食、伦理不守,因而创造之神才创造了国王,来维持人类世界的秩序。与此类似,在佛教中,最初因人类由理智而贪欲,因贪欲而导致正法不存,所以,人们才选出了一位在各方面都比较完美的"大选君"(国王)来维持人类世界的正法秩序。最终,古代印度神王观念的起源可归纳为:一是因战争的需要,二是因维持正法的需要。从起源上看,国王本身就是神灵。

第二节 印度神王观念对东南亚国家的影响

一 印度神王观念在东南亚的出现

古代印度的神王观念自产生之后,很快就传播到了东南亚,并且得到了东南亚地区统治者们的青睐,同时,也对东南亚地区的国王产生了重要的影响。英国著名的东南亚史学家霍尔指出,印度文化传播到东南亚后,当地的社区明显地出现了在以下四个元素基础上组织起来的文化。这四个元素是:(一)以印度教或佛教为特征的王权观念;(二)通过梵语手段的文学表达;(三)来自史诗、往世书、包含王家传统为核心的和传统的恒河地区皇家谱系的核心故事的梵语经典;(四)遵守印度教的圣法,尤其是《摩奴法典》[①]。从霍尔先生的评论中可以看出,他所说的这几点似乎都与神王崇拜有关:(一)印度教、佛教王权观念的特征之一就是神王崇拜;(二)梵语文学,主要就是印度的两大史诗《罗摩衍那》和《摩诃婆罗多》,这两部史诗都与印度的宗教神灵有关,被婆罗门认为是第五部

---

① D. G. E. Hall, *A History of South-east Asia*, London: Macmillan & CO. LTD, 1955, p. 13.

吠陀，因此，这两部史诗与印度宗教神灵之间有着密切的联系；（三）印度恒河地区皇家的谱系实际上源于摩奴；（四）遵守印度教的圣法——《摩奴法典》，就是遵守神创之法，因为这是由摩奴所创建的。因此，东南亚地区受印度影响的宗教文化，实际上就像赛代斯所说的一样是"建立于印度的王权观念之上"①的，而且"这是与统治者和宫廷有关而不是与各族人民有关的事情"②。

  印度的神王观念在东南亚地区出现，原因有五：一是由于西方对东方奢侈品需求的刺激使得印度商人渡过孟加拉湾来到东南亚并在这里定居下来③，形成印度人的聚居地，印度人的文化就在当地传播开来，正如季羡林先生在《〈东方文化集成〉总序》中所说："文化有一个很突出的特点，就是，文化一旦产生，立即向外扩散，也就是我们常说的'文化交流'"；二是印度人由于某种原因大批来到东南亚地区并在当地建立起自己的殖民地，正如梁立基先生所说："当印度阿育王朝的势力向南印度扩展时，大批的南印度人逃亡到印度尼西亚，其中有贵族和婆罗门教僧侣。他们与当地部落的特权阶层相结合，以婆罗门教为精神支柱创立印度式奴隶制王朝，从此印度尼西亚便开始步入奴隶制社会"④，另外，有的印度学者认为占婆王国就是印度人建立的殖民地⑤，这样，印度文化就在当地得到了传播；三是一些冒险家的活动，这些冒险家主要是到海外追求名利的印度人，他们或者成为东南亚国家当地统治者的顾问或者实际上开创自己的王国⑥，据中国的史籍记载，东南亚地区最早的接受印度文化的王国扶南就与一个名叫混填的印度冒险家有关；四是一些传教法师和文学艺术把印度

---

  ① ［法］G. 赛代斯：《东南亚的印度化国家》，蔡华、杨保筠译，商务印书馆2008年版，第34页。

  ② ［英］D. G. E. 霍尔：《东南亚史》（上），中山大学东南亚历史研究所译，商务印书馆1982年版，第39页。

  ③ ［法］G. 赛代斯：《东南亚的印度化国家》，蔡华、杨保筠译，商务印书馆2008年版，第42页。

  ④ 梁立基：《印度尼西亚文学史》（上），昆仑出版社2003年版，第6页。

  ⑤ 参阅 R. C. Majumdar, *Champa*: History & Culture of an Indian Colonial Kingdom in the Far East (2nd - 16th Century A. D.), Delhi: Gian Publishing House, 1985.

  ⑥ ［澳］A. L. 巴沙姆主编：《印度文化史》，闵光沛等译，商务印书馆1999年版，第657页。

的神王观念传布到东南亚地区，学者们常引用的例子就是印度的两大史诗《摩诃婆罗多》《罗摩衍那》和阿育王派到海外的九支弘法僧团，在九支阿育王派到国外的弘法僧团中，以须那（Sona）和郁多罗（Uttara）为首的那支就被派到了金地（Suvarnabhumi），即孟加拉地区和下缅甸①；五是东南亚地区的统治者在印度的启发下，吸收了适应自己文化的印度文化因子，并发展完善了这种因子，最终形成了东南亚所特有的神王文化②。因此，东南亚地区的神王观念虽然用印度术语表示，但"它已发展成为一种主体显然不同的政治思想和宇宙观"③。因而，东南亚地区的神王观念实际上是当地自己的文化，而不是印度文化的翻版。

印度的神王观念传播到东南亚后对当地的统治者产生了多方面的影响。

二 对国王名号的影响

印度的神王观念传播到东南亚后，对当地统治者最直接的影响体现在其名号上。古代东南亚地区凡是受印度王权观念影响的国家的统治者，他们的称号或名字，或多或少地带有印度神灵的称号，或者有的就直接使用印度宗教中神灵的称号。就如有学者所说的："许多王朝的称谓、国王的名字或自觉或自然地取自印度式的命名，有些甚至将其王室源流上溯到印度"④，这是受印度王权观念影响的结果。虽然，在印度王权观念传入东南亚之前，当地还没有文字，统治者的名字也无从知晓，但从为数极少的梵文碑铭中所提到的国王名字和中国史籍中所提到的名字来看，在接受印度王权观念之前的国王名字和接受印度王权观念之后的国王名字之间有明显的区别。前者几乎看不出来与印度神灵之间的任何联系，而后者则带有明显的印度宗教文化的烙印。比较典型的如柬埔寨古代各王朝的国王，未受印度文化影响的国王的名字如柳叶，而当接受了印度文化之后则出现了

---

① 崔连仲：《从佛陀到阿育王》，辽宁大学出版社1991年版，第337页。
② ［澳］A. L. 巴沙姆主编：《印度文化史》，闵光沛等译，商务印书馆1999年版，第653页。另参见张玉安、裴晓睿《印度的罗摩故事与东南亚文学》，昆仑出版社2005年版，第52页。
③ ［澳］A. L. 巴沙姆主编：《印度文化史》，闵光沛等译，商务印书馆1999年版，第658页。
④ 林太：《大国通史·印度通史》，上海社会科学院出版社2007年版，第99页。

阇耶跋摩（Jayavarman）、因陀罗跋摩（Indravarman）等这样的名号。"阇耶"（Jaya）意为"胜利"，"跋摩"（Varman）意为"受保护的"。"跋摩"在《摩奴法论》中是摩奴授予刹帝利种姓的称号。① 因此，"阇耶跋摩"就代表"受胜利保护的"（人），即统治者。"因陀罗跋摩"则代表"受因陀罗保护的"（人），也指统治者。有学者认为"跋摩"指的是印度当地一个氏族的名称②，南印度的某些国王也用过这个称号，这个称号传播到东南亚后被当地的统治者所采用，尤其被柬埔寨古代各王朝的国王所采用，如吴哥王朝的建立者的称号为阇耶跋摩二世（Jayavarman Ⅱ），吴哥通城的始建造者的称号为苏利耶跋摩二世（Suryavarman Ⅱ）等。

  在东南亚半岛地区，国王称号以"跋摩"作后缀的除了柬埔寨古代各王朝的国王之外，比较典型的还有占婆王国的国王。在马斯帛洛（Georges Maspero）的《占婆史》一书中，从第二王朝到第十四王朝的国王称号大多数都带有"跋摩"这个后缀，如第四王朝的律陀罗跋摩③④（Rudravarman）（公元 530—541 年在位），第七王朝的因陀罗跋摩三世（Indravarman Ⅲ）（公元 918—959 年在位），第十四王朝的阇耶信诃跋摩（Jaya Sinhavarman）等。如果按有的学者的观点，"跋摩"是汉语"范"的音译的话⑤，那么带有"跋摩"的国王的称号就更多了，因为在中国的史籍中，占婆王国早期国王的名字就以"范"开头，如第一王朝第四世王"范熊"，第五世王"范逸"；第三王朝第七世王范神成（公元 455—472 年在位），等等。实际上，了解印度古代历史和东南亚古代历史的人都知道，国王称号中带有"跋摩"这种现象在东南亚比在印度要普遍得多，东南亚许多国家古代各王朝国王的称号中都出现过"跋摩"，但在印

---

  ① Michael D. Coe, *Angkor And The Khmer Civilization*, London: Thames & Hudson, 2003, p. 68.
  ② [英] D. G. E. 霍尔：《东南亚史》（上），中山大学东南亚历史研究所译，商务印书馆 1982 年版，第 49 页。
  ③ 马斯帛洛把中文史籍中占婆王国国王的名字和当地碑铭中国王的称号进行了一一对应地研究。此处引用的占婆国王称号就是来源于这份对应表。参见 Georges Maspero《占婆史》，冯承均译，中华书局 1956 年版，第 113—120 页。
  ④ "律陀罗"（Rudra），在《梨俱吠陀》中最初是风暴之神的称号，后来被湿婆神所取代。
  ⑤ [英] D. G. E. 霍尔：《东南亚史》（上），中山大学东南亚历史研究所译，商务印书馆 1982 年版，第 48—49 页。

度则很少看到。

国王称号中以"跋摩"作后缀的除了古代吴哥王朝和占婆王国的国王之外,还有5世纪前后出现在古代印度尼西亚加里曼丹岛上的古戴王国的国王和爪哇岛上的达鲁玛王国的国王。据当地发现的碑铭记载,古戴王国的建立者名叫昆东加(Kun Dungga),他的儿子,也就是第二世国王的称号为"阿湿婆跋摩"(Asvavarman),第三世国王的称号为"牟罗跋摩"(Mulavarman)。显然,古戴王国第一世王的名字与第二、三世王的名字有很大的区别。前者并没有"跋摩"这个后缀,而后两者则都有这个后缀。很明显,后者是受印度神王观念影响的结果。那么,"昆东加"这个名字是否也是受印度神王观念影响下的名字呢?回答是否定的。有学者认为"昆东加""是典型的马来群岛地区人的名字"①。因此,这是古戴王国在接受印度王权观念后在国王名字(称号)方面发生的变化。另外,据碑铭记载,爪哇岛上最早国家达鲁玛王国国王的称号为"普尔那跋摩"(Purnavarman),也是以"跋摩"作后缀,这也是受印度神王观念影响的明显烙印。

印度神王观念对爪哇岛上8、9世纪之后的王国的国王称号的影响,可以分为两种情况,第一种就如前文所论述的直接采用印度宗教中神灵的名字为自己的称号;第二种则比较复杂,可以视为半印度神王化,即把本地首领的称号与印度宗教神灵的称号结合起来,带有明显的本土特色。如在巴利栋(又译"巴利通")碑铭中所罗列的8位前马达兰王国散查亚王朝的国王称号中,有7位的称号中带有印度神王的元素。其中第一世国王的称号为腊凯·马达兰·腊图·散查亚(公元732—760年前后在位)。第二世王的称号为室利摩诃罗阇·腊凯·帕南卡兰(约公元760—780年在位)。从第二世王开始,称号中出现了"室利摩诃罗阇"这个印度化很深的称号,如第六世王的称号为"室利摩诃罗阇·腊凯·皮卡坦"(公元838—851年在位)。这里的"腊凯"是地方长官的称号。② "马达兰"指的是"祖国","腊图"或作"达图","是部落首长转而成为王国的地方

---

① 梁志明等主编:《东南亚古代史》,北京大学出版社2013年版,第188页。
② 王任叔:《印度尼西亚古代史》(下),周南京、丘立本整理,中国社会科学出版社1987年版,第454页。

首长的称号"①。"室利摩诃罗阇"就是梵语 Sri Maha Raja 的音译,意思是"吉祥大王"。与此类似的称号还很多,如前马达兰王国末期的爱尔朗加国王的称号为"腊凯·哈路·室利·洛卡湿瓦拉·达尔马旺夏·爱尔朗加·安纳塔威克拉马吞加提婆"(Rakai Hallu Sri Lokaswara Dharmawangsa Airlangga Anatawikramattunggadewa)②。这里的"哈路"也是地方首领的称号,"达尔马旺夏"又译"达摩旺夏",是前任国王的称号。由此可见,爪哇岛上受印度神王观念影响的国王称号,既带有本地首领的称号,如"腊凯""达图"和"哈路",也带有印度神王观念中国王的称号,如"室利""摩诃"(又译"玛哈")和"罗阇"等,显示出了古代印度尼西亚本土文化与外来印度文化的融合。

三 印度两大史诗中的英雄人物对东南亚国家国王的影响

印度两大史诗《摩诃婆罗多》和《罗摩衍那》传播到东南亚地区之后,很快就在当地传播开来,对当地文学艺术的发展产生了重要的影响,成为当时许多文学艺术创作的母题。当地的诗人、作家根据两大史诗的相关内容,创作出了适应时代要求的多部文学作品。这些文学作品的主题思想是把本国的统治者与史诗中的英雄人物联系起来,借此来歌颂本国统治者的伟大和神圣。此外,东南亚地区当地统治者也从两大史诗尤其是《罗摩衍那》的英雄人物中找到了统治者的完美原型,因此,他们自觉地把自己塑造成史诗中的英雄人物尤其是罗摩的习俗就在当地传播开来了。

印度两大史诗在东南亚地区流行情况略有不同,《罗摩衍那》在半岛地区更受欢迎,而《摩诃婆罗多》则在海岛地区更受欢迎。其原因可能是这两部史诗传播到东南亚时,这两个地区还处于不同的社会文明发展阶段,半岛地区的社会可能已经进入到封建社会,有了国王、王族,而海岛地区则可能还处于原始部落阶段,还处于部落混战阶段,因为在印度《罗摩衍那》产生在与刹帝利王族关系密切的苏多阶层,而《摩诃婆罗

---

① 王任叔:《印度尼西亚古代史》(上),周南京、丘立本整理,中国社会科学出版社 1987 年版,第 400—401 页。

② 王任叔:《印度尼西亚古代史》(下),周南京、丘立本整理,中国社会科学出版社 1987 年版,第 480 页。

多》则产生于婆罗门祭司阶层。① 由于东南亚地区的统治者自觉地吸收两大史诗中能与自己的文化习俗相融合的部分，所以才出现了《罗摩衍那》在半岛地区更受欢迎而《摩诃婆罗多》在海岛地区更受欢迎的情况。

虽然东南亚地区各国都有《罗摩衍那》的故事流传，对当地的宗教义化产生了深远的影响，但影响最为明显的是泰国，尤其是《罗摩衍那》中的英雄人物罗摩对泰国统治者的影响。从第一个王朝素可泰的国王开始到当今曼谷王朝的国王都被打上了深深的罗摩烙印，最直接的证据就是有的国王的称号就使用拉玛（罗摩），如素可泰王朝第三世王的称号就为"拉玛甘亨"（"勇敢的罗摩"），阿瑜陀耶王朝第一世王的称号为"拉玛铁菩提一世"（"罗摩王一世"），而曼谷王朝所有的国王的称号都为拉玛，即从拉玛一世、拉玛二世、拉玛三世直至当今的拉玛九世。《罗摩衍那》在东南亚的传播过程中，它的印度源头已经被淡化，完全变成了东南亚自己的东西，正如有的西方学者所说："在许多国家这个故事已经被认为是在本地背景下发生的，只有那些重要的城市、地点、山脉、河流和湖泊才是印度的名字。故事的主角和场景在当地已被东南亚本地化，这种现象尤其在爪哇、马来西亚、越南、柬埔寨、老挝、泰国更是如此。"②因此，罗摩因历尽千辛万苦、打败了恶魔并最终救回了被恶魔罗波那劫走的爱妻悉多，就被东南亚当地人民认为是对爱情忠贞不贰的好丈夫、英雄的楷模；又由于他让自己的父亲履行了承诺而被认为是孝子的楷模；还因为他教导弟弟婆罗多如何掌好王权，提出"为官八德"而被认为是明君的楷模。所以，罗摩在东南亚尤其在泰国，实际上是完美统治者的代名词。就如学者梁立基所说："罗摩作为毗湿奴大神的转世化身和王者的最高典范得到了充分的体现，特别是在宣传印度教的帝王思想方面可谓不遗余力。"③泰国的统治者把自己的称号（名字）取为"拉玛"，一方面要体现自己像故事中的罗摩一样是个好丈夫、英雄、明君、孝子、好兄弟；另一方面则是因为罗摩是个家喻户晓的人物，统治者自称罗摩，更能使百姓知晓国王的崇高和神圣。因为在《罗摩衍那》故事中，罗摩是毗湿奴的一个转世

---

① 张玉安、裴晓睿：《印度的罗摩故事与东南亚文学》，昆仑出版社2005年版，第26页。

② Santosh N. Desai, "Ramayana—An Instrument of History Contact and Cultural Transmission between India and Asia", *The Journal of Asian Studies*, Vol. 30, No. 1 (Nov., 1970), p. 6.

③ 梁立基：《印度尼西亚文学史》（上），昆仑出版社2003年版，第93页。

化身，所以，国王就会被百姓理所当然地认为是神灵的转世化身，这样，他的统治地位才能更加稳固。

《罗摩衍那》在东南亚海岛地区的爪哇也受欢迎，早在 10 世纪之前就出现了《罗摩衍那》的古爪哇语译本。当时的诗人采用仿梵体诗格卡温诗体把《罗摩衍那》移植到本国，使《罗摩衍那》成了第一部被移植过来的印度史诗。在被移植到爪哇的最早的《罗摩衍那》的前言中提到了达尔玛旺夏（10 世纪末在位）的名字。看起来，这是为歌颂达尔玛旺夏的崇高和神圣而移植过来的。因此，《罗摩衍那》中的罗摩的各种能力和美德也应该对达尔玛旺夏国王产生了影响。

印度两大史诗在东南亚的海岛地区更受欢迎的是《摩诃婆罗多》，东爪哇王朝时期的许多国王都以改编自《摩诃婆罗多》的相关故事来歌颂自己，把自己与《摩诃婆罗多》中的英雄人物相提并论，或者以《摩诃婆罗多》中的英雄人物来间接地歌颂自己。这种通过文学手段把国王置于神界或把国王当作某神灵的方式被有的西方学者视作了神王合一崇拜的方式之一。① 不过，11 世纪以后的东爪哇各王朝诗人不再像以前一样原封不动地移植印度的史诗来歌颂本国的统治者了，"在内容上则以两大史诗，特别是《摩诃婆罗多》的故事为题材来源，拿史诗中的某一段故事作为创作的基础，结合本民族的特点和歌颂本朝帝王的需要进行加工改造，经过民族化之后使之成为一部体现新主题的作品"②。例如，宫廷诗人恩蒲·甘瓦根据爱尔朗加（Airlangga）与苏门答腊公主室利·桑格拉玛威查耶的婚姻，以《摩诃婆罗多》中与此相似的内容为母题，创作了《阿周那的姻缘》，"他是想以史诗英雄阿周那暗喻爱尔朗加王，歌颂他为打退敌人、统一复国所建立的丰功伟绩以及他与室利·桑格拉玛威查耶公主结下的美满婚姻"③。又如，恩蒲·丹阿贡（Mpu Tanakung）根据新柯沙里王朝的建立者肯·昂罗（Ken Angrok）从一个弃婴到大盗再到国王的经历与印度教湿婆教派中夜祭湿婆的习俗相似的特点创作了《卢甫达卡》（也称《祭湿婆之夜》），他以猎人卢甫达卡来暗喻肯·昂罗。因为在故事

---

① I. W. Mabbett, "Davaraja", *Journal of Southeast Asian History*, Vol. 10, No. 2 (Sep., 1969). p. 204.
② 梁立基：《印度尼西亚文学史》（上），昆仑出版社 2003 年版，第 114—115 页。
③ 同上书，第 119 页。

中，卢甫达卡虽然是猎人，杀生很多，死后不能进入天堂，但因他曾夜祭湿婆神而得到了湿婆的恩典，最后升入了天堂，"这似乎暗示肯·昂罗即使出身卑贱，且做过许多坏事，由于得到湿婆大神的恩典，仍可名正言顺地当上国王"①。再如，麻喏巴歇的宫廷诗人勃拉邦加（Prapanca）根据哈奄·武禄执政时期的繁荣景象创作了《纳卡拉克达卡玛》（*Nagara-krtagama*，即《爪哇史颂》）格卡温体诗。在诗中，国王哈奄·武禄被作者说成是湿婆大神和佛祖下凡，因能以法化世，致使国土乐丰，民众炽盛。②总之，受印度两大史诗影响较深的爪哇岛上的各王朝国王大多都有把自己暗喻为史诗中英雄人物的颂诗。

四 印度神王观念对东南亚国家国王品德的影响

在印度宗教传说中，国王是由八尊神灵的分子构成的，因此就具有这八尊神灵的品质，即具有雨神、阎罗、太阳神、月神、风神、财神、海神、火神这八尊神灵的美德，只有具备这八尊神灵的美德的人才能成为国王，否则就不能成为国王，得不到百姓的认可，得不到神灵的佑护。因之，要想得到神灵的佑护，国王就要像雨神一样，为人间普降甘霖，恩惠广施黎民百姓；要像阎罗神一样，折磨他们死后的灵魂，铲除一切颠覆国家的罪人；向百姓收税要像太阳神一样，缓缓地吸收水分，要戒骄戒躁，不鲁莽，不草率；要像月亮神一样，和蔼、温情，让世人喜爱；要像风神那样体察国民，了解社会；要像财神一样，享受娱乐要节制，吃喝打扮不过度；要效法海神，充分行使权利，制服一切坏人；要像火神一样，用熊熊的烈火消灭每一个进攻自己的敌人。③以上所说到的八尊神灵各司其职，寓喻国王对百姓享有如同神灵对百姓般的权力。同时，百姓将国王视为神灵或类神。有学者这样评价有美德的国王："只有那些好的、有德的、受到人民拥护的国王才会受到尊敬并被认为是神。人们痛恨那些暴政国王的权威，对于不

---

① 梁立基：《印度尼西亚文学史》（上），昆仑出版社2003年版，第141页。
② 同上书，第156页。
③ Wayan Warna：*Kekawin Ramayana*, Dinas Pendidikan Dasar Bali, 1987, pp. 482—483. 转引自张玉安、裴晓睿《印度的罗摩故事与东南亚文学》，昆仑出版社2005年版，第381—382页。

关心人民幸福的国王不会受到人们的任何尊敬。"① 所以，在印度神王观念中，具有神性的国王是完美的人，他既能保护百姓的生命财产不受侵犯，爱民如子，也能对那些作奸犯科的坏人进行严厉的惩罚。

国王除了要具备上述八尊神灵的一些品质之外，在日常生活中，要为百姓做表率，成为百姓学习的榜样。因此，国王要具有"高贵和宽宏大量，睿智，正直，诚实，慷慨，慈善，真诚，优雅，原谅，智力，有远见，坚定，善良，老练，仁慈，政治敏锐，有政治才能，有勇气，聪明，坚韧，绝佳的记忆力，各学科的知识，如达摩、军事、政治、外交，有支持达摩和维护公正的能力，有控制属地的能力"②。这些是受古代印度文化影响下的国王所追求的美德，而这些美德只有通过宗教修行才能达到，所以古代印度的国王和受印度宗教文化影响的东南亚国家的国王，都不遗余力地进行宗教祭祀活动和做宗教功德，有的国王甚至不理朝政，只专注于宗教道德的修行而使国家走向衰亡。

受印度神王观念影响国家的国王除要具有神性、多才多艺、各种能力之外，还要具备健全的体格。身体上不能有什么缺陷。在印度神王观念中，国王是一个完美的人。在佛教中，国王是"形貌端庄"的人；在婆罗门教（印度教）中，神王因陀罗也是"最完美的"。在百姓的心目中，国王是十全十美的人，没有任何方面可以被挑剔。因此，新国王上台后，为了坐稳自己的王位，消除潜在的竞争威胁，总是会用极其残忍的手段将同胞兄弟致残，以便永久消除其对王位的窥伺。这方面的证据可以在中国的史籍中找到。《太平御览》在谈到真腊王国国王登基时说："其俗，非王妻子不得为嗣。王初立之日，所有兄弟并刑残之，或去一指，或劓其鼻，别处供给，不得仕进。"③ 这说明，东南亚古代国家国王，除了通过祭祀和宗教修行使自己获得神力、神性从而使得王权稳固之外，还通过残害竞争对手，使其失去完美的体格特征来加强对王权的控制。

总之，古代印度神王观念对东南亚地区统治者的直接影响主要体现在

---

① G. P. Singh, S. Premanada Singh, *Kingship in Ancient India: Genesis and Growth*, Akansha Publishing House, New Delhi – 110002 (India), 2008, p. 59.

② G. P. Singh, S. Premanada Singh, *Kingship in Ancient India: Genesis and Growth*, Akansha Publishing House, New Delhi – 110002 (India), 2008, pp. 65—66.

③ 《太平御览》，卷七百八十六，《四夷部·七·南蛮二》，"真腊国"。

三个方面。首先，是对国王称号的影响，受印度神王观念影响的东南亚各国国王，或直接采用印度宗教神话故事中神灵的称号，或采用印度国王的称号，或使用本地首领的称号与印度宗教神话故事中神灵的称号相结合的方式来作为自己的称号。其次，印度两大史诗《罗摩衍那》和《摩诃婆罗多》中的英雄人物对东南亚地区国家的国王也产生了重要的影响，其中半岛地区受《罗摩衍那》中的英雄人物影响较深，尤其是泰国。泰国自素可泰王朝的国王到当今曼谷王朝的国王都深深地打上了罗摩的烙印，称号采用"罗摩"就是最直接的证据。海岛地区受《摩诃婆罗多》中的英雄人物影响更突出。10世纪以后爪哇各王朝的国王大多都会命宫廷诗人根据《摩诃婆罗多》中的相关故事来创作对自己歌功颂德的文学作品，把自己暗喻为《摩诃婆罗多》故事中的英雄，如爱尔朗加就被宫廷诗人暗喻为阿周那。最后，古代印度神王观念中的国王品德也对东南亚地区国家国王产生了重要的影响。东南亚受印度宗教文化影响的各国国王要受到百姓的敬畏，必须要具有印度宗教神话故事中八尊神灵般的美德，不仅要具备各方面的能力，而且在体格方面也不能有任何的缺陷，否则就得不到百姓的尊重，不能被尊为神。

第三节 东南亚国家国王神性和神王合一的内涵

"国王神性"和"神王合一"是研究受印度宗教文化影响的东南亚宗教文化时不可回避的两个术语，即便是在研究东南亚古代历史、政治、建筑等方面的时候，也都会经常遇到这两个术语。因此，就有必要弄清它们的具体含义和区别。

一 国王神性的含义

我国学者和西方学者，或者还有东南亚地区的学者们都提到过东南亚国家的国王神性这个问题。看起来，国王神性确实是东南亚古代宗教文化中的"关键词"。

要了解东南亚古代国家国王的神性，可以有这么两种方法：第一，就是从学者们已经做出的定义中去了解；第二，通过一些具体的实际例子去总结。到目前为止，尚未见到学者们对"国王神性"作过定义和界定，所以就只能从学者们的实际运用中去总结。这就是理论来源于实践的原则。

英国著名的东南亚史学家霍尔在论述13世纪爪哇新柯沙里王朝的国王格尔塔那加拉（Kertanagara）时说："并把举行国王取得神性，成为佛陀——拜依拉哇的仪式的必要措施交给这两个人去办。这发生于1275年，是使其野心勃勃的计划付诸实现的必要准备"，"这段话的真正意思是，由于国王在这一年初取得神性，结果就发出了要征服末罗游的命令，这必须理解为，他在那一年特别被尊为神"，"他于1286年把不空羂索菩萨像送给苏门答腊，表明了他把自己的萨克提神力向外输送到一块同样受到蒙古领土扩张威胁的地区"①。这几句话中出现了"神性""佛陀""仪式""取得神性"等关键的词。要想从这几句话中总结出"神性"这个词的含义，那么，就必须要理解这几句话的内涵。虽然这几句话是从不同的段落中摘取的，但只要通过仔细研究就会发现本文所讨论的东西，即神性。从这几句话中可以看出这么几点：第一，国王神性是一种"获取"的东西，而不是与生俱来的；第二，国王神性的获取是通过"佛陀——拜依拉哇"这个仪式来实现的；第三，萨克提神力。这里的"佛陀——拜依拉哇"的意思是格尔塔那加拉在这个仪式上被献身成佛陀——湿婆。"拜依拉哇"是梵语Bhairava的音译，是湿婆愤怒的恐怖形象。另外，这里的"萨克提"就是魔力或神力，是梵语Sakti的音译。因此，从霍尔对格尔塔那加拉的相关论述中就可以总结出"神性"的内涵。即"国王神性"就是国王通过一个仪式所获得的神力，由于举行了这个仪式，国王就被尊为神，从而也就具有神性。这样看来，只要一个人被尊为神了，就具有了神性。因此，从"人变成神"这个过程就是神性获取的过程，就是人被神化的过程。这样的话，就可以把国王获得神性等同于国王被神化。

我国学者陈显泗在论述9世纪初期吴哥王朝阇耶跋摩二世所提倡的一种新信仰时说："国王的神性是由湿婆神通过国王身边的婆罗门大师传给他的，这就是阇耶跋摩二世为什么要重用湿婆伽伐利耶这位婆罗门的基本

---

① ［英］D. G. E. 霍尔：《东南亚史》（上），中山大学东南亚历史研究所译，商务印书馆1982年版，第108—110页。

原因。"① 从这句话来判断，神性这种东西是湿婆神的。它能转移到国王的身上，但是要通过一个媒介——婆罗门。可见，神性就是神所具有的特性，它能转移到国王的身上。

我国学者宋立道在谈到吴哥王朝时期的国王时说："吴哥时代的碑铭清楚地揭示出国王的神性本质"，"神王政治强调君主的权力来自他身上保存的神的身份和神性"，"君主的独裁统治是以神性原则为背景的"②。照宋先生的观点，神性与国王的权力有关。国王的权力来源于国王身上的神的身份和神性。从这里不难理解，神性依赖于神的身份。很显然，宋先生的意思就是，只要国王是神就具有神性，即国王神性的最终决定因素是神。只要把国王变成了神，神性自然就获得了。因此，把国王神化的过程就是神性获得的过程。神性的获得就是神力的获得，要获得神力就得举行仪式。

我国学者梁志明等在论述古代东南亚早期国家的政权体制时说："东南亚早期古代王国的国王们是利用神性确立其共主地位"，"在东南亚古国中，国王常以湿婆神的一部分或参与湿婆神力来展现自己的神性，从而形成提婆罗阇（Devaraja，即'天王'或'神王'）崇拜"③。因此，梁先生等的观点与上述其他学者的观点相同，即认为国王神性是从湿婆神中获得的，甚至认为国王就是湿婆神的一部分，或者就是国王通过湿婆的神力而具有了神性。因此，实现国王具有神性的前提条件就是国王要成为湿婆神，或取得湿婆的神力。这样，"国王神性"和"国王神化"几乎就是同一个意思，只要把国王神化为神，那就具有了神性。

通过上述的讨论，现在可以给"国王神性"下一个简单的定义。在上述的探讨中，学者们不约而同地把"国王神性"与"仪式""获得""神力""湿婆""神化"等这样的术语联系起来，因此，只要把这几个词按学者们的观点组合起来，就是"国王神性"这个概念的含义，即"国王神性"就是通过某种仪式，使国王获得（湿婆）神力，或把国王神化成神（湿婆），变成神（湿婆）的一部分。这样国王就成为神，具有了

---

① 陈显泗：《柬埔寨两千年史》，中州古籍出版社1990年版，第236页。
② 宋立道：《神圣与世俗：南传佛教国家的宗教与政治》，宗教文化出版社2000年版，第73—76页。
③ 梁志明等主编：《东南亚古代史》，北京大学出版社2013年版，第261—262页。

神性。国王神性的前提是国王神化。

二 什么是神王合一

（一）中国学者视角下的神王合一

在受印度宗教神王观念影响的东南亚文化中，神王合一是一种常见的信仰，不仅杂糅在宗教之中，而且还贯穿于政治统治制度之中，因此，研究神王合一崇拜是了解古代东南亚统治阶级宗教信仰的一把钥匙。

"神王合一"虽起源于印度，但其发展与完善似乎形成于东南亚地区。虽然在当今的印度宗教文化中很难找到它的踪影，但在东南亚却随处可见。就如上述所讨论的国王神性一样，"神王合一"也是一个前人没有定义过的问题。

同样，要理解神王合一这个概念的深层含义还得从实际运用中去找寻，从实际例子中总结出神王合一这个概念的定义。

梁志明等在评论古代爪哇达鲁玛王国时期一块碑铭上的足印时说："一块达鲁玛王国的刻有国王足印的石碑碑文把国王足印比作毗湿奴神足印，这是该古国对源于印度的'神王合一'观念的实践。"[①] 显然，梁先生等的神王合一就是把国王比作神。先把国王足印比喻为毗湿奴足印，进而把国王比喻为毗湿奴。

陈显泗认为，国王把自己神化为湿婆之后，神与王就合一了，形成了神王合一的信仰。陈先生在论述吴哥寺塔上阇耶跋摩七世的肖像时也说，阇耶跋摩七世把自己当作释迦牟尼的转世或化身，把自己与菩萨等同起来。显然，这里的"神王合一"就是国王把自己变成了神。国王成为神也是神王合一的一种形式。

吴虚领在谈到罗斛地区的神灵造像时说，有"一种是戴王冠的造像，一副王者的穿着打扮，王冠、项圈和腰带等制作精美。这类造像泰国以前没有，带有吴哥神王合一思想的意味，对后来阿瑜陀耶和曼谷时期的造像影响非常深刻"[②]。这里吴先生是从衣着打扮方面来谈论神王合一的，他把打扮得像国王的神灵视之为国王，这就是把神灵人格化，成为国王，即

---

① 梁志明等主编：《东南亚古代史》，北京大学出版社2013年版，第190页。
② 吴虚领：《东南亚美术》，中国人民大学出版社2010年版，第222—223页。

把神变为人。这种神与国王的合一与前面论述过的把人变为神的合一刚好相反。但结果都一样,都是神王合一。

莫海量等把神王合一归纳为这么几种:(一)雇用婆罗门,依照印度教经典作品的观念和礼仪,把统治者奉为神王而向他献祭;(二)国家政治制度采用婆罗门教的典礼仪式;(三)统治者被认为是毗湿奴、湿婆、因陀罗等人的化身或干脆等同于这些印度教神祇;(四)供奉神王合一的偶像或象征物等。① 据此可知,莫先生等的神王合一分为四种情况:(一)就是把国王神化,成为神,这和陈显泗先生的观点是一致的;(二)从统治方式上来看,实行婆罗门教经典礼仪,也是神王合一的一种方式,实际上就是把国王神化的经典礼仪,在宫廷中,婆罗门的主要职责就是为统治者举行使其神化的仪式,吴哥王朝的阇耶跋摩二世就是很好的例子;(三)统治者被认为是湿婆、毗湿奴、因陀罗②等神灵,因而他就处在了宇宙的中心;(四)体现神王合一的偶像、象征物等,如林伽、神灵雕像。

总之,中国学者所谓的"神王合一"就是把国王比喻为或视为神灵,或把神灵人格化为国王。

(二) 外国学者视角下的神王合一

中国学者和外国学者对"神王合一"这个术语的表述略有区别,西方学者从碑铭出发,将其译为 Devaraja,即中国学者所谓的"提婆罗阇",这是直接借用了梵文原文。大卫·钱德勒(David Chandler)先生认为"提婆罗阇"这个词的意思就是"神国的王"。他说阇耶跋摩二世在取得政权后所举行的这个仪式的目的就是要把他和神界的王者湿婆联系起来,把他视作湿婆神。西方另一学者在谈到吴哥王朝的建立者阇耶跋摩二世所举行的这个"提婆罗阇"仪式时说:"意思是他把自己定义为印度教湿婆神。"③ 这句话也可以理解为阇耶跋摩二世把自己视为湿婆神。所以,在西方学者看来,神王合一就是把国王视为神灵。

泰语也有神王合一这个词,只不过泰语中的这个词来源于梵语 Devaraja,所不同的是,泰语中还有一个前缀"拉提"(意为"崇拜"),即

---

① 莫海量等:《王权的印记》,东南大学出版社2008年版,第21页。
② 还应包括佛陀、菩萨等。
③ Mary Somers Heidhues, *Southeast Asia: A Concise History*, London: Thames & Hudson, 2001, p.39.

写为"拉提提婆罗阇"（**ลัทธิเทวราช**，God‐king Cult），意为"神王崇拜"，即把国王视为神的一种信仰。① 从泰语关于"神王合一"的表述来看，说明了这是一种崇拜，因为它本身就带有崇拜的前缀，就是把国王当作神灵来看待的一种信仰。在泰语中除了神王崇拜之外还有佛王崇拜这个术语，即"拉提佛陀罗阇"（**ลัทธิพุทธราช**，Buddha‐king Cult），意思是"佛王崇拜"，即"国王期望将自己打造得像佛陀，就像是民众每天拜佛陀一样拜自己"②。所以，泰语中的神王合一信仰就是神王崇拜，即把国王塑造得如同神（佛）一般。

从上述中外学者对"神王合一"这个概念的实际运用中得知，中外学者对神王合一这个概念的表述略有差异。西方学者和泰国学者直接使用梵语原文，表述为"提婆罗阇"，即"神王"；而中国学者则称之为"神王合一"。汉语虽然在神王之后加上"合一"二字，但其所表达的意思和"神王"一致。

因此，"神王合一"或"神王"就是指把国王比喻为、神化为、等同于、视作神灵的一种文化信仰。神王合一就是通过各种方式把国王与神灵联系起来。其中，把国王比喻为神灵这种神王合一现象主要存在于文学作品中，如爪哇地区前马达兰王朝的爱尔朗加国王就被比喻为阿周那（毗湿奴的一个转世）；把国王神化为神灵这种现象在东南亚最普遍，方式有多种，最主要的是通过仪式神化，如上述提到的提婆罗阇仪式；把国王视为或等同于神灵的现象主要体现在各种神灵雕像、宫殿建筑、王都分布、王权结构、国与国之间的关系等方面，如王都要位于王国的中心，王宫则要位于王都的中心等以符合印度宗教中的曼陀罗理念。

三　神性和神王合一之间的关系

国王神性是东南亚古代受印度宗教文化影响国家的统治基础，是王权稳固的根本保证，是国王正统、合法性的保证。上文已得出结论，"国王神性"就是通过某种仪式使国王获得湿婆神力，或把国王神化成湿婆，变成湿婆的一部分，成为神。国王神性是国王的一种身份。而"神王合

---

① จิตร ภูมิศักดิ์　โองการแช่งน้ำและข้อคิดใหม่ในประวัติไทยลุ่มน้ำเจ้าพระยา　กรุงเทพฯ:ฟ้าเดียวกัน ๒๕๔๗ หน้า ๑๔

② จิตร ภูมิศักดิ์　โองการแช่งน้ำและข้อคิดใหม่ในประวัติไทยลุ่มน้ำเจ้าพระยา　กรุงเทพฯ:ฟ้าเดียวกัน ๒๕๔๗ หน้า ๒๐

一"或"神王"就是指把国王比喻为、神化为、等同于、视作神灵的一种信仰。神王合一既是一种崇拜，也是一种信仰。所以，只有在神王合一这种文化背景中，才能谈论国王神性。因此，神王合一是国王神性的前提，没有神王合一就没有国王神性。与"国王神性"相似的另一个词"神性国王"指的是获得神性之后的国王，即被神化之后的国王，指的是人，而不是一种东西。在东南亚古代宗教文化研究中，"神王合一"或"神王"，"国王神性"和"神性国王"是不可回避的几个核心术语，所以，有必要弄清楚它们之间的关系。

本章小结

通过以上各节的研究和探讨可以得出如下结论：在印度宗教神话传说中，无论神界还是人间，最先都是没有国王的。后来，或由于战争，或由于人类的堕落、贪婪，"正法"遭到破坏，使世间处于恐怖和混乱之中。为了维持人间的秩序，才由创造之神创造了国王。所以，国王从其来源上说就是神灵，而不是人类。古代东南亚的统治者无不受到印度宗教文化中王权观念的影响。在这些影响中，最直观的就是国王的称号，如国王称号中带有印度宗教神灵的称号，或者就直接使用印度宗教神灵的称号。印度两大史诗中的英雄人物罗摩和阿周那对东南亚国家国王产生了重要的影响。东南亚半岛地区泰国从古至今的国王受罗摩影响较深，而海岛地区爪哇岛上自10世纪之后的各王朝国王都会有以《摩诃婆罗多》中的英雄人物来暗喻自己的文学作品。印度神王观念中的国王的各种美德也传布到了东南亚地区，得到了当地统治者的学习和效仿。东南亚古代各国的统治者，为了神化自己，取得神性，往往利用印度宗教（包括婆罗门教、印度教、佛教）中的各位大神的特殊属性来神化自己，使自己成为神王。"国王神性"实际上就是把国王"神化"。只要把国王神化为神，成为神王合一了，就获得了神性。东南亚古代各国常常通过某种仪式，把国王比喻为、视为、等同于神灵。

第三章 以吴哥为中心的神王崇拜

柬埔寨的吴哥是古代东南亚受印度宗教文化影响较深的地区之一,印度神王观念在这里留下了深深的印记,当今所能看到的建筑遗物、神灵雕像等大多与神王崇拜有关。本章将重点来讨论以吴哥地区为中心的神王崇拜。同时,也论及占婆王国的神王信仰。

第一节 扶南王国、占婆王国早期的神王崇拜

东南亚半岛地区早期的神王信仰在时间上主要是从公元初期到公元七八世纪。早期神王合一信仰是东南亚神王崇拜的组成部分。只有通过对早期神王合一信仰的探讨,才能进一步讨论经典时期的神王合一崇拜。本节将在中国史籍记载和当地碑铭记载的基础上对东南亚半岛地区早期王国的神王崇拜进行探讨。内容包括扶南王国、占婆王国。

一 扶南王国早期的神王崇拜

关于扶南王国早期神王崇拜的资料,主要来源于中国史籍的记载。据《南齐书·扶南传》记载:

> 扶南国,在日南之南大海西湾中,广袤三千余里,有大江水西流入海。其先有女人为王,名柳叶。又有激国人混填,梦神赐弓二张,教乘舶入海。混填晨起于神庙树下得弓,即乘舶向扶南。柳叶见舶,率众欲御之。混填举弓遥射,贯船一面通中人。柳叶怖,遂降。混填遂以为妻。恶其袒露形体,乃迭布贯其首。遂治其国,子孙相传。

从这则记载中可以看出，扶南是个地域面积比较大的国家，其位置所在地为"日南"之南。"日南"是中国汉朝时期在今天越南境内所设置的一个郡，所以当时的扶南应该至少还包括了今天越南的南部。从记载看，当时扶南王国还处于母系氏族社会，因为当时统治扶南的是个女王，名叫柳叶，人们还不知道穿衣服。另外，从这则记载中可能得到更重要的信息就是那个神秘的混填，他来自"激国"。据有的学者说"激国"或者在印度，或者在东南亚海岛地区的某个地方。按"乘舶入海"这句话来推测，"激国"在印度和马来半岛或是苏门答腊岛、爪哇岛、加里曼丹岛皆有可能。此外，混填来扶南的原因竟然是受神的启示。

柳叶虽然对混填进行了抵抗，但是最终还是投降了，混填还娶了柳叶为妻，教当地人如何穿衣。有学者认为，混填和柳叶的结合，是文化（culture）与自然（nature）的结合①，当然，这里的"文化"应该就是印度文化，"自然"就是扶南的文化，因此，"扶南的立国与印度文化之间确实存在密切的联系"②。如果这种观点正确的话，那么，似乎可以看出东南亚文化是一种比较容易接纳外来文化的文化。有学者这样评价说："印度文化对东南亚产生这样的影响是因为它很容易与当地民众已存在的文化模式和宗教信仰相适应，而这些文化模式和宗教信仰也已经沿着文明的道路行进了很长一段距离。"③ 东南亚文化在自身业已存在的本土文化的基础上对印度宗教文化进行了融合。这正是霍尔先生所说的"东南亚是一个凭它本身的条件就值得重视的地区，而不仅是在同中国、印度或西方发生接触时才值得重视的"④。

总之，扶南王国最早的国王与可能是来自印度的一个名叫混填的人有关。因混填是在神的启示下来到扶南的，所以，扶南王国最初的国王与神灵有关，或者本身就是神灵，其来源非常神秘，这种现象在东南亚古代早期国家中普遍存在，其原因可能要追溯到印度的《摩奴法论》中去。东南亚古代国家国王的这种神秘起源为后来各国国王的神秘化打下了基础。

---

① David Chandler, *A History of Cambodia*, Boulder: Westview Press, 2008, p. 18.
② 梁志明等主编：《东南亚古代史》，北京大学出版社2013年版，第145页。
③ ［澳］米尔顿·奥斯本：《东南亚史》，郭继光译，商务印书馆2012年版，第21页。
④ ［英］D. G. E. 霍尔：《东南亚史》（上），中山大学东南亚历史研究所译，商务印书馆1982年版，第14页。

到公元 4 世纪中叶 5 世纪初的时候，扶南王国又出现了一个神秘的国王，这个国王据中国的史籍记载，来自印度，而且是印度的婆罗门。

> 其后王憍陈如，本天竺婆罗门也。有神语曰"应王扶南"，憍陈如心悦，南至盘盘，扶南人闻之，举国欣戴，迎而立焉。复改制度，用天竺法。①

首先，据有的学者说，这里的憍陈如就是前文提到的混填，梵文为 Kaundinya，理由是憍陈如这个名字在印度比较普遍，就如约翰这个名字在英语里比较普遍一样。② 这样，扶南最初的国王就与来自印度的婆罗门有关。在印度，婆罗门本身就被认为是神，或者就是能与神沟通的人，"他们（指婆罗门）往往以人与神灵之间的联系人自居，俨然成了'人间之神'"③。因此，扶南最初的国王就与婆罗门有关，即与神有关。另外，有的学者则认为，憍陈如是个氏族的名称，而不是人名。④ 如果憍陈如真的是氏族名称的话，扶南这个国家有可能是由印度人建立的，但这种说法没有充分的证据。而从混填和憍陈如出现的时间上来判断，前者出现的时间约在公元一二世纪，后者约在公元四五世纪，所以，他们不可能是同一个人。再有，这则记载已经说得很清楚，憍陈如这个人本身就是婆罗门，婆罗门在古代印度就是跟神灵有关的人。令人费解的是憍陈如也像比他早两三个世纪的混填一样，是在神的启示下到达扶南的，而且神灵已经明白地告诉他，去扶南当国王（也许竟还是部落联盟的首领）。与混填不同的是，当憍陈如来到了盘盘国⑤，扶南人听到这个消息之后，他们不像对待混填一样地进行抵抗，而是欢迎他来当自己国家的国王。这显然是受到了

---

① （唐）姚思廉：《梁书》卷五十四，"诸夷"。另见 http：//www.guoxue.com/shibu/24shi/liangsu/ls_054.htm。

② 段立生：《东南亚宗教嬗变对各国政治的影响》，泰国曼谷大通出版社 2007 年版，第 38 页。

③ 王红生：《神与人：南亚文明之路》，人民出版社 2011 年版，第 33 页。

④ 王任叔：《印度尼西亚古代史》（上），周南京、丘立本整理，中国社会科学出版社 1987 年版，第 325 页。

⑤ 在暹罗湾沿岸。参见 ［法］G. 赛代斯《东南亚的印度化国家》，蔡华、杨保筠译，商务印书馆 2008 年版，第 93 页。

混填的影响，因为扶南人认为，混填用神力打败了柳叶①，所以，在扶南人看来，来自印度的婆罗门天生具有神力。因此，当他们听说来自印度的婆罗门憍陈如时，才出现了"迎而立焉"的现象。这说明了，早期东南亚人民是自觉地接受来自印度的文明即神王观念的。

从扶南人的角度来说，"憍陈如"或者竟然是印度婆罗门种姓的名称也是有可能的。最有可能的情况是，混填主政扶南之后，向当地人讲述了印度婆罗门的一些故事，这些故事在扶南得到传播，代代相传。在人们崇拜神力的年代里，具有神力的氏族（或个人）当然就会被奉若神明，再加上来自印度的婆罗门往往自称具有皇族的身份②，所以，他们理所当然地就被扶南人当作国王了。另外，按霍尔先生的观点，印度宗教文化传播到东南亚就包括了以恒河地区的王族的传统或家谱为核心的神话③，这些神话讲的就是古代印度宗教中各王族为争夺王位而进行的战争。

从以上的推断可知，"憍陈如"实际上既不是人名，也不是氏族名，而是印度婆罗门阶层。如果古代印度及东南亚地区确实曾经存在过用氏族的名称来称呼某个人的话，那么，来自印度的婆罗门最有可能都被当地人称为"憍陈如"。因此，扶南最初的有文字记载的国王，无论是混填还是憍陈如都是源于印度的婆罗门，都与神灵有关。

扶南王国最早的碑铭主要见诸公元 5 世纪，5 世纪之前的碑铭很少。④上述谈到的混填、憍陈如都没有留下什么有价值的碑铭。虽然如此，但是憍陈如的王后及其儿子求那跋摩（憍陈如的继任者）却各留下了一块梵文碑铭。求那跋摩的碑建在水草平原上的塔梅，建碑的目的是庆祝一座名

---

① 梁志明等主编：《东南亚古代史》，北京大学出版社 2013 年版，第 217 页。
② 按西方学者的描述，爪哇地区印度化的情景是这样的：一些船队到达了港口，船队的领头人向当地首领赠送礼物，向普通百姓分发护身符，帮助他们治愈疾病。因此，他们赢得了爪哇当地首领和土人们的好感。当地人认为他们不仅富有而且还具有魔力。他们或真实地或夸张地自吹是皇族的后裔也就被当地人认可了。因此，当他们向当地首领女儿提出结婚要求时没有遭到拒绝。当地首领的女儿们在成为来自印度的婆罗门的妻子之后，成了传播与皇族、仪式和信仰相关的新思想的工具。参见 D. G. E. Hall, *A History of South – east Asia*, London：Macmillan & CO LTD, New York·ST Martin's Press, p. 18.
③ [英] D. G. E. 霍尔：《东南亚史》（上），中山大学东南亚历史研究所译，商务印书馆 1982 年版，第 39 页。
④ [法] G. 赛代斯：《东南亚的印度化国家》，蔡华、杨保筠译，商务印书馆 2008 年版，第 68 页。

为"轮渡主"的神庙的奠基,该神庙里藏有毗湿奴神的一个足印,这证明了憍陈如和求那跋摩统治扶南时期,扶南流行的是毗湿奴崇拜。从求那跋摩所建立的神庙里的毗湿奴足印来看,它所象征的意义似乎与同一时期出现在爪哇岛上的达鲁玛王国国王普尔那跋摩(Purnavarman)的足印相同。普尔那跋摩国王的足印被视为毗湿奴的足印,那么,轮渡主神庙里的毗湿奴足印也就被视为国王求那跋摩的足印。国王就被视为毗湿奴。因此,从碑铭记载来看,到憍陈如的儿子统治时期,扶南的神王崇拜已从崇拜具有神性的婆罗门过渡到了把国王比喻为印度教中的神灵。

二　占婆王国早期的神王崇拜

(一) 占婆王国简介

占婆这个国家在古代东南亚存在了近 17 个世纪的时间,中国史籍中对该国的称谓从林邑、环王到占婆。

据中国史籍记载①,"林邑"最早是中国汉朝的一个县,名叫象林。公元 2 世纪末,当汉王朝内乱的时候,当地功曹区连(也作逵或怜)趁机崛起,杀死汉朝统治者,自立为王。所以,"林邑"这个名称的由来与象林县这个地名有关,可能是该国建立在象林县,所以称为林邑国。② 法国学者马斯帛洛(Georges Maspero)也认为"林邑"是"王室发源国土之名"③,"它的境界差不多恰恰与现在顺化城所在的越南承天省相符"④。

"占婆"这个称谓最早出现是在 7 世纪初的梵文碑铭中。这个国家与印度有着紧密的联系,有的学者认为,"占婆"这个名字与印度古代地名

---

① 据《梁书》卷五十四《列传》第四十八《诸夷》载:"林邑国者,本汉日南郡象林县,古越裳之界也。伏波将军马援开汉南境,置此县。其地纵广可六百里,城去海百二十里,去日南界四百余里,北接九德郡。其南界,水步道二百余里,有西图夷亦称王,马援植两铜柱表汉界处也。"另据《后汉书》卷八十六载:"日南、象林徼外蛮夷区怜等数千人攻象林县,烧城寺,杀长吏。交阯刺史樊演发交阯、九真二郡兵万余人救之。"此外,《水经注》也记载说"汉末初平(190—193 年)之乱,人怀异心,象林功曹姓区,有子曰逵(亦作达或连),攻其县,杀令,自号为王"。

② 梁志明等主编:《东南亚古代史》,北京大学出版社 2013 年版,第 156 页。

③ [法] Georges Maspero:《占婆史》,冯承钧译,中华书局 1956 年版,第 45 页。

④ [英] D. G. E. 霍尔:《东南亚史》(上),中山大学东南亚历史研究所译,商务印书馆 1982 年版,第 51 页。

有关，"乃采自印度古鸯伽国的瞻波首都名称的"①。由此可见，印度文化对这个国家的影响之深。据马斯帛洛的研究，占婆当地碑铭对该国的称谓一直都未改变过，都称占婆（Champa）。而中国史籍中所记载的占婆王国，最早见于公元9世纪，当时用"占城"来称呼这个王国，意思就是占人的城市或占人之城，梵语称Champapura。

安南人从中国中央王朝独立出去之后，不断向南发展，排挤占人国家。霍尔先生认为，占人王国最后消亡的时间是19世纪初②，而我国有学者认为是在19世纪的30年代。③ 两者虽然相差30年左右的时间，但最终可以推断出，占婆这个东南亚古代国家存在了近17个世纪。

（二）传说中占婆国王的神圣起源

占婆国王的起源与当地的神话传说有关。在神话传说故事中，占婆来源于两个部落，一个是槟榔部落，另一个是椰子部落。槟榔部落生活在南方，而椰子部落则生活在北方。槟榔部落的故事是这样的：古时候，占婆王国王宫附近有一株槟榔树，树上有一个很大的果子，结了很长时间也不能成熟。人们都感到好奇，于是国王命令仆人把这个槟榔果摘下，打开果实之后，里面不是果肉而是一个长相俊美的男婴。国王给这个男婴取名为罗阇浦克龙（Radja-Po-Klong），并叫人取来人乳给他吃，这个男婴却不吃人乳，恰好当时国王有一头五色的母牛，国王命人拿牛乳来给他吃，他竟然吃了起来。据说这就是占人不杀母牛不食母牛肉的来历。浦克龙长大后，娶了国王的女儿，继承了王位，并在七座陵庙之上建造了一座巨大的城市，这座城市名叫波耳（Pal），就是后来的占婆（占城）。关于椰子部落的来历与槟榔部落的来历大同小异，只是用椰子代替了槟榔而已。当然这两个部落有时互相攻伐，有时又互相联合。

另外，马斯帛洛认为，占婆最早的国王与印度宗教中的神灵有关。他在《占婆史》中说："商菩（Sambhu）命优珞阇（Uroja）曰：'汝愿承运显荣，下地为王。'嗣后王占婆补罗（Campapura）者，皆以系出优珞

---

① 王任叔：《印度尼西亚古代史》（上），周南京、丘立本整理，中国社会科学出版社1987年版，第312页。

② ［英］D. G. E. 霍尔：《东南亚史》（上），中山大学东南亚历史研究所译，商务印书馆1982年版，第245页。

③ 刘志强：《占婆与马来世界的文化交流》，社会科学文献出版社2013年版，第39页。

阁，僭位诸王咸引此事。如因陀罗跋摩一世（Indravarman），因陀罗跋摩二世，阇耶诃梨跋摩（Jaya Harivarman）三王僭位之后，皆称系出优珞阁是也。"①

按上述的记录分析，占婆国王的起源可以分为两种：一种是当地流传的神话故事，在这种故事中，国王并非人类所生，而是天生，即或者是从果实中长出，或者是从石中生出，或者是从土中长出。这似乎与人类起源的神话故事有一定的联系，但是有一点似乎不太相同，占婆是先有人类，而后才出现了非人类所生的人来继承王位。所以，传说中的罗阇浦克龙并不是占人的起源，而只是后继者之一。从他虽然生于果实之中，不食人乳但吃牛乳这一点来看，与印度宗教神话故事中的神灵有相似的特点。在印度宗教神话故事中，神灵出生于植物的花朵之中是比较常见的现象，如梵天神就出生于从毗湿奴肚脐中长出的莲花之中，佛陀也出生在莲花之中，湿婆有一个称号就是"生于莲花者"②，等等。从另一方面来说，在印度宗教中，牛是比较神圣的，罗阇浦克龙，不食人乳而吃牛乳也可以说明，他是神类的后代，只吃神类所赐予的东西。所以，虽然罗阇浦克龙从果实中生出，但他还是与印度宗教神话传说中的神灵有一定的联系。另一种占婆国王的来历则紧密地与印度宗教神话故事中的神灵联系了起来，即认为国王是由印度宗教中的神灵派到人间的，是神灵在人间的代表。占婆最早的国王名叫优珞阁（Uroja），是湿婆的一个儿子，他受商菩大神（湿婆）的旨意降临到占婆这片土地上，专门来统治这个地区的人民③，这与古代印度神王观念中国王的起源非常相似。

如果把上述两种国王的神圣起源进行一下对比就会发现，国王源于印度大神这种现象更受到当地统治者的认可。原因是，当地的统治者往往把自己说成是印度神灵优珞阁的后代，特别是对于那些篡位者而言更是如此，如因陀罗跋摩一世、因陀罗跋摩二世和阇耶诃梨跋摩就宣称自己是优珞阁的后代。篡位者宣称是优珞阁的后代的目的之一就是要证明自己只是继承了祖先的遗产，而不是篡位，以便使百姓服从他的统治。

---

① ［法］Georges Maspero：《占婆史》，冯承均译，中华书局1956年版，第19—20页。
② 葛维钧：《湿婆和"赞辞之王"》，《南亚研究》2004年第2期，第54页。
③ Robert Heine-Geldern, "Conceptions of State and Kingship in Southeast Asian", *Far Eastern Quarterly* 2 (1942), p. 22.

(三) 出现两种神王起源的原因——两个不同的政权

马斯帛洛在《占婆史》一书中说:"释利魔罗即为占婆有史以来之第一国王,其子或孙即以碑文志其系出此王,其碑或为越南半岛诸碑之最古者(靖化省之 Vo – Can 碑)。碑文固未及系以年代,第为古物决无可议,大致为纪元三世纪时物,或亦可上溯至二世纪时也。"① 按照马斯帛洛的观点,占婆王国的第一位国王名叫释利摩罗(Sri Mara),这就和中国史籍中所记载的林邑国的创建者的名字区连之间产生了差别,二者可能不是一个人。因为释利摩罗是个明显的印度化了的称号,而区连则是受汉文化影响很深的名字,它们之间似乎找不到某种联系。有学者认为,中国史籍所载和当地碑铭所记载的第一位国王的称号(名字)分别是区连和释利摩罗其实并不是一个人,而是两个人,原因就是他们是两个不同国家的国王,一个在北方即林邑,一个在南方即占婆。② 因此,区连和释利摩罗就是两个人,而不是以前学者们所认为的一个人了。

早期(公元2—5世纪)占婆地区存在两个政权中心的证据还可以从中国史籍所记载的和当地碑铭所记载的名字中找到。在中国史籍中,这个国家的称谓,在公元9世纪之前分别是"林邑"和"环王",而没有出现"占婆",但从当地发现的碑铭可知,这个地区早在公元5世纪就存在了一个占婆王国,这是不争的事实,证明这个王国的证据是大量的发现于当地的碑铭本身及其内容。这些碑铭共有130块。而且内容大多与古代印度神话故事中的神灵有关。其中有92块提到了湿婆神或与湿婆神有关,7块提到了佛陀,5块提到了梵天,3块提到了毗湿奴,有2块同时提到了湿婆和毗湿奴;另外有21块没有提到任何宗教神灵。③ 因此,最早该地区存在两个国家是可以肯定的,这与神话传说中,占婆有两个部落也相一致。这样的话,中国史籍中所记载的国王名字与当地碑铭中所记载的国王称号很难一一对应这个问题就迎刃而解了——他们根本就不是一个国家,因此,就不存在对应关系。因之,马斯帛洛所做的占婆王国前期(即南

---

① [法] Georges Maspero:《占婆史》,冯承均译,中华书局1956年版,第20页。
② 牛军凯:《从占婆国家保护神到越南海神:占婆女神浦那格的形成和演变》,《东南亚南亚研究》2014年第3期,第55—56页。
③ R. C. Majumdar, *Champa: History & Culture of an Indian Colonial Kingdom in the Far East* (2nd – 16th Century A. D.), Delhi: Gian Publishing House, 1985, p.170.

北尚未统一之前）的国王梵名和汉名之间的对应关系也就值得商榷。[①]

综上所述，早期占婆地区实际上存在两个王朝，一个是中国史籍中所记载的林邑国，另一个是当地碑铭所记载的占婆王国。当然，占婆王国出现的时间可能比林邑王国晚一些，这与东南亚海岛地区所出现的受印度宗教影响的国家，在时间上大体相当，约在公元5世纪左右。就林邑国而言，中国史籍中没有记载关于该国神王崇拜的情况，可能这个国家没有接受印度宗教文化，这可以从第一位国王的名字区连中看出。就占婆王国而言，从当地发现的许多碑铭可以看出，该国已经接受了印度的宗教文化，人们认为第一位国王名叫优珞阇，是商菩大神派到人间的代理，后来的国王尤其是那些篡位者，为了巩固自己的王权和地位，往往把自己说成是优珞阇的后裔。

第二节 吴哥王朝和占婆王国的林伽崇拜与神王合一探析

印度的林伽崇拜传播到东南亚后，与东南亚地区原先流行的祖先崇拜和巨石崇拜相结合，衍生出了具有本土特色的吴哥王朝阇耶跋摩二世时期的提婆罗阇崇拜和占婆地区的木卡林伽崇拜。

一 印度早期林伽崇拜的出现及演变

（一）印度早期林伽崇拜的出现

在印度林伽崇拜早在雅利安人进入之前1000多年的印度河文明时期就已经出现了。从这一时期的摩亨左·达罗文化（Mohenjo Daro）遗址中出土了一枚特殊的印章，这枚印章上面的图饰似乎与男性神，即湿婆神的原型有关。这枚印章上的男神正在进行瑜伽修炼，周围有一些动物，有三面看得见的脸，高耸的头饰两边有着两只角。印章中神像后镌刻着一些符号（见附图一），这些符号至今尚未释读出来，不过，有学者认为，这些符号与湿婆有关。众所周知，湿婆被认为是伟大的瑜伽行者，是百兽之王（Pasupati），兽主，额头上长有能喷出毁灭整个世界的火焰的第三只眼，

---

① 关于占婆王国国王梵名和汉名的对应关系，参阅［法］Georges Maspero《占婆史》，冯承均译，中华书局1956年版，第113—120页。

以三叉戟为武器。因此，这枚印章中正在行瑜伽坐姿的神灵，应该就是湿婆神；他身边有着多种兽类，证明他是百兽之王。"神像的三面脸与后来三只眼的含义也许不无关系，而高的头饰同两只角可能容易引起三条道的三叉戟的概念。"① 另外，考古学者们还在摩亨左·达罗文化遗址中发现了一些形状与湿婆林伽相似的石头断片。这些石头断片的发现，一方面说明了印章上的神像就是湿婆神的原型；另一方面也说明了早在这个时期，象征湿婆的林伽就已经存在了。在该文化遗址中，也发现了许多反映"母神"的小雕像，由此推断，当时似乎也存在母神崇拜的现象，这些母神可能与后来出现的性力（Sakti）崇拜有关。有学者认为"可能是'林伽'和'约尼'的发现，也使人想到存在后来湿婆派信徒崇拜的原型"②。学者们对那些与湿婆相似的石头断片进行了反复地研究，结果证实了那就是湿婆神的原形。③ "实际上，湿婆是男性神，他最初的形象就是一具被称为林伽的男性生殖器。"④ 因此，林伽崇拜的雏形早在印度河文明时期就出现了，只不过当时的林伽还只是天然的类似于男性生殖器的石块，并不像后来那样完善。这些男神、母神的发现，证实当时就存在生殖崇拜了。

生殖崇拜是人类在生产力水平低下时期的一种现象，跟人类对自身繁衍有关。正如恩格斯所说的一样："根据唯物主义观点，历史中的决定因素，归根结底是直接生活的生产和再生产。但是，生产本身又有两种。一方面是生活资料即食物、衣服、住房以及为此所必需的工具的生产；另一方面是人类自身的生产，即种的繁衍。"⑤ 在远古时代，在人类所进行的生活资料的生产和自身的生产中，"前者比较简单，后者十分复杂，因为

---

① [印] R. C. 马宗达、H. C. 赖乔杜里、卡利金卡尔·达塔：《高级印度史》（上），张澍霖、夏炎德、刘继兴、范铁城、朱万麟等译，商务印书馆1986年版，第25—26页。
② [澳] A. L. 巴沙姆主编：《印度文化史》，闵光沛、陶笑虹、庄万友、周柏青译，商务印书馆1997年版，第21页。
③ [印] R. C. 马宗达、H. C. 赖乔杜里、卡利金卡尔·达塔：《高级印度史》（上），张澍霖、夏炎德、刘继兴、范铁城、朱万麟等译，商务印书馆1986年版，第26页。
④ 段立生：《林伽崇拜与婆罗门教》，《神州民俗》2003年第1期，第64—66页。
⑤ [德] 恩格斯：《家庭、私有制和国家的起源》，《马克思恩格斯选集》第4卷，人民出版社1972年版，第2页。

它往往与祭祀礼仪或者原始宗教密不可分，所以极具神秘色彩"①。由于人们对自身的生产感到困惑，所以才产生了对自身生殖的敬畏之心而加以崇拜。这种崇拜在印度尤其表现得比较突出，就像黑格尔所评论的一样："在讨论象征型艺术时我们早已提到，东方所强调和崇敬的往往是自然界的普遍的生命力，不是思想意识的畏神性和威力而是生殖方面的创造力。特别是在印度，这种宗教崇拜是普遍的。"② 所以，激发人们对生殖崇拜的动力就是男女两性结合时所创造的无穷的力量。这就导致古代印度人民对男女生殖器发生了极大的兴趣。就像学者赵国华先生所说的一样，"人类始则崇拜女性生殖器，注意其构造，寻找其象征物，继则崇拜男性生殖器，注意其构造，寻找象征物，又进而运用文化手段给予写实式的再现和抽象化的表现，包括再现和表现男女结合的情景"③。

在《林伽往世书》中，有关于林伽与约尼连在一起的传说故事：一天，当婆罗门修行者们离开了静修林之后，赤身裸体的湿婆来到静修林，手把阳具，动作非常轻佻放荡，婆罗门的妻子们见状非常惊慌，有的还上前去拉扯湿婆。当众婆罗门回来之后，对此非常愤怒，他们就诅咒那个行为不端者的阳具落地。他们的诅咒果真灵验了，那人的阳具果然掉落了下来。但那人是湿婆，他的阳具落到什么地方，那里就燃起火柱。火柱不仅在人间燃烧而且还殃及了地狱和天堂，众婆罗门束手无策，于是他们就去求梵天帮忙。梵天说，要使湿婆阳具之火安静下来，只有请求雪山女神化作女阴。所以，众婆罗门只好去向雪山女神帕尔瓦蒂祈愿，希望得到她的帮助。在举行了若干个仪式之后，雪山女神才化为女阴形象，这时湿婆阳具才静止在女阴约尼上。这就是湿婆林伽和约尼连体形象的来历。实际上，林伽和约尼连体形象是人类对生殖这种神奇现象崇拜的产物。

由于古代印度崇拜生殖，所以在生活中才会以各种方式不断地再现人类生殖的过程。特别是"在宗教艺术中，表现男女结合情景的塑像堂而皇之地供养在神殿中，展示男女交媾姿态的浮雕肆无忌惮地镶嵌在宏大庙宇的石墙上，象征女阴（yoni）的磨盘状石刻和象征男根（linga）的圆柱

---

① 赵国华：《生殖崇拜文化论》，中国社会科学出版社1996年版，第152页。
② 朱光潜译：《美学》（第3卷上册），商务印书馆1979年版，第40页。转引自赵国华《生殖崇拜文化论》，中国社会科学出版社1996年版，第152页。
③ 赵国华：《生殖崇拜文化论》，中国社会科学出版社1996年版，第153页。

形石头组合在一起，今日还在领受膜拜"①。

既然林伽是湿婆的象征物，那么，人们崇拜林伽是不是就等于崇拜湿婆了呢？从湿婆具有的功能上来看，崇拜湿婆和崇拜林伽之间并不能画等号。在印度教中，湿婆是专司毁灭之神，但毁灭的同时又意味着创造和再生。他毁灭的是已混乱不堪的世界，而他创造的是一个新的世界。"湿婆的力量来自他多年的瑜伽禅定苦修。湿婆被认为是通过瑜伽修炼取得精神力量、获得无边法力、得到'解脱'的楷模。"②因此，人们崇拜湿婆的目的就是像湿婆一样通过修苦行获得无边的法力，从而达到解脱，即再生。湿婆的两面性也是人们崇拜他的目的之一。有学者这样描述他："湿婆是一位奇异的大神，他本身包含着相对立的矛盾，他既是毁灭者，又是起死回生者；既是大苦行者，又是色欲的象征；既有收养众生的慈心，又有复仇的凶念。"③因此，人们崇拜他的目的之一是祈望他不要发怒，向祈福者赐福等。

在古代，就像恩格斯所说的一样，人类既要进行生活资料的生产，也要进行人类自身的生产。因此，既然湿婆专司生殖、再生产，那么，很显然，人们崇拜他的目的就是要他给予人们多产，包括生活资料生产方面的多产和人类自身繁衍方面的多产。这就是有学者所谓的林伽象征着土地的肥力和多产。④因为在古代，由于生产力水平低下，征服自然的能力较差，无论是在生活资料的生产方面还是在人类自身的生产方面都会碰到很大的麻烦，要克服这些困难，只有祈求具有无边法力的湿婆林伽来帮助。人们崇拜林伽，希望在生殖方面得到他的护佑的现象一直流传到今天。据段立生先生的描述，在泰国东南沿海的哒叻府有一座与柬埔寨毗邻的小神庙，里面供奉的男性生殖器大得令人惊讶，是由树干做成的，长有2—3米，粗40—50厘米，龟头部分涂成了红色，显得特别有雄风。虽然被供奉在神庙内，但知道它是湿婆的象征的百姓并不多。一般的百姓只把它当作司管生殖的圣物，渴望生育的妇女常常带着香烛供品来这里跪拜，磕过

---

① 赵国华：《生殖崇拜文化论》，中国社会科学出版社1996年版，第153页。
② 马维光：《印度神灵探秘》，世界知识出版社2014年版，第104—105页。
③ 周志宽：《对印度教中湿婆神的思考》，《南亚研究》1994年8月15日，第46页。
④ David Chandler, *A History of Cambodia*, Boulder: Westview, 2008, p.16.

头后还要用手去摸。① 另外，在印度民间有一种说法，如果要想求子，就给林伽浇水，让水流过林伽，流到约尼上，再从约尼开口处流出，然后再用这些水来沐浴或饮用，这样可以实现求子的愿望。②

总之，林伽崇拜早在公元前3000年左右的印度河文明时期就已经出现了。当时的林伽还只是类似于男性生殖器的石头断片，并不像后来那样与男性生殖器非常相似。人们崇拜林伽的目的是因为生产力水平的低下，无法征服生活中的许多自然现象，尤其是人类自身的生殖繁衍这个问题，所以，才产生了对生殖器崇拜的心理，希望以此来祈求神灵赐福、多产。

（二）林伽形状的演变与发展

林伽是印度教湿婆派和性力派崇拜的男性生殖器形象。早期只是类似于男性生殖器勃起时的打磨得比较光滑的天然石块（见附图二），直到公元前2世纪左右，才开始出现了由工匠精心雕刻的林伽。在《林伽往世书》中描述了关于林伽的制作方法："可以泥土、岩石或金属制作林伽，然后将其置于没有干扰处，日日敬拜"；"需移动的林伽尺寸可以较小，而固定在某处的林伽应制作得较大"；"林伽的尺寸应大于制作林伽的信徒手指的二十五倍"。同时《林伽往世书》中也描述了林伽的安装问题："信徒可以使用金、银或铜，林伽应被安装在圣坛上，这个圣坛象征着乌玛。在这个整体中，梵天构成了底座，毗湿奴构成了中间部分。安装好以后，湿婆林伽就可被敬拜了。林伽还可以佩戴以及用圣水倾洒其上。"③《林伽往世书》中已经说得很明白，材质可用泥土、石头、金属来制作，大小可随需要而定；林伽整体要分为三个部分，即分别体现梵天（根部），毗湿奴（中部）和湿婆本身（顶端），因此，林伽实际上是代表印度教三大主神。后来无论林伽的形状怎样变化，但基本由三个部分构成这一点始终存在。另外，《林伽往世书》中还提出了对林伽的敬拜方法，既可将其置于神坛之上进行日日敬拜，也可将其佩带在身上随时祭拜。

公元2世纪左右时期的林伽与实际勃起的男性生殖器非常相似。有一尊来自印度泰米尔纳杜邦古蒂姆拉姆村（Tamilnadu Gudimallam）的林伽

---

① 段立生：《林伽崇拜与婆罗门教》，《神州民俗》2003年第1期，第66页。
② 张乐：《印度湿婆造像研究》，西安美术学院博士论文，2011年，第80页。
③ 同上书，第84页。

（见附图三），高5尺，顶端呈明显的男性生殖器的圆形头盖，头盖以类似于倒置的心形收拢，与真实的男性生殖器没有什么区别，乍看上去，就能认出是男性生殖器。但是，中间和底座部分被分别雕刻成了两个人的形象。中间的人，两脚自然分开站立，近乎裸体，只有腹部最下端系着类似于腰带的东西，可能不是裤子，似乎只是一种象征；腰带下方是裸露的阳具，从两脚自然分开这个姿势来看，似乎是蓄意呈现阳具的突出地位，意在暗示这就是与生殖器有关的神灵，因此，这就是湿婆。此外，中间人物形象的两手也比较突出，右手下垂，似乎提着什么东西，看上去那东西并不沉重；左手则紧握一个类似于宝剑的长物，剑锋向上，几乎与身体平行。下部的人物形象似乎比较古怪，只有上半身，脸有点类似于狮脸，非常恐怖，这可能就是湿婆的恐怖形象（Bhairava）。但是按《林伽往世书》的说法，底部的人形象是专司创造天职的梵天的形象，中间部分是专司护持的毗湿奴神的形象。但不知什么原因，这尊林伽的上、中、下三部分中所有的人物形象都是湿婆。

到公元5世纪时，印度及东南亚地区生殖崇拜中的林伽形象趋于抽象化，而在以后的几个世纪中，"林伽的造像则更加简洁，几乎完全舍弃了对细节的刻画"[1]，变成了象征性的圆柱或多边形的方柱。有的林伽为了凸出根部、中部和顶部三部分的象征意义，特意把这三个部分制作成不同的形状，如把根部制作成四边形，中部制作成八边形，当然顶部还是圆形（见附图四）。三部分各占三分之一。底部制作成四边形，寓意着梵天创造宇宙，没有尽头，永远向四面八方发展；中间部分制作成八边形，寓意着毗湿奴护持宇宙包含了所有的一切，四个方向和四个方向的切角方向就是代表无所不包；顶部代表湿婆，以圆形结束，则寓意着他毁灭和创造宇宙是周而复始的，没有尽头。

到公元9世纪时，印度和东南亚地区的林伽造像则更加简化，几乎简化为只用一根圆形竖立的石柱代表林伽了。公元9世纪柬埔寨吴哥王朝的建立者阇耶跋摩二世在他所建造的荣真寺内竖立的林伽就非常简化（见附图五）。这尊林伽的制作非常简单，几乎只是一根顶端呈圆形的石柱（石桩），要不是下面连着象征女阴的约尼，人们也不会想到这就是林伽。

---

[1] 张乐：《印度湿婆造像研究》，西安美术学院博士论文，2011年，第83页。

由此可见，简化了的林伽，更具有象征的意义，而不在于林伽本身。

就如林伽的变化一样，作为林伽底座的女性生殖器约尼也发生了演变。在发现于印度和东南亚一带的林伽约尼雕像中，约尼的形状基本呈两种：一种呈圆形，一种呈方形（见附图六）。

约尼的造型类似于磨盘，四周边缘凸起，林伽则似乎从正中间长出一般，矗立其中，体现了男女两性的神圣结合。约尼有一缺口，有学者认为这是阴道口的象征①，而另有学者则认为这是子宫的产道。② 无论约尼上的缺口所象征的意义是阴道口，还是子宫产道，都与神圣的生殖有关。

在历史上，约尼的形状先出现圆形还是方形并不知道，但从其形状与女性生殖器的相似程度上来判断，圆形与女性生殖器的形状更相似，根据林伽雕像的形状早期倾向于写实而越往后则越抽象化这种变化的轨迹来判断，早期约尼的形状应当是呈圆形的，而方形的则应当是后期的。约尼造像发生这种变化的原因，可能与信徒们对崇拜林伽所赋予的诉求有关。早期林伽信仰的目的是想通过对林伽的崇拜来实现人类自身的繁衍，到了后期，崇拜林伽的目的不仅是祈求多产，而且还囊括了祈求平安、逢凶化吉等意义。所以，后期林伽所象征的意义比早期的广泛得多，写实式的林伽雕像已不能完全体现其所象征的意义了，才出现了抽象化的林伽，以适应变化了的象征意义。与此相似，约尼雕像的变化可能也经历了由早期的写实到后期的抽象。

在古代印度和东南亚地区所流行的林伽崇拜中，有一种林伽雕像叫木卡林伽（Mukhalingam）。"木卡"（Mukha）就是"面部""脸"的意思，因此，"木卡林伽"就是雕有面孔的林伽，有学者将其称之为"饰面林伽"（见附图七）。在东南亚木卡林伽崇拜主要出现在占婆。这种木卡林伽脸的数目从一面到五面不等。一面脸的林伽叫 Eka - mukhalinga，两面脸的叫 Dvi - mukhalinga，三面脸的叫 Tri - mukhalinga，四面脸的叫 Chatur - mukhalinga，五面脸的叫 Pancha - mukhalinga。其中，最常见的是一面林伽和四面林伽。林伽上的脸毫无疑问具有宗教上的某种象征意义，都与神灵的脸有关，有的是湿婆本人的，有的是其他神灵的。一般而言，

---

① 段立生：《泰国文化艺术史》，商务印书馆2005年版，第122页。
② 张乐：《印度湿婆造像研究》，西安美术学院博士论文，2011年，第82页。

一面林伽中所出现的脸就是湿婆的脸，这与湿婆是三大主神中能力最大者这个神话故事有关。附图七中左边的林伽上的面部形象就是湿婆的形象，这可以从他的额头上长着第三只眼和高耸的头饰中得到证实，这尊林伽雕刻于约公元5世纪，高94厘米，现藏于新德里国立博物馆内。

饰面林伽中的多面脸，有的是象征湿婆及其配偶和子女，有的则是象征湿婆不同的特性。如有一尊大约创作于公元800年左右的四面林伽（附图七中右边的雕像），四面脸就分别代表湿婆的不同形象，如愤怒恐怖相、瑜伽苦行相、女性性力形象等。[1] 这尊雕像高约38厘米，现保存在大英博物馆内。

所以，从人工制作的体现生殖崇拜的林伽的发展演变来看，最初的林伽与实际的生殖器非常相似，都是以写实的手段来体现生殖现象。到后期，由于林伽崇拜的含义有所扩大，真实的生殖器已很难包含所有意义，林伽崇拜中的林伽趋于抽象化，只用一根石柱来代替了。

二　吴哥王朝时期林伽崇拜与神王合一

我国史料中所记载的扶南地区最早的林伽崇拜是在《隋书·真腊传》中。该书这样记载："近都有林伽钵婆山，山上有神祠，每以兵五千人守卫之。城东有神名婆多利（Bhadra），祭用人肉，其王年别杀人，以夜祀祷，亦有守卫者千人。其敬鬼如此。"学者考证此记载中的"林伽钵婆山"为今老挝南部湄公河西岸的占巴塞山（Cham Pasak），这里正是真腊发源地。有学者认为，"林伽钵婆山"的意思就是"林伽之山"，因此，这座山应与林伽有关，但该山并不太高，海拔仅有139.7米。只不过，山顶有一块天然的巨石，形似男性生殖器，同时，山上还有神祠。因此，神祠与那块巨石林伽似乎有着某种联系，可能是为祭祀林伽而建的。由此可见，林伽崇拜最早在真腊王国时期就已经存在了。如果湿婆信仰与林伽崇拜是同时出现的，那么古代柬埔寨的林伽崇拜就要上溯到扶南王国时期了。据《南齐书·扶南传》载："那伽仙诣京师，言其国俗事摩醯首罗天神，神常降于摩耽山。土气恒暖，草木不落。其上书曰：吉祥利世间，感摄于群生。所以其然者，天感化缘明。仙山名摩耽，吉树敷喜荣，摩醯首

---

[1] 张乐:《印度湿婆造像研究》，西安美术学院博士论文，2011年，第90页。

罗天，依此降尊灵。国王悉蒙佑，人民皆安宁。"①据史料记载，这是公元4世纪前后扶南国王憍陈如二世派到中国的使节那伽仙向中国皇帝陈述扶南的一些信仰时提到的。从这则记载中可以看出，扶南当时信奉名叫摩醯首罗的天神。"摩醯首罗天神"就是 Mahesrava，即湿婆大神。此外，从"神常降于摩耽山"这句话来判断，这尊神也应该是湿婆。因为在古代婆罗门教（印度教）中，湿婆神常以在喜马拉雅山上修炼瑜伽的形象出现。因此，从湿婆信仰在扶南王国的出现来看，该国的林伽崇拜早在憍陈如第二统治时期就存在了。该时期被有的学者称为扶南王国的第二次印度化时期。据我国的史籍记载，扶南王国正式学习、使用印度的宗教法典也是在这个时期，所以，这个时期是湿婆信仰，即林伽崇拜的产生时期是很合理的。

扶南王国的林伽崇拜情况无论在中国的史籍中还是在当地的碑铭中，都鲜有记载。到扶南王国末期（即公元7世纪初期），质多斯那国王（称号摩诃因陀罗跋摩）统治时期，才开始有建立林伽的习俗。有学者认为，质多斯那所建立的林伽是用来奉献给"山君"（Girisa，"耆利沙"意为"山之君主"）的。②因此，林伽崇拜与东南亚地区业已存在的对山的崇拜联系在一起。

吴哥王朝建立后，林伽崇拜被统治阶级赋予了新的内涵。9世纪初，阇耶跋摩二世摆脱了爪哇王朝的控制之后，建立了自己的政权，这就是柬埔寨历史上吴哥王朝的开始。就如碑铭所记载的一样，为了摆脱爪哇的控制，使自己成为宇宙之王，他在吴哥北边的库仑山（Kulen，即荔枝山）举行了使自己获得神力，成为印度宗教观念中的神王的仪式。这个仪式就是通过具有吠陀知识的婆罗门把国王神化为象征湿婆的林伽。有印度的学者这样评论吴哥王朝时期国王与林伽的关系："柬埔寨的国王们在仪式上把自己神化为林伽，并把林伽竖立在专门建造的寺山之内，使其象征世俗国王自己的某种神化的永恒的原型，而印度的国王们从来都不会这么做。"③由此可见，阇耶跋摩二世是柬埔寨历史上第一位把国王与林伽紧

---

① 黄南津、周洁编：《东南亚古国资料校勘及研究》，中国社会科学出版社2011年版，第220页。

② 陈显泗：《柬埔寨两千年史》，中州古籍出版社1990年版，第188页。

③ Dawee Daweewarn, *Brahmanism in South-east Asia (From the Earliest Time to 1445 A.D.)*, Sterling Publishers Private Limited, New Delhi, 1982, p. 45.

密联系在一起的人。他统治时期的林伽崇拜与印度的林伽崇拜，有明显的几个不同之处。

第一，象征的意义不同。林伽在婆罗门教（印度教）中，被认为是湿婆的象征。人们崇拜林伽就相当于崇拜湿婆。湿婆的形象是瑜伽修行者，他伟大的法力是通过坐禅和修行而获得。他是印度教三大主神中专司毁灭的神灵，但他的毁灭意味着重新创造，所以他又被认为是创造之神。"他使生命开始新一轮的形式，人们必须取悦大神。平息他的愤怒，就可以给人们带来福祉。"① 所以，人们祭拜湿婆林伽最基本的有两方面的目的：一是平息他的愤怒，二是祈求他带来福祉，尤其在生殖方面给人们带来福祉。

而吴哥王朝阇耶跋摩二世时期的林伽，从其职能方面来看，已经发生了变化，它已经是象征国王的神性了，即国王的神性本质之所在。这尊林伽在国王有生之年代表国王自己②，当国王去世后则代表国王与之结合为一体。因此，人们崇拜林伽就等于崇拜国王。此时，人们崇拜林伽祈求的就不是在生殖繁衍方面获得福祉，而是国家的平安了。有学者这样评论说："人们相信国家的繁荣昌盛与林伽的平安密切相关，要使国家昌盛首先就要使林伽安全，于是，他们把林伽供奉在寺山上的神庙内，寺山位于都城的中心，即宇宙的轴心。"③ 陈显泗先生也认为，"象征湿婆和国王的林伽是崇拜的偶像，林伽是支配整个国家精神与物质的支柱——王权的化身"④。另外，罗伯特·海涅-格尔登（Robert Heine-Geldern）也认为吴哥和占婆地区的林伽是王权神圣本质之所在。⑤ 所以，阇耶跋摩二世时期的林伽崇拜通过提婆罗阇仪式而被赋予了新的内涵，它所象征的意义发生了演变，不再是湿婆本身，而成了国王的象征，是国王神性的本质之所在，人们崇拜林伽的诉求也随之发生了变化，成为祈求国家平安了。

---

① 马维光：《印度神灵探秘》，世界知识出版社2014年版，第101页。

② Robert Heine-Geldern, "Conceptions of State and Kingship in Southeast Asian", *Far Eastern Quarterly* 2 (1942), p. 18.

③ 谢小英：《神灵的故事：东南亚宗教建筑》，东南大学出版社2008年版，第93页。

④ 陈显泗：《柬埔寨两千年史》，中州古籍出版社1990年版，第237页。

⑤ Robert Heine-Geldern, "Conceptions of State and Kingship in Southeast Asian", *Far Eastern Quarterly* 2 (1942), p. 22.

第二，名字方面的不同。前文讨论过的印度宗教中象征湿婆的林伽一般没有名字或者很少提到该林伽雕像本身的名字，但东南亚地区林伽崇拜中的林伽，尤其是吴哥王朝时期和占婆王国时期的林伽，都有一个特殊的名字。这个名字由两部分构成，前半部分是国王的称号（或名字），后半部分是湿婆称号（"首罗"，svara），表示国王与湿婆二者在此合为一体，如阇耶跋摩四世（Jayavarman Ⅳ）所建立的林伽名为蒂利补跋首罗（Tribhuvanesvara），阇耶跋摩八世（Jayavarman Ⅷ）建立的林伽名为阇耶跋摩首罗（Jayavarmesvara）等。[①] 国王把自己的名字与湿婆神的名字结合起来给自己所竖立的林伽命名，目的是把国王的"神我"永远地固定在林伽之上[②]，以便子孙们或继任者们把他当作神灵来崇祀，以求福佑。此时，林伽崇拜变成了祖先崇拜。因此，吴哥王朝的林伽崇拜，实际上是与祖先崇拜紧密地联系在一起。

第三，安放林伽的地方不同。古代印度的林伽有的被安放在专门的神坛之上，有的也可以随身携带，日日祭拜，人人可以祭拜。但是吴哥王朝时期的林伽，虽然碑铭中没有提到应该安放在什么地方，但是因为它象征着国家的繁荣昌盛，关系到国家的安危，所以一般都安放在象征宇宙轴心的寺山之内。而且是安放在寺山中间最安全的胎室内。正如学者所说："东南亚印度教寺庙沿用印度佛教、印度教支提堂的形式，平面以象征宇宙的曼荼罗为基础，中间位置是胎室，中央放置神像或神的象征物，如湿婆庙供奉林伽，毗湿奴庙以毗湿奴或他的人形化身为供奉对象。"[③] 吴哥王朝时期安放林伽的胎室不但不宽敞，而且看起来还显得有点狭窄，这可能是因为"只有少数有权威的人才能接近林伽"[④]。显然，这里的"少数人"指的就是国王及其王室成员了。因为吴哥王朝时期，"达官贵人被禁止崇祀林伽，除此之外，他们可以将自己神化为任何印度

---

① Dawee Daweewarn, *Brahmanism in South-east Asia* (*From the Earliest Time to 1445 A. D.*), Sterling Publishers Private Limited, New Delhi, 1982, p. 47.
② 吴虚领：《东南亚美术》，中国人民大学出版社2004年版，第89页。
③ 谢小英：《神灵的故事：东南亚宗教建筑》，东南大学出版社2008年版，第31页。
④ Dawee Daweewarn, *Brahmanism in South-east Asia* (*From the Earliest Time to 1445 A. D.*), Sterling Publishers Private Limited, New Delhi, 1982, p. 30.

天神或菩萨等"①。

三　占婆的木卡林伽崇拜与神王合一

最早的占婆地区的林伽崇拜与一位名叫拔陀罗跋摩（Bhadravarman）的国王有关。他在首都因陀罗补罗附近的圣地美山建立了占婆王国的第一个神祠。这个神祠成为美山地区著名神祠的中心，是当时占婆王国的圣地。就像阇耶跋摩二世建立提婆罗阇（Devaraja）崇拜一样，拔陀罗跋摩在神祠内竖立了一尊林伽雕像，并给林伽雕像取名为湿婆—跋陀罗首罗（Bhadresvara），"此神是国王将自己的名字与湿婆联系起来实现神王合一的结果"②。该神祠就以林伽的名字而著称，神祠内安放林伽的地方被称作"胎室"，意义为"力量和生命的源泉"。湿婆—跋陀罗首罗的名字显示了国王名字与湿婆名字的结合，也就是国王与神灵的结合。这是古代受印度宗教文化影响下的东南亚地区国家国王与神灵结合的一种独特的方式，而且自拔陀罗跋摩之后，统治者们都仿效这种做法，纷纷建立象征自己与神结合的林伽。"这种把一个建立神祠的国王的名字和湿婆神联系起来的做法，以后在湿婆与王权传统盛行的国家中竟变成一个普通的风俗。"③ 所以，把国王称号与湿婆名字结合起来形成神王崇拜是占婆王国自己的习俗，而不是来自印度的风习。

占婆地区具有国王名字和湿婆称号的林伽雕像一般安放在一个底座上，底座呈四方形，林伽雕像有时饰以人面像，有时饰以各种图案；有的林伽底座呈圆形，代表约尼，有时同一个底座上有多根林伽，有的多达7根。

体现神王合一的林伽本身则通常呈圆柱形。上面雕有人头像的林伽在占婆碑铭中被称为木卡林伽（Mukhalinga）（见附图八）。人头形象"代表建立这个林伽的国王，并且认为自己就是湿婆"，"因为这个人头像是人们有意地仿照国王的形象塑造出来的"④。占婆的木卡林伽也是由上、

---

① 吴虚领：《东南亚美术》，中国人民大学出版社2004年版，第89—90页。
② 谢小英：《神灵的故事：东南亚宗教建筑》，东南大学出版社2008年版，第67页。
③ [英] D. G. E. 霍尔：《东南亚史》（上），中山大学东南亚历史研究所译，商务印书馆1982年版，第58页。
④ R. C. Majumdar, *Champa*: *History & Culture of an Indian Colonial Kingdom in the Far East* (2*nd* – 16*th* Century A. D.), Delhi: Gian Publishing House, 1985, p. 177.

中、下三部分组成，上面为圆形，中间为八角形，下面为方形，其所代表的含义与印度林伽崇拜中的上、中、下三部分所代表的相同。

占婆木卡林伽上的雕像具有明显的占族人的面部特征：方脸、厚唇、斜眼，有些木卡林伽前面刻有占婆皇帝的浮雕，并带有湿婆的明显印迹。① 所以，再次证明了木卡林伽所象征的是占婆王国的神王崇拜。有学者认为，占婆的木卡林伽崇拜是把"象征湿婆的林伽崇拜和对巨石的原始信仰结合在一起，其形式是在石头上覆一层金属，其上饰以一个或几个人面像，象征着国王与湿婆神合为一体，以巩固其统治"②。

林伽上出现湿婆的人形象的这种现象最早源于印度。在印度有一则这样的传说：有一天，毗湿奴和梵天在争论谁的能力更强大的时候，他们面前突然出现了一根火柱。为了找到这根火柱的源头，梵天变成一只天鹅飞向天上去寻找，而毗湿奴则变成一只野猪向地下翻土寻找。但是，他们谁也没有找到源头而返回。正当他们两个垂头丧气地回到原来的地方的时候，那根火柱中央突然出现了一面脸，这就是湿婆，这根火柱就是象征湿婆的林伽。虽然湿婆林伽上的脸在印度宗教神话中就是湿婆本身的脸，但有学者认为在占婆"那是建立林伽的国王的脸"③。

拔陀罗跋摩所建立的名为湿婆—拔陀罗首罗的湿婆林伽，是"这一类东西在东南亚的最早样本"④。虽然供奉这个林伽的神祠在两个世纪之后毁于一场大火，这场大火可能发生在律陀罗跋摩统治期间⑤，时间约在公元530年前后，但是拔陀罗跋摩所镌刻的三块碑铭却留下了记载。这三块碑铭中的前两块是用梵文书写的，内容主要是记载奉献给供奉着湿婆—拔陀罗首罗这尊林伽的神祠的地产的界限的，第三块"用占文，甚至也是用印度尼西亚语系的土语写的最古老的文献"⑥，内容是一句咒语，嘱

---

① 梁志明等主编：《东南亚古代史》，北京大学出版社2013年版，第222页。
② 同上书，第162—163页。
③ R. C. Majumdar, *Champa*: *History & Culture of an Indian Colonial Kingdom in the Far East* (*2nd – 16th Century A. D.*), Delhi: Gian Publishing House, 1985, p. 177.
④ [英] D. G. E. 霍尔：《东南亚史》（上），中山大学东南亚历史研究所译，商务印书馆1982年版，第58页。
⑤ [法] G. 赛代斯：《东南亚的印度化国家》，蔡华、杨保筠译，商务印书馆2008年版，第122页。
⑥ 同上书，第89页。

咐人们要尊敬"国王的龙",可能是当地的守护神。这三块碑铭据推测可以上溯到公元400年前后。

由拔陀罗跋摩建立的被认为是最早的林伽,在占婆王国的整个历史过程之中,都被认为是国家的保护神而珍藏下来受到崇拜。

赛代斯将拔陀罗跋摩这个名字与中国史籍中提到的范胡达联系在一起,认为范胡达就是拔陀罗跋摩的汉语音译,那么,按照马斯帛洛的推算,他在位的时期就是公元399—413年①,这说明,占婆地区的木卡林伽崇拜早在公元5世纪初就已盛行了。无论范胡达和拔陀罗跋摩是不是同一个人,他在占婆王国中建立了一种不同于印度的神王合一的风习是不争的事实。正如有的学者所说,"国王把自己的名字与所竖立的神灵的雕像名字联系起来的信仰在印度并不被人们知晓"②。所以,木卡林伽崇拜虽起源于印度,但在占人王国中,已被深深地本土化了。

占婆国王对宗教的虔诚程度不仅表现在对以前国王所竖立的林伽崇拜上,而且自己也建立新的林伽。因此,当一个新国王登基后,就会重新建造象征自己的湿婆林伽。他们给林伽雕像取名时仿照湿婆—拔陀罗首罗的方式,即由国王的称号[如:拔陀罗(Bhadra)]和湿婆的称号[伊湿婆罗(Isvara)]构成。③

占婆地区安放湿婆林伽的神祠大致为方塔,门向东,三面设假门,塔高数层,愈上愈小,装饰多类印度。④ 这些神祠和其中以国王名字命名的林伽雕像被建立在王国的核心地带以及国王所征服的地区,"来使国王的统治合法化,这有助于各地对君王功绩的认可,促使其臣服于占人的国家政权,并使君王个人的功绩为后人所景仰"⑤。从占婆碑文记载得知,占婆的神祠本身拥有"巨产,如被舍之居民,仓廪村庄之类",另外"一祠

---

① [法] Georges Maspero:《占婆史》,冯承均译,中华书局1956年版,第113页。
② R. C. Majumdar, *Champa: History & Culture of an Indian Colonial Kingdom in the Far East* (2nd – 16th Century A. D.), Delhi: Gian Publishing House, 1985, p. 186.
③ Ibid., p. 181.
④ 吴虚领:《东南亚美术》,中国人民大学出版社2010年版,第354页。
⑤ 梁志明等主编:《东南亚古代史》,北京大学出版社2013年版,第159页。

之中有僧徒,如有奴婢,有乐人、舞女,有金银、宝饰,有象、牛、家畜等"①。

拔陀罗跋摩所建的供奉人面林伽拔陀罗首罗的神祠虽然在一场大火中化为灰烬,但在商菩跋摩统治时期(7世纪中期)得到了修葺。经商菩跋摩修缮的神祠重新命名为商菩拔陀罗首罗(Sambhu Bhadre-svara)——即与其内所保存的林伽同名。在神话传说中,商菩拔陀罗首罗神祠由毕求(Bhrgu)神所造。②因此,神话故事中神灵所造的神祠与人间国王所造的用来保存神圣的林伽的神祠同名,这说明两者之间有着某种联系,可能是后者把自己说成是神灵后裔的缘故。这种同名也说明了林伽的来历越来越神秘。

"商菩拔陀罗首罗"这个名字既包含了建立林伽者本人的名字,也包含了前任国王的名字。这样"商菩跋摩"的称号就和以前若干王朝的国王的名字联系了起来,显示了他的王位的连续性。此举不仅神化了自己,更使自己与前朝的国王有了联系而使得统治更加合法化。因为他所建立的这根林伽具有两个国王的称号,所以被称为"王中之王"。

商菩拔陀罗首罗这座神庙也像拔陀罗首罗的神庙一样,成为占婆王国的保护之神而受到人们的崇拜。据美山第17号和第31号碑铭记载,后来的国王竞相以各种宝物珍品来祭献这尊林伽。③

据美山碑文记载,到11世纪时,占婆王国的保护神林伽名叫室利萨那拔陀罗首罗(Srisana-Bhadresvara)。这座林伽的地位就像7世纪时的商菩拔陀罗首罗一样,只是人们给予它一个新的名字。据碑文载,安放室利萨那拔陀罗首罗这尊林伽的神庙也被认为是由优珞阁神建造的,地点就在武安(Vugvan)山顶。这座神祠后来不断地受到敌人的洗劫,尤其是柬埔寨人,但是在每次洗劫之后都很快会得到修复,并且比以前还装饰得更好,有时甚至用从柬埔寨掠夺来的战利品来装饰它。④

占婆人甚至流行给湿婆林伽套上形状像自己的林伽外壳,而且这种外

---

① 梁志明等主编:《东南亚古代史》,北京大学出版社2013年版,第162页。
② [法]Georges Maspero:《占婆史》,冯承钧译,中华书局1956年版,第19页。
③ R. C. Majumdar, *Champa*: *History & Culture of an Indian Colonial Kingdom in the Far East* (2nd-16th Century A. D.), Delhi: Gian Publishing House, 1985, p. 181.
④ Ibid.

壳装饰得越华贵越能显示出捐献者的神性地位。所以，许多统治者都会竭尽所能地用各种金银宝器来点缀自己建立的林伽，以显示自己的高贵与神圣。如在公元1088年，室利阇耶因陀罗跋摩（Sri Jaya Indravarman）就向室利萨那拔陀罗首罗林伽捐献了"王冠顶端装饰着美丽的宝石和那伽的具有六面人脸的金质躯壳"，据说这些躯壳上的人面脸可以拆卸下来，然后再安放上去，可能出于更换上的方便，或者可能是出于某种宗教上的目的而设计为这种结构。后来的阇耶跋摩五世（约公元1155年）所捐献的林伽躯壳，据说仅就其所使用的黄金和宝石重量就达43磅。8年之后，阇耶跋摩七世（公元1163—1170年在位）也向这尊林伽捐献了一尊自己的镶满珠宝的躯壳。同时也向该神庙建造了一个用黄金和白银装饰着的檀香木内室以及各种金、银质的器皿、水罐等用品。阇耶跋摩七世也给室利萨那拔陀罗首罗神祠用银作了装饰，庙的塔顶部分涂上了黄金。这些装饰所用的黄金总重可达75磅，白银近35000磅。① 除此之外，阇耶跋摩七世还向神祠捐献了大象、男女奴隶等。总之，占婆国王们向供奉林伽的神祠所捐献的既有物品，如王冠、项链、金银器皿、檀香木、地产、房舍、谷仓等，也有牲畜如黄牛、水牛、大象，还有仆人、奴隶、舞女、女乐人等。所以，占婆的神祠看起来就如同一个小王国。可惜这些神祠都在后来的战火中被洗劫一空后付之一炬，后人再也见不到当年的金碧辉煌和富丽堂皇了。

虽然占婆国王所建造的神庙和所竖立的林伽在以后屡遭战火和洗劫，"祠中所藏神像宝物，今皆毁灭无存，惟据碑文始知富盛"②。但是美山地区的大量碑铭却记录下了这些国王和他们所建立的林伽的名字。美山碑铭目前共发现了130块，为了研究的方便，学者们按从时间最早的到最晚的顺序作了排列，分别编作第1号碑，第2号碑，第3号碑……直到第130号碑。

据当地的碑铭记载，占族人把自己的名字和湿婆神的称号结合起来给林伽命名以体现神王合一信仰的最早的国王是拔陀罗跋摩一世（4世纪

---

① 根据马斯帛洛的估算，参见 R. C. Majumdar, *Champa*: History & Culture of an Indian Colonial Kingdom in the Far East (2nd – 16th Century A. D.), Delhi: Gian Publishing House, 1985, p. 183.

② [法] Georges Maspero:《占婆史》，冯承钧译，中华书局1956年版，第17页。

末），最晚的是阇耶信诃跋摩提婆王（13世纪），时间跨度近8个世纪。由此可见，占婆王国国王与湿婆在林伽中融为一体来实现神王合一的现象一直存在于自己的历史长河之中。下面是占婆王国碑铭中国王称号与象征神王合一的林伽名字的对应表。

序号	国王称号	林伽名字	碑铭号
1	拔陀罗跋摩（Bhadravarman）	拔陀罗首罗（Bhadresvara）	2
2	商菩跋摩（Sambhuvarman）	商菩拔陀罗首罗（SambhuBhadresvara）	7
3	因陀罗跋摩（Indravarman）	因陀罗拔陀罗首罗（Indra–Bhadresvara）	23
4	毗坎塔跋摩（Vikrantavarman）	毗坎塔律陀罗（Vikranta–Rudra）	30
5	阇耶信诃跋摩提婆（Jayasimhavarmadeva）	阇耶古诃首罗（Jaya Guhesvara）	39
6	拔陀罗跋摩提婆（Bhadravarmadeva）	巴加萨拔陀罗首罗 拔陀罗马拉耶首罗 拔陀罗占碑首罗 拔陀罗曼陀罗首罗 拔陀罗普勒首罗 （Prakasa–Bhadresvara Bhadra–Malayesvara Bhadra–Champesvara Bhadra–Mandalesvara Bhadra–Puresvara）	39
7	因陀罗跋摩（Indravarman）	因陀罗–甘提萨（Indra–Kantesa）	44
8	哈利跋摩（Harivarman）	哈利跋摩首罗（Harivarmesvara）	74

续表

序号	国王称号	林伽名字	碑铭号
9	阇耶哈利跋摩 （Jaya Harivarman）	阇耶哈利林伽首罗 （Jaya – Harilingasvara）	75
10	阇耶因陀罗跋摩 （Jaya Indravarman）	阇耶因陀罗洛卡首罗 室利阇耶因陀罗首罗 室利因陀罗高利首罗 （Jaya – Indra – Lokesvara Sri – Jaya – Indresvara Sri – Indra – Gaurisvara）	81
11	因陀罗跋摩 （Indravarman）	因陀罗跋摩·湿婆林伽首罗 （Indravarman Sivalingasvara）	108
12	阇耶信诃跋摩提婆 （Jayasimhavarmandeva）	阇耶信诃跋摩林伽首罗 （Jayasimhavarmalingesvara）	112，116

据占婆王国碑铭记载，除了国王之外，国王的亲属们也建立林伽，以提高自己的功德，其命名的方式与国王林伽相同。如阇耶信诃跋摩提婆王（Jayasimhavarmandeva）竖立了一尊具有女性面部的林伽哈罗玛（Horoma）来奉献给诃罗提毗王妃（Haradevi），以便提高她的宗教功德。诃罗提毗也为自己的丈夫竖立了名为婆罗密首罗（Paramesvara）的湿婆林伽雕像（第36号碑载），同时，也为她的父母建造了名字分别为律陀罗–婆罗密首罗（Rudra – Paramesvara）和律陀玛（Rudroma）的人面林伽雕像，等等。因为本文所论述的问题是神王合一，以国王的神化为中心，其他王室成员的神化则不是论述的重点，所以就不展开论述。

综上所述，林伽崇拜早在公元前3000多年的印度河文明时期就已经出现了，只不过当时的林伽只是一些类似于男性生殖器的石头断片。到公元前2世纪前后，艺术家才开始雕刻林伽。这时期的林伽造像比较写实，与实际的男性生殖器很相似，一眼就能认出。到公元5世纪前后，林伽崇拜中的林伽开始向抽象化方向转变，只用一根竖立的石柱来代替了。林伽崇拜随着印度婆罗门教（印度教）而传播到东南亚地区。到公元9世纪初柬埔寨的吴哥王朝时期，阇耶跋摩二世把神王崇拜与林伽崇拜相结合，赋予林伽崇拜新的内涵。林伽本身演变为国王神性本质之所在，人们崇拜林伽就等同于崇拜国王。崇拜林伽的目的是为了国家的繁荣昌盛。占婆王国的神王崇拜，就是每位国王都要建立一座代表国王和湿婆结合在一起的林伽。这座林伽名字的前半部分是国王的称号，而后半部分则是湿婆的称号，以此来体现二者的融合。这座林伽被当作王国的保护神供奉于神祠之中，供人们祭拜。同时，国王们为了显示出自己伟大的神性而向林伽和神祠捐献各种珍贵宝物，国王甚至给林伽套上金质的躯壳，在躯壳上雕刻上自己的形象，以显示自己伟大的神性。

第三节 吴哥王朝初期的提婆罗阇崇拜初探

一 提婆罗阇的出现

印度的神王崇拜在东南亚的传布过程中，除了得到继承和发展之外，更明显的还是创新。提婆罗阇就是其中之一，有学者这样评论说："提婆罗阇崇拜虽然是印度文化的术语，但其内容完全不同于印度文化。"① 所以，吴哥王朝时期的提婆罗阇崇拜就是东南亚本土化的文化。

在东南亚历史上，首先把"提婆罗阇"崇拜作为一种风习的是吴哥王朝的建立者阇耶跋摩二世。

阇耶跋摩二世是水真腊阿宁迭多补罗太阴王朝国王尼栗波提因陀罗跋摩的曾孙。他和他的家族居住在水真腊的商菩补罗。当公元8世纪后半期爪哇海盗袭击商菩补罗并蹂躏这座城市时，他的全家被掳至爪哇。因为他出身水真腊王室，所以被夏连特拉王朝作为人质扣留。在被作为人质期间，他认真研究了夏连特拉王朝的政治和宗教，并为自己的国家从爪哇的统治下解放出来做了准备。他于公元790—800年间摆脱了爪哇夏连特拉王朝的控制，回到了真腊，并被水真腊末代国王摩西婆提跋摩的旧臣们拥立为国王。

阇耶跋摩二世在使国家获得独立并统一之后，于802年把首都迁至湄公河下游今磅湛市之东的因陀罗补罗（Indrapura）。虽然后来他陆续进行了几次迁都，但作为第一个首都的因陀罗补罗，无论在政治方面还是在文

---

① 梁志明等主编：《东南亚古代史》，北京大学出版社2013年版，第261页。

化方面对他的影响都是最大的。因为在因陀罗补罗，他倡导了一种新的信仰——提婆罗阇崇拜。这个新信仰影响了在他之后几个世纪的吴哥王朝的王室习俗。

据斯多卡通碑（Stele of Sdok KaK Thom）碑文记载①，为了使自己神化，阇耶跋摩二世请来了一位精通法术的名叫伊朗亚达玛（Hiranyadama）的婆罗门大师，并授命这位婆罗门法师创立一种能使他成为神王的典礼仪式。伊朗亚达玛大师根据《维纳锡卡》《纳约塔拉》《萨莫阿》和《锡拉谢达》四部经典，创立了使国王神化的典礼仪式，称为"提婆罗阇"（Devaraja）。据说伊朗亚达玛能一字不漏地背诵这四部圣经，然后将其编录成册，并将它传授给天王教的最高僧侣湿婆伽伐利耶（Sivakaivalya），要他遵照天王教的仪典行事。这种仪式后来成为一种固定不变的习俗，因在印度宗教中，神又称为天，所以有的学者将其称之为天王教。②

总之，"提婆罗阇"就是由阇耶跋摩二世所倡导的而后来则成为继任者们纷纷效仿把自己神化的习俗。这种习俗在古代柬埔寨延续了近5个世纪。

二 提婆罗阇的含义

据斯多卡通碑文记载，"为了这个世界的繁荣和发展，精于神秘事业的婆罗门小心地抽取了经典中的特质，建立了名为提婆罗阇的'西提'（Siddhis）"③。"西提"是一种神圣的力量。因此，"提婆罗阇"就是建立（获取）神力，举行提婆罗阇仪式就是举行获得神力的仪式。看来，阇耶跋摩二世利用婆罗门祭司湿婆伽伐利耶来为他举行提婆罗阇这个仪式，就

---

① 据斯多卡通碑（Stele of Sdok KaK Thom）碑文记载，该碑建立于公元1052年的优陀罗迭多跋摩二世（Udayadityavarman Ⅱ）统治时期。碑铭用梵文和古高棉文书写，共有340行，其中的194行是梵文，另外的146行是古高棉文。碑文镌刻在灰色砂岩石板上，该石板高1.51米，被竖立在斯多卡通寺的东北角（该寺现位于泰国境内）。碑文以韵律诗的形式记录了吴哥王朝前期的宗教信仰、皇家谱系、历史和社会结构。参见 พลาดิศัย สิทธิธัญกิจ, ประวัติศาสตร์ไทย, สุขภาพใจ, 2547 หน้า ๓๗๓ 和 http://en.m.wikipedia.org/wiki/Sdok_Kak_Thom#Inscription。

② 陈显泗：《柬埔寨两千年史》，中州古籍出版社1990年版，第237页。

③ I. W. Mabbett, "Davaraja", *Journal of Southeast Asian History*, Vol. 10, No. 2 (Sep. , 1969), p. 205.

是使他获得神力,把他神化,从而与印度宗教法典中的国王相一致,即使他成为神王。

"提婆罗阇"是个梵语词,由两部分组成,即"提婆"(Deva)和"罗阇"(raja)。"提婆"意为"神、神仙","罗阇"意为"国王、首领",所以,"提婆罗阇"照字面的意思理解就是"神王"。当然,就"提婆罗阇"这个词本身而言,"提婆"和"罗阇"这两个词之间可能有这么几种语法关系。第一,"提婆"和"罗阇"之间是前者修饰后者的关系,意即"神的王";第二,"提婆"和"罗阇"之间是定语后置的关系,即"罗阇"是定语,"提婆"为中心语,意即"王神";第三,"提婆"和"罗阇"之间是介宾关系,即前者当介词用,后者是名词,意思为"与神有关的王";第四,"提婆"和"罗阇"二者是同位语的关系,即"神—王",即把神视为王,也把王视为神。

"提婆罗阇"的上述四种语法结构及其所表达的不同意义,在古代东南亚的神王崇拜文化中都可以找到。第一种"提婆"和"罗阇"语法关系所表达的中心含义是"神的王"。在婆罗门教中,诸神之王就是因陀罗。在东南亚古代国家中,国王被视为因陀罗的现象也存在,如素可泰王朝的第一世王就被视为"吉祥因陀罗王"。

在"提婆"和"罗阇"的第二种语法关系中,其含义强调的是"国王的神"这个概念。在古代东南亚,受印度宗教文化影响国家国王的神,即皇家的神与普通百姓的神不同,主要是湿婆、毗湿奴、梵天和因陀罗,普通百姓是不能信奉这些印度教主神的,他们只能信奉一些小神,这可能与婆罗门教中只有高种姓才能信奉三大主神有关。

在"提婆"和"罗阇"的第三种语法逻辑关系中,强调的含义是国王,但这个国王与神灵有关。实际上,古代东南亚受印度宗教文化影响国家的国王,无论从宗教的角度来看,还是从政治的角度来看,似乎都与神灵有关,而且只有与神灵尤其是婆罗门教中的神灵有关的国王才是合法的统治者,正如有学者所说的"君主的权力来自他身上保存的神的身份和神性"[①]。由此可见,与神灵没有关系的人是不能成为国王的。

在"提婆"和"罗阇"的第四种语法逻辑关系中,其含义强调的是

---

① 莫海量等:《王权的印记:东南亚宫殿建筑》,东南大学出版社2008年版,第21页。

"神"和"王"这两者的并列关系,即王就是神,神就是王,二者等同。在东南亚接受印度神王观念的国家中,在多数情况下,学者们所谓的神王合一就是把国王视为神灵的一种文化习俗,如以国王的形象为蓝本来制作神灵的雕像,按照神界(宇宙)的形状来建造王宫,按神界的神灵的数目来设置大臣的数目,等等。

总之,"提婆"和"罗阇"之间的上述四种语法逻辑关系及其所表达的含义已经基本涵盖了古代东南亚地区国王神化的所有形式。从"提婆罗阇"这个词的字面来理解,无论是"神王""王神""神—王"还是"与神有关的王",在东南亚古代国家的神王合一文化中都可以找到它们的印记。正如 I. W. 马贝特(I. W. Mabbett)所说"没有上下文的参考,很难解读'提婆罗阇'这个词的意思属于哪一种"[1]。

另外,"提婆"指"神",不是唯一的意思。在梵语中"提婆"这个词也指"王"或"主人",用作称谓。"提婆"不单是高棉人专用,在东南亚许多其他碑铭中,在提到国王名号时也把"提婆"作为前缀。在斯多卡通碑铭中,宗教祭司查达湿婆(Sadasiva)也被授予了提婆阇耶因陀罗班底塔(Deva Jayendrapandita)的头衔,意为"因陀罗哲人之王"。因此,从这里可看出,"提婆"还指一种特殊的头衔或荣誉。[2]

有学者认为"提婆罗阇"不应当按字面意思来理解,称某位国王为"神王",而是应当把它视为"使国王获得神力"的一种仪式。从斯多卡通碑文中没有说阇耶跋摩二世是神王而只是说阇耶跋摩二世利用唯一有资格的婆罗门来为他举行了"提婆罗阇"(神王)这个仪式来判断,"提婆罗阇"就是一种仪式。这个仪式的作用极大,因为"不是因为统治者是神而使其成为合法的国王,而是因为通过了唯一有资格、有影响的婆罗门祭司举行了正确的仪式而使得他成为合法的君主"[3]。由此观之,提婆罗阇这个仪式是国王合法性的来源,即证明了神性(神力)是国王合法性的基础。所以,为确保王权的稳固,阇耶跋摩二世规定只有湿婆伽伐利耶及其家族才是唯一有资格举行提婆罗阇这个仪式的人。这样,就再也没有

---

[1] I. W. Mabbett, "Davaraja", *Journal of Southeast Asian History*, Vol. 10, No. 2 (Sep., 1969), pp. 202—223.

[2] Ibid., p. 205.

[3] Ibid., p. 208.

有资格的婆罗门祭司为潜在的王位竞争者举行这个仪式了。

为了弘扬提婆罗阇崇拜,阇耶跋摩二世及其创立者伊朗亚达玛立下了这样的誓言:以后任何时候都要给湿婆伽伐利耶和他们的后裔以崇高的地位和荣誉。此后,无论阇耶跋摩二世把首都搬到库蒂(Kuti)、诃里诃罗洛耶(Harihalaya)、摩诃因陀罗跋伐多(Mahendraparvata),还是阿摩罗因陀罗补罗(Awarendrapura),"这位婆罗门学者后来一直跟随着他,成为新信仰的狂热传教士"①。

因此,所谓"提婆罗阇"就是阇耶跋摩二世专门聘请有资格的婆罗门来为他举行获得神力的仪式。通过这个仪式,他被神化为神王。

三 提婆罗阇的仪式

关于"提婆罗阇"这种信仰仪式的更多细节,无法获知,因为笔者无法知道这种信仰所赖于存在的四部经典的内容。但有学者认为,这些圣典来源于密教。② 印度学者证实了这一看法,因为他们认为,在尼泊尔的一个图书馆里的一组秘咒,恰好与上述这四部经典相似,可惜笔者没有看到印度学者所发现的这一组秘咒的具体内容。

尽管后人对这四部经典毫无所知,但学者赛代斯根据阿拉伯旅行家所记载③的柬埔寨国王被扎巴格的摩诃罗阇杀了头的故事来推断,四部经典中的《锡拉谢达》(意即"斩首")所暗示的仪式中就有把模拟的爪哇国王的头像砍去这样的情节。④ 这种推断是有可能的,因为阇耶跋摩二世需

---

① 陈显泗:《柬埔寨两千年史》,中州古籍出版社1990年版,第236页。
② [法]G. 赛代斯:《东南亚的印度化国家》,蔡华、杨保筠译,商务印书馆2008年版,第176页。
③ 据赛代斯说,阿拉伯人的记载是这样的:"有一个吉蔑国王曾表示希望当面看到用托盘端来扎巴格(耶婆迦)国王摩诃罗阇的头,后来这些话传到了后者那里,他便以出游属于他的王国的诸岛为借口,命令武装好他的船队,准备出征柬埔寨。摩诃罗阇沿着通往柬埔寨首都的那条河溯流而上,生擒了这个柬埔寨国王,叫人砍下了他的首级,然后他责成吉蔑大臣为他物色一个继任者。一俟回到了他的国家,摩诃罗阇就命令将割下的首级涂抹上防腐剂,然后放在一个瓮内,送给了被斩首的那个国王的接替者,并附有一封信,其内容是要从这一事件中吸取教训。"参见[法]G. 赛代斯《东南亚的印度化国家》,蔡华、杨保筠译,商务印书馆2008年版,第162页。
④ [法]G. 赛代斯:《东南亚的印度化国家》,蔡华、杨保筠译,商务印书馆2008年版,第177页。

要从爪哇的控制下摆脱出来，自己成为唯一的"宇宙之王"，就必须除掉另一个"宇宙之王"。

另外，有的学者认为，"提婆罗阇"简单地说更是皇家崇拜而不是某种确定的崇拜。在这种崇拜中，湿婆的雕像"神王"被卷入其中。"当阇耶跋摩二世把真腊从爪哇人的统治下解放出来的时候，在人们对吴哥建立时期所扮演的角色的回忆中，在盛大的节日上，这个象征国王的林伽被人们抬着在吴哥皇城的大街上游行。"① 因此，提婆罗阇的仪式还包括了人们扛着象征国王的湿婆林伽在王城的大街上游行这样热闹非凡的情节。

总之，提婆罗阇的仪式既包括把象征敌对国家国王的雕像的头颅砍去的情节，也包括民众抬着象征神王合一的国王林伽在大街上游行的情节。

四 倡导提婆罗阇的原因

首先，从真腊本国的内部来看，阇耶跋摩二世并不是王位的直接继承人，他是在从爪哇回来之后，"被旧臣们拥立为王"的。从某种意义上讲，他是篡位者。在印度宗教观念中，篡位者就不是由创世之神创造并派遣到人间来拯救人类的，没有宗教观念中的国王所应具有的属性和品德，即不具备神性。因为"在整个东南亚国家的政治观念中，君主的独裁统治是以神性原则为背景的"②。所以，阇耶跋摩二世急需获得神力以使自己的统治合法化。在当时的人们看来，"诸神尚且服从婆罗门的法力"③，所以，只有婆罗门才能为他实现这个愿望。于是阇耶跋摩二世在原有的林伽崇拜的基础上引入了由婆罗门主持的仪式，使自己获得神力，成为人们观念中的合法神王。

其次，在印度王权观念中，统治神界的是宇宙之王，而且只有一个宇宙之王。从吴哥王朝初期与爪哇的关系来看，当时的吴哥王朝或多或少地还受到爪哇王朝的影响。有西方学者这样评论说："据10世纪的一块碑

---

① David Chandler, *A History of Cambodia*, Boulder: Westview Press, 2008, p.42.
② 莫海量等:《王权的印记：东南亚宫殿建筑》，东南大学出版社2008年版，第21页。
③ 宋立道:《神圣与世俗：南传佛教国家的宗教与政治》，宗教文化出版社2000年版，第17页。

铭所记载,他(阇耶跋摩二世)的第一个行动就是举行一个使爪哇控制神圣的柬埔寨不再成为可能的仪式。"① 阇耶跋摩二世为了证明自己不再从属于爪哇王朝,自己是人间唯一的"宇宙之王",是这个王国独一无二的统治者——转轮王。②③ 所以,他才需要"提婆罗阇"这个仪式来神化自己,把自己装扮成人间唯一的统治者的姿态,以符合当时流行的神王观念,赢得民众的支持和拥护。

最后,从宗教信仰方面来看,在东南亚古代各国中,经常发生一种现象,那就是在改朝换代、王权更替的过程中,往往伴随着宗教信仰的改变或更替。这种现象在东南亚地区各国的历史中,甚至在世界历史上都是屡见不鲜。如当素可泰王国建立之后,就从原来所信仰的婆罗门教(印度教)、大乘佛教改信了小乘佛教,目的是素可泰是个新建立的政权,为了摆脱婆罗门教、大乘佛教对新政权的影响,以显示自己不再从属于原来的政权,统治者就得寻求一种与原政权不同的宗教信仰作为统治的思想武器。再如吴哥王朝的阇耶跋摩七世赶走了占人侵略者,使国家获得了独立并加冕为国王之后,他改信了大乘佛教。虽然阇耶跋摩七世改信大乘佛教的目的不是很清楚,但是改信大乘佛教与巩固王权之间似乎有着某种联系。从阇耶跋摩二世所建立的吴哥王朝所处的国际环境来看,与素可泰王朝刚刚独立出来时的情况和后来阇耶跋摩七世从占人手里把国家拯救出来时的情况非常相似。所以,阇耶跋摩二世倡导新的信仰是符合王朝更替中所伴随的宗教信仰变迁这样的规律的。

五 提婆罗阇的消失及对柬埔寨王室的影响

(一)提婆罗阇的消失

既然提婆罗阇是使国王获得神力的仪式,那么,可以判定,只要存在将国王由有资格、有影响的婆罗门通过仪式的方式将其神化的国家就存在提婆罗阇崇拜。照此推算,整个吴哥王朝时期几乎都存在通过仪式把国王神化的现象,所以,就存在提婆罗阇崇拜。只不过,不同的国王可能存在

---

① David Chandler, *A History of Cambodia*, Boulder: Westview Press, 2008, p. 40.

② [法] G. 赛代斯:《东南亚的印度化国家》,蔡华、杨保筠译,商务印书馆2008年版,第175页。

③ https://en.m.wikipedia.org/wiki/Sdok_Kok_Thom。

信奉不同的主神的情况。因此，吴哥王朝时期的提婆罗阇崇拜就出现了崇拜多尊神灵的现象，有的国王将自己神化为湿婆（或其象征物林伽），有的国王将自己神化为毗湿奴，有的国王将自己神化为佛陀、菩萨，甚至有的国王将自己同时神化为多尊神灵。

吴哥王朝自阇耶跋摩二世之后，虽然存在不同的国王信奉不同的主神的现象，但还是允许其他主神的存在，有的国王就既信奉湿婆（林伽），也信奉毗湿奴。各位国王所建造的神庙内的那些湿婆（林伽）雕像、毗湿奴雕像、梵天雕像就是最直接的证据。阇耶跋摩二世本人不仅信奉湿婆（林伽），把林伽作为自己神圣本质之所在。同时，也信奉毗湿奴。在他所修建的神庙内也供奉着毗湿奴的神像。① 10世纪末11世纪初在位的阇耶跋摩五世所修建的班迭斯雷寺内就供奉着湿婆、毗湿奴和梵天三大主神的雕像，证明他同时信奉这三尊神灵，把自己视为三尊神灵的化身。

12世纪中期的苏利耶跋摩二世，虽然他信奉的主神是毗湿奴，"但是，在宗教政策上他还是允许别的派别存在，比如湿婆教就仍然占有重要地位。吴哥窟浮雕中出现的有许多湿婆教的故事就是证明。从该寺的浮雕看，当时是毗湿奴和湿婆两种宗教同时存在，或者说混合一起，但以毗湿奴教为主。至于佛教，在他的统治时期显然处于很不重要的地位，但并没有发展到不容其存在的地步"②。因此，吴哥王朝时期，各宗教派别在国内是和谐相处的，并没有出现过像在印度那样各宗教派别之间极端地排斥的现象，即便到了阇耶跋摩七世奉大乘佛教为国教之后，婆罗门教（印度教）还曾一度中兴过。吴哥王朝时期信奉婆罗门教、印度教、大乘佛教的国王都推行提婆罗阇崇拜。直到十三四世纪时，小乘佛教取代婆罗门教、印度教、大乘佛教之后，提婆罗阇崇拜才慢慢消失了。信奉小乘佛教的国王所推行的并不是神王崇拜，而是佛王崇拜。正如霍尔引用赛代斯的话说："在锡兰佛教的无政府主义精神威胁下，国王的威望降低了，他的俗权崩溃了，神王被从神坛上推了下来。"③

---

① 吴虚领：《东南亚美术》，中国人民大学出版社2004年版，第94页。
② 陈显泗：《柬埔寨两千年史》，中州古籍出版社1990年版，第271页。
③ [英] D. G. E. 霍尔：《东南亚史》（上），中山大学东南亚历史研究所译，商务印书馆1982年版，第162页。

(二) 提婆罗阇对当代柬埔寨王室的影响

阇耶跋摩二世所倡导的"提婆罗阇"这个新信仰，对后世产生了重要的影响。虽然从阇耶跋摩二世到现在已有近1200多年的时间，王朝也发生了数次的更替。但是这种新信仰在当代柬埔寨王室活动中仍有明显的影响。如当今柬埔寨王室中还保留着国师的位置，国师通常由婆罗门僧人担任。国王的登基仪式必须由国师主持，并按婆罗门教的规矩办理。国王使用的物品，如王冠、权杖、佩剑、罗伞、靴子等，都保持婆罗门时代的样式，由国师保管。许多民间的传统节日、礼节、风俗、习惯也跟婆罗门教有关，如王族的洗礼（剃度礼）、王国周年纪念日以及开耕节、退水节所举行的宗教仪式还有婆罗门的席位。

综上所述，阇耶跋摩二世所倡导的提婆罗阇崇拜实际上只是一种变异了的林伽崇拜。他在宫廷中专门供养着能通过仪式把自己神化为湿婆真身（林伽）的婆罗门祭司。提婆罗阇的含义就是把国王神化为神的仪式。提婆罗阇的仪式既包括把象征谋反者的雕像的头颅砍去，也包括民众抬着象征国王神性的林伽在王城的大街上游行。吴哥王朝的提婆罗阇崇拜一直存续到十三四世纪小乘佛教取代婆罗门教、印度教和大乘佛教之后。

第四节 吴哥地区神灵雕像中神王崇拜的特征

一 高棉人的体貌特征

柬埔寨古代各王朝为后世留下了许多反映当时神王崇拜的雕像，其中比较典型的有湿婆雕像、毗湿奴雕像、诃里诃罗雕像（毗湿奴—湿婆合体像）、吉祥天女雕像、雪山女神雕像、龙头佛雕像、菩萨雕像等。虽然这些雕像所反映的都是印度宗教中的神灵，但却被赋予了真腊——吴哥时期高棉人的特征。有学者认为"它们受神王合一思想的影响，实际上是国王、王族或显贵被神化了的肖像"[①]。

既然这些神灵的雕像具有高棉人的体貌特征，那么，就有必要对高棉人的体貌特征作简单地介绍。

真腊原先是扶南王朝的一块属地，后因强盛而吞并扶南，而吴哥王朝

---

① 吴虚领：《东南亚美术》，中国人民大学出版社2004年版，第90页。

则由水真腊的后裔所建立。现代柬埔寨人是吴哥王朝时期柬埔寨人的后裔。虽然古代柬埔寨人与孟人混合后形成了孟高棉人，但是在人种体貌特征上却没有发生变化，保持了高棉人的特征。因此，当代柬埔寨高棉民族的主要体貌特征与古代真腊——吴哥人的主要体貌特征相一致。

现代高棉人的面部最明显的特征主要是嘴唇厚且外翻，鼻子稍显扁宽，面部呈方形，较饱满圆润。有学者把现代高棉人的面部特征概括为"高颧厚唇"[1]。另有学者也认为，高棉人的面部特征为"方脸和厚厚的外翻的嘴唇"[2]（见附图九）。附图九是当代柬埔寨女孩，她的面部特征基本与古代孟——高棉人的体貌特征相似。

到目前为止，在吴哥王朝时期的雕像中，可以确定为高棉人的面部特征的神灵雕像有苏利耶跋摩二世的雕像和阇耶跋摩七世的雕像，尤其是阇耶跋摩七世的雕像，它的特征与现代柬埔寨高棉人的面部特征非常相似：方脸、厚唇、翻唇、扁鼻、高颧等。

二 古代柬埔寨神灵雕像与高棉人的体貌特征对比

柬埔寨古代受印度宗教文化影响的各朝各代，都会仿照印度的传统，制作神灵的雕像，以便人们时时祭拜。有学者认为，这些神灵的雕像具有双重的意义，一方面是神灵的再现；另一方面则暗示着历史上的某位国王。[3] 印度的神灵雕像由于既没有明显地能够鉴别国王的特征，在雕刻技法上也不写实，所以比较难辨认他们的国王特性，而东南亚地区尤其在高棉的艺术中，由于这种雕刻文化与当地的神王信仰相结合，使得许多神灵的雕像表现出了高度的写实主义。据说，许多神灵的雕像就是以国王的形象为创作原型。在高棉这种形象常常被"人类化"，如手臂仅有两只，而在印度这些神灵的雕像手臂常常是四只或者更多。[4] 按上述学者的观点理解，古代高棉人的神灵雕像所代表的意义就可分为两个方面：一方面是神灵本身；另一方面则是真实的人类。

---

[1] 常任侠编：《印度与东南亚美术发展史》，上海人民美术出版社1980年版，第98页。
[2] 吴虚领：《东南亚美术》，中国人民大学出版社2004年版，第117页。
[3] Susan L. Huntington, "Kings As Gods, Gods As Kings: Temporality and Eternity in the Art of India", *Ars Orientalis*, Vol. 24 (1994), p. 31.
[4] Ibid.

从上述学者的观点可知，古代的工匠在雕塑神灵的时候是以人的形象作为创作母题的，那么这个创作母题的形象应该是什么人呢？或者说是属于哪类人呢？从历史学的角度看，在东南亚古代各国的宗教信仰中，国王是本国宗教信仰的最大支持者和供养人。这方面的证据似乎到处都是，无论是信奉婆罗门教（印度教）还是信奉佛教的国家，在国王登基或取得政权之后，都会大兴土木，建造神庙（殿）、佛寺、神像，并派专人保护神庙（殿），划定一些村社专门来为神庙（殿）提供无偿服务就是最好的证明。① 因此，既然国王是最大的供养人，那么，那些雕像的母题来源自然就是国王本人了，就如学者所说："有时统治者的肖像被竖立起来以便代表他所供养的神灵，在象征意义上，国王就被认为是神灵。"② 此外，在古代柬埔寨，只有国王才能信奉印度宗教神话故事中的三大主神，其他贵族和大臣是不能信奉主神的，这是因为，在印度神王观念的影响下，国王所信奉的神灵及其雕像是他自己神性本质之所在，代表自己，只有国王本人才能具有神性。如果其他人也和国王同时信奉同一尊神灵的话，那么具有神性的人就不止国王一人了，而是多人，这不符合印度神王观念中国王是唯一的宇宙之王的思想。因此，国王本人才是神灵雕像的形象。所以，无论是真腊时期的神灵雕像还是吴哥时期的神灵雕像，其中所蕴含的高棉人的形象就是国王的形象。

扶南王朝、真腊王朝和吴哥王朝虽然是三个不同的朝代，但在宗教信仰方面并没有发生大的变化，特别是制作雕像方面，几乎是一脉相承的，所以笔者就把这三个朝代中所出现的代表神王合一的雕像合在一起来论述。虽然国王们所信仰的神灵不同，所制作的神灵雕像也就不同，但是有一点是相同的，即这些神灵的雕像具有写实的特点，具有当地高棉人的形象。

---

① 据碑铭记载，为阇耶跋摩七世献给他的父母的神庙塔波罗寺（Ta Prohm）服务的人数总计达79265人，其中400个男人，18个高级传教士，2740个其他级别的传教士，2232个助理，当中615名是舞女，这些人总计有12460人，此外，还有66625个专门为神灵服务的人。这些人中还有缅甸人和占人。参阅 David Chandler, *A History of Cambodia*, Boulder: Westview, 2008, p. 75.

② I. W. Mabbet, "The Symbolism of Mount Meru", *History of Religion*, Vol. 23, No. 1 (Aug., 1983), p. 81.

(一) 扶南末期真腊早期体现神王合一的雕像

毗湿奴雕像是柬埔寨古代历史上出现得最早的神灵雕像，是古代柬埔寨体现神王合一观念的重要雕像之一，即便是与湿婆合体的诃里诃罗雕像也带有高棉人的面部特征，如6世纪扶南时期的一尊诃里诃罗雕像，从其头部来看，左半边戴着高高耸起的圆筒形高帽，是毗湿奴特有的装束，右半边的头发先是编为若干束，然后，再把这些发辫高高盘起，结成发髻，这是典型的湿婆的头发装束。编成辫的发束看似具有水波的形状，象征着从喜马拉雅山流下的恒河之水。这尊诃里诃罗雕像前额偏右的位置长着一只眼睛，这是湿婆能毁灭整个世界的第三只眼。最耐人寻味的是，这尊象征毗湿奴与湿婆合体的诃里诃罗雕像的近似椭圆的脸形，尤其是他那厚且稍稍外翻的嘴唇，暗示了典型的高棉人的面部特征。该雕像面庞微鼓，腮边露出淡淡的笑意，与阇耶跋摩七世的面部相一致，只是稍显臃肿。虽然这尊诃里诃罗神像代表哪位国王不能确定，但可以肯定，这就是该尊神像供养人的形象（见附图十）。

现存的柬埔寨最早的毗湿奴雕像是考古学家在扶南首都博雷南面的普侬达圣山石窟中发现的。这尊毗湿奴的雕像高约2.7米，整座雕像由石头做成（见附图十一）。该尊神灵雕像共有八手，前二后六，手中持有婆罗门教（印度教）的各种法器，头戴毗湿奴特有的圆筒形高帽，这是体现雕像为神灵的方面。而从雕像的面部来看，脸庞呈椭圆形，钩鼻，细眼，唇厚且外翻，躯干长而腿短，紧靠马蹄形的支架，与上述诃里诃罗雕像的面部完全一致，"扶南人的形体特点比较明显"[①]。这尊毗湿奴的雕像与其他毗湿奴雕像不同之处还在于盖过大腿的干缦。干缦是古代扶南人特有的一种服饰，这种服饰一直延续到现在。干缦在毗湿奴身上的出现，表明他穿上了人类的衣服，正在走向人类世界。正如学者所说的："他可谓是生活在人世的'人格化神灵'的最高代表。"[②] 就其面部特征而言，这尊毗湿奴的雕像和上述所讨论的诃里诃罗雕像非常相似，这可能是由一位国王所供养的原因，因为"统治者的形象有时被竖立起来，以代表所供养的神灵。当然，此时国王象征的就是神灵"。

---

① 吴虚领：《东南亚美术》，中国人民大学出版社2004年版，第73页。
② 马维光：《印度神灵探秘》，世界知识出版社2014年版，第115页。

公元6世纪初正好是律陀罗跋摩国王在位的时期,即扶南的最后一位国王,这两尊毗湿奴雕像可能就是他的形象。因为扶南王国末期,国王信奉的神灵主要是毗湿奴神。所以,这两尊毗湿奴雕像是律陀罗跋摩的形象是可能的。

扶南王国时期神灵形象中体现扶南人相貌特征的雕像除了毗湿奴之外还有佛陀的雕像。一尊来自蓝罗克(Ranlok)地区的制作年代约在公元6世纪的佛头,虽然从其头顶上的大螺髻来看,明显属于印度二三世纪时期阿摩罗瓦底(Amaravati)的风格,但从其厚且稍向外翻的嘴唇和连在一起像燕子似的双眉来判断,明显是当地孟人的特征①(见附图十二)。因此,这也是神灵雕像人格化的一种体现。

(二) 真腊王朝时期体现神王合一的雕像

真腊王朝时期,神灵雕像中除了湿婆、毗湿奴、诃里诃罗之外,还出现了许多女神雕像。这些女神雕像绝大多数是石雕,其中以公元7世纪磅湛省(Kompong Cham)科·克里恩(Koh Krieng)的女神像最为典型(见附图十三)。

这尊女神像由砂岩雕刻而成,高约1.3米,具有浓厚的民族特色,是真腊7世纪时期女神雕像的代表。神像的两手肘部以下,已断裂消失,所以,不知两手所持之物,盘成高高耸立的发髻,与湿婆的发髻相似,所以,她应该是湿婆的配偶,但有学者说:"但对于柬埔寨造像,湿婆的妻子雪山女神和毗湿奴的妻子吉祥天女往往不爱自己丈夫的打扮,而是相互交换头饰和法器,因此这很可能是吉祥天女像。"② 不管这尊女神像是湿婆的妻子还是毗湿奴的妻子,她都具有一个明显的特征,即具有真人的形象:只有两只手,面部椭圆,钩鼻,唇厚且外翻。这明显是高棉人的面部特征。该女神雕像面容尊贵,神态庄严,没有丝毫笑意,但却表现出了神的威严和人的内在气质,应该是皇后的写照,体现了真腊时期神灵雕像的两重性特点。

除了女神雕像之外,真腊时期典型的具有神灵与真人两重性的雕像还有一尊8世纪的菩萨像(见附图十四)。这尊菩萨雕像非常写实,身材丰

---

① 吴虚领:《东南亚美术》,中国人民大学出版社2004年版,第73页。
② 同上书,第83页。

满圆滑,头挽高髻,头饰类似于王冠,戴项圈,两手扶支架,下身着长裙,长裙饰有波状花纹,上端中央形成类似"锚状"的衣褶。从外观上看,这尊菩萨雕像充满真人的肉感。裸露的上身,圆滑的双臂,介于男女两性之间的胸膛,微微向外突出的腹部,给人一种栩栩如生的真人感觉,加之厚圆的嘴唇,很显然,雕像师赋予了这尊神灵高棉人的体格特征。虽然这尊菩萨雕像是哪位国王的形象无法判定,但从只有两只手和体貌特征上来判断,他应当是某位国王的真实写照。

(三)吴哥王朝时期体现神王合一的雕像

吴哥王朝时期最典型的毗湿奴雕像发现于荔枝山附近的塔玛·达普寺内。这尊毗湿奴石像已经成为高棉造像中的名作。该像呈正面站立状,头戴圆筒形高帽,有四手,前两手分别扶在左右两边的支架上,后两手中的右手已断裂消失,左手弯曲上举,掌中似乎持有某种法器,面部特征与高棉人的面部特征相一致,即高颧、钩鼻、方脸、厚唇(见附图十五)。从整体上看,这尊毗湿奴雕像略显微胖,身体并未完全站直,上身稍微向前倾,上半身裸露,使得胸部更显肉感。这尊雕像系着一条腰带,下身着干缦,乍看上去,干缦似乎形成了当代的"短裤"状,这可能是为了方便劳作的缘故。

吴哥王朝前期的宗教主要流行婆罗门教(印度教),但同时也存在大乘佛教,国王崇奉的神灵是印度教中的湿婆(或其象征物林伽)、毗湿奴、佛陀、菩萨等。阇耶跋摩二世虽然倡导了把国王神化为林伽的提婆罗阇崇拜,但他同时也信仰毗湿奴神,这可以从他所建造的神庙内有四尊毗湿奴的雕像得到说明。① 就像学者所说:"提婆罗阇崇拜并不干涉其他的崇拜形式,也不能阻止信仰其他神灵的人登上王位,建立自己的神庙。"② 在吴哥王朝各位国王中,能确定以毗湿奴教为国教的国王只有两位,一位是 12 世纪中期的苏利耶跋摩二世,一位就是吴哥王朝初期的阇耶跋摩三世。"在阇耶跋摩二世和阇耶跋摩三世统治时期,虽然提婆罗阇崇拜被作为国教而建立起来,但是毗湿奴信仰也非常重要。虽然没有碑铭记载,但

---

① 吴虚领:《东南亚美术》,中国人民大学出版社 2004 年版,第 94 页。
② Lawrence Palmer Briggs, "The Syncretism of Religions in Southeast Asia, Especially in the Khmer Empire", *Journal of the American Oriental Society*, Vol. 71, No. 4 (Oct. – Dec., 1951), p. 233.

阇耶跋摩二世的首都摩诃因陀罗补罗（Mahendraparvata）上的许多纪念物是献给毗湿奴神的，并且附近的许多神灵雕像都属于这一时期。""阇耶跋摩二世的两个王妃看起来就是毗湿奴信徒。""阇耶跋摩二世、三世时期，除了存在提婆罗阇之外还存在毗湿奴罗阇（Vishnuloka）。""阇耶跋摩三世逝世后的谥号为毗湿奴大帝（Vishuloka）。"① 由此推断，上述这尊体现神人合体的毗湿奴雕像可能就是阇耶跋摩二世或阇耶跋摩三世的形象，从其逝世后的谥号来看，最有可能是阇耶跋摩三世的形象。

吴哥王朝时期，除了崇拜林伽之外，还崇拜湿婆的人形象。在因陀罗跋摩一世（公元877—889年在位）用来供奉象征自己的湿婆林伽的巴孔寺的入口处，伫立着湿婆和他妻子的三人群像。三像皆已断去头和臂（见附图十六）。中央是湿婆，位置稍靠前，身躯挺拔伟岸，腰间横系腰带，鱼尾状的衣饰贴于腹前。两侧是他的妻子，体形与湿婆相比较小，但比较丰满。两女神的身体稍稍靠向湿婆，虽然两女神的手已断裂消失，但根据她们的站姿来判断，可能都扶在湿婆的身上。湿婆的手虽然断裂消失了，但可以判断只有两只，这是他人格化的标志，因为在印度，湿婆神的雕像一般都是多手。此外，湿婆的上肢和胸部比较结实稳健，腹部的肚脐凹凸分明，与真人没有什么区别了，可能是建造雕像的国王的写照。两女神下身着长裙，长裙正中央下端有鱼尾状的装饰物，长裙看起来似乎有被风吹动的迹象，可能是用蚕丝一类的薄纱做成，这么珍贵的布料一般人家是消费不起的。两尊女神均为上身裸露，饱满的乳房和纤细的腰肢是人类体形的完美写照。裸露上身，是吴哥人的习俗。据周达观记载，真腊国人（即吴哥人）的服饰为"大抵一布缠腰之外，不论男女皆露出胸酥，椎髻跣足。国主之妻，亦只如此"②。所以，这三尊神灵雕像其实是吴哥人的真实形象。学者们推测，这三尊神像是因陀罗跋摩一世及王妃的形象。因为巴孔寺是因陀罗跋摩一世统治时期的寺山。在受印度神王观念影响的国家中，只有国王才能建造象征梅卢

---

① Lawrence Palmer Briggs, "The Syncretism of Religions in Southeast Asia, Especially in the Khmer Empire", *Journal of the American Oriental Society*, Vol. 71, No. 4（Oct. – Dec., 1951）, pp. 233—234.

② （元）周达观原著，夏鼐校注：《真腊风土记校注》，中华书局1981年版，第101页。

山的国寺①，就此推断这是因陀罗跋摩一世及其妻子是可能的。

吴哥王朝时期具有高棉人体貌特征的湿婆人形雕像除了上述讨论过的立于巴孔寺入口处的群雕之外，还有10世纪中后期阇耶跋摩五世统治时期（公元968—1001年）的湿婆及其妻乌玛（Uma，又被称为"帕尔瓦蒂"）的雕像（见附图十七）。这尊雕像被安放在班迭斯雷寺内。班迭斯雷寺始建于公元967年，由阇耶跋摩五世及其前任国王罗贞陀罗跋摩二世的宫廷教师耶日纳瓦拉阿所建，是一座湿婆神庙，又称为"湿婆宫"或"女王宫"。

这尊湿婆和乌玛的雕像由砂岩雕成，高60厘米，呈蹲坐状，湿婆的屁股坐于地上，两腿弯曲，将两脚缩回至胯前，而乌玛则坐在湿婆的左大腿上，她的两腿并拢，自然弯曲。从整体来看，湿婆的体形要比乌玛的大得多，和湿婆相比起来，乌玛像是一个小孩似的。雕像中湿婆和乌玛都只有两手。湿婆的左手从乌玛身后抱着她的左臀，右手自然弯曲，搭在弯曲的右腿上，手中似乎持有柔软的类似于纱巾的物品。乌玛的左手肘部以下已断裂消失，所以不知做何形状，右手应该抱着她的丈夫。湿婆和乌玛都戴着象征王者的王冠。王冠的形状明显的分两部分：下部即套在头上的部分和上部即高出的部分，套在头上的部分与吴哥窟第一回廊南壁上的苏利耶跋摩二世所戴的王冠的下部非常相似，其形状为"下窄上宽"，边沿雕满各种装饰。王冠的上半部分呈圆筒形，高高耸起，圆筒表面饰以层层叠叠的圆圈。湿婆和乌玛的王冠没有区别，完全相同。显然，这是人间王者的特征。湿婆和乌玛的面部特征非常相似，均呈方脸、高颧、厚唇外翻，是明显的高棉人的面部特征。从雕像的前方可以看到湿婆腰间所系的是短干缦，而乌玛围着长至脚踝的长干缦，长干缦上还加了一块短围腰。无论是湿婆的干缦还是乌玛的干缦，表面都做成了易于拉伸的褶皱，看似比较轻柔，就如用现代机器制成一般。这两尊神像均裸露上身，湿婆的胸膛挺拔伟岸，乌玛的上半身丰满圆滑，完全是高棉人的形象。

阇耶跋摩五世统治时期，"湿婆教仍为官方的宗教，为国王和上流社

---

① I. W. Mabbett, "The Symbolism of Mount Meru", *History of Religions*, Vol. 23, No. 1 (Aug., 1983), p. 80.

会成员所崇信,在他们的倡导和资助下新建了大量湿婆神庙"①。这座放置湿婆和其妻的神庙就是他在位时期修建的。阇耶跋摩五世比较重视妇女,突出妇女在社会中的地位,"甚至允许知识渊博、具有管理才能的妇女参与政治和宗教活动,受到各方面的高度赞扬"②。这尊湿婆怀抱妻子乌玛的雕像,可能就是阇耶跋摩五世及其皇后的形象,他们的王冠完全一模一样,暗示男女无别,目的在于突出妇女在他统治时期得到了重视。有学者认为,班迭斯雷寺内的湿婆及其妻乌玛的雕像,体形稳健、厚重,神态安详、自足,完全是统治者威仪的写照。③

此外,班迭斯雷寺北侧殿塔的壁龛中有一尊被誉为"东方的蒙娜丽莎"的女神浮雕像。这尊女神浮雕像创作的年代也在10世纪后半叶,也是由砂岩雕刻而成,高约1米。女神所在壁龛是按照亭子的形式雕刻出来的,大概要营造出天宫的形象。女神呈站立状,下方有三只圣鹅,呈展翅欲飞之状,壁龛顶部以及两侧的墙上装饰着旋涡状的花纹,华丽无比(见附图十八)。

这尊女神雕像从整体看,呈现了写实主义,整个身体显得饱满圆滑,上身稍向右弯,似乎欲用右手摘花。女神的面部特征与高棉人的面部特征相一致,方脸、厚唇外翻。从衣着打扮上看,与吴哥时期的女性相一致,头戴饰有装饰物的王冠,与王冠相连的装饰物从两耳处下垂至胸前,饰物似乎是用许多银质链环环相扣而成。女神两手各戴一对手镯,而且双臂上还戴着臂环,左右两脚各戴一对脚环,手镯与脚环比较粗大,很显眼,暗示这是达官贵人。从女神长长的干缦上所系的各种珍珠宝石上更能看出,这并非是普通人的写照,而是高棉王妃的形象。

吴哥王朝时期,不仅流行给印度教的神灵如毗湿奴、湿婆(林伽)制作雕像,也流行给佛陀、菩萨制作雕像。这些佛陀、菩萨的雕像也被赋予了高棉人的体貌特征。其中最典型的是公元11世纪优陀罗迭多跋摩二世(Udayadityavarman Ⅱ,约公元1050—1066年在位)统治时期的一尊龙头佛像(见附图十九)。这尊龙头雕像发现于磅同(Kompong Thom)

---

① 谢小英:《神灵的故事:东南亚宗教建筑》,东南大学出版社2008年版,第105页。
② 吴虚领:《东南亚美术》,中国人民大学出版社2004年版,第112页。
③ 同上书,第119页。

地区，高约1.5米，是由砂岩雕刻而成。这种龙头佛像源于龙王那伽在暴风雨中救助佛陀的佛教传说。从这尊龙头佛像的面部特征可以发现，佛陀形象与印度的佛陀形象已不同了，方脸、高颧、厚唇，已有了高棉人的体貌特征，有学者评价说："磅同的这尊龙头佛像虽然还没有被赋予王者的身份，但是它的肖像特征已不再是印度的，而是高棉的了。"①

总之，从现代高棉人的面部特征：方脸、高颧、厚唇外翻来看，古代无论是扶南王国末期的神灵雕像和真腊王国时期的神灵雕像，还是吴哥王朝时期的神灵雕像，他们的面部特征都具有或接近这些特征。正如印度学者所评价的："也许能看出最明显偏离印度标准的是对脸的描绘，因为它已能显示出非印度种族集团的人体特征。"② 这证明这些神灵不再是真正意义上的神灵了，被赋予了人的特性——高棉人自己的体貌特征，被人格化了。无论是佛陀、菩萨、毗湿奴、湿婆，还是他们的配偶们，在古代柬埔寨工匠的笔下，都被穿戴上了国王、王后的服饰，具有神人二重的特性。因此，他们既是印度宗教中的神灵，也是人间国王及其妻子的写照。

三 阇耶跋摩七世的神王崇拜

把神灵塑造成自己的形象或者把自己塑造成神灵的形象是东南亚古代各国统治者常用来神化自己的手段。在吴哥王朝末期，这种把国王在雕像中神化的习俗达到了最高境界，其中最突出的就是阇耶跋摩七世——他以自己的形象来塑造佛陀、菩萨。

阇耶跋摩七世是吴哥王朝时期最伟大的国王之一，他赶走了侵入吴哥王朝的占婆军队，恢复了吴哥王朝的独立。1181年他举行了加冕礼，上王号为阇耶跋摩七世（Jayavarman Ⅶ，公元1181—1215年在位）③，使吴哥王朝重新走上了繁荣富强的道路。

吴哥王朝在阇耶跋摩七世及其父亲陀罗尼因陀罗跋摩二世之前，所信奉的主要是婆罗门教。早在公元802年，阇耶跋摩二世建立吴哥王朝之

---

① 吴虚领：《东南亚美术》，中国人民大学出版社2004年版，第127页。
② [澳] A. L. 巴沙姆主编：《印度文化史》，闵光沛、陶笑虹、庄友、周柏青等译，商务印书馆1997年版，第658页。
③ 赛代斯认为他统治到1219年左右。参见 [法] G. 赛代斯《东南亚的印度化国家》，蔡华、杨保筠译，商务印书馆2008年版，第294页。

时，就在宫廷中确立了以提婆罗阇（Devaraja）崇拜为核心的宫廷信仰。到了阇耶跋摩七世统治时期，他承袭了父亲陀罗尼因陀罗跋摩的风习，信奉了大乘佛教，使佛教开始兴盛起来。看起来，很有可能是因为阇耶跋摩七世是个佛教徒，所以佛教得到了国家的重视。

阇耶跋摩七世不仅自己信奉佛教，他的两位妻子阇耶罗阇提鞞和因陀罗提鞞也是虔诚的佛教徒。① 当然，虽然阇耶跋摩七世本人信奉的是佛教，但也不排斥婆罗门教（印度教），因为在他所修建的目的是将自己神化的巴扬寺（Bayon Wat）中"不仅容纳了印度教，而且还有安放印度教神灵的神龛"②。因此，至少到阇耶跋摩七世统治时期，佛教与婆罗门教在柬埔寨还是和谐地共处。当然，这种现象不仅出现在吴哥帝国之中，也是东南亚古代各国普遍存在的现象。众所周知，东南亚自印度文化进入以来，就存在婆罗门教（印度教）与佛教和谐共存的现象。婆罗门教和佛教在印度本来就有共同的因缘，所以，"要在它们之间划一道明显的界线，往往并非易事，特别是密宗佛教中表现有显著的印度教色彩，甚至有些时候，如爪哇在13世纪崇拜湿婆佛陀，无法作出严格的区分"③。

（一）象征神王合一的巴扬的微笑

在阇耶跋摩七世的眼里，佛陀是"战胜苦难者"，观世音菩萨尤其被尊为"世界的主宰"，这二者作为世间国王的神形被接受了下来，称为"佛陀罗阇"（Buddharaja）即"佛王"，而国王死后的谥号则为"伟大最高的佛教徒"（Mahaparamasugata）④。他也像其他国王一样醉心于建立供奉佛陀、菩萨的庙宇，由于受到佛教行善积德的观念的影响，他也建立了一些公共慈善事业，如他在全国修建了102所医院和121所驿站。⑤

---

① 阇耶罗阇提鞞和因陀罗提鞞是姐妹，阇耶跋摩七世先娶妹妹阇耶提鞞，妹妹去世后又娶了姐姐因陀罗提鞞。

② Michael D. Coe, *Angkor And The Khmer Civilization*, London: Thames & Hudson, 2003, p. 128.

③ ［英］D. G. E. 霍尔:《东南亚史》（上），中山大学东南亚历史研究所译，商务印书馆1982年版，第31页。

④ 吴虚领:《东南亚美术》，中国人民大学出版社2010年版，第141页。

⑤ ［法］G. 赛代斯:《东南亚的印度化国家》，蔡华、杨保筠译，商务印书馆2008年版，第300页。

巴扬寺是阇耶跋摩七世的寺山，在婆罗门教（印度教）和佛教观念中，就相当于宇宙的中心梅卢山（Meru）。① 巴扬寺处于吴哥通城的中央，寺的正中央是宝塔。不仅如此，巴扬寺周围还有护城河，就如同梅卢山周围的海洋一样，所以，吴哥通城和巴扬寺构成了婆罗门教（印度教）、佛教宇宙观的缩影。正如信奉婆罗门教的国王在自己所建立的寺山中所供奉的是湿婆（林伽）和毗湿奴，以象征自己就是湿婆、毗湿奴的转世一样，阇耶跋摩七世的国寺即巴扬寺中所供奉的是菩萨、佛陀，以证明自己就是佛陀、菩萨的转世，这可以从出现在巴扬寺寺塔身上的菩萨面部肖像中得到证明。

关于巴扬寺寺塔身上的面部形象，国内外学者们都认为是以阇耶跋摩七世的肖像（见附图二十）来雕铸的观世音菩萨像。第一，大卫·钱德勒（David Chandler）在谈到巴扬寺上的面部雕像时说："对于这个已知世界的角落来说，那些阇耶跋摩七世寺山上和他自己雕像上半微笑的脸，讲述着慈祥而强大的尊容。"② 显然，钱德勒先生已承认巴扬寺上的菩萨像就是阇耶跋摩七世的形象。"慈祥"是因为他信奉的是佛教，"强大"是因为他是国王。在佛教中，佛陀的形象一般都是以慈祥的面容出现的。阇耶跋摩七世因为他从占人手中夺回了自己的国家，使吴哥王朝重新走上了繁荣富强的道路，而且，在他的统治之下，王国的版图进一步扩大了，所以说他是一个强大的国王。第二，米歇尔·库埃（Michael D. Coe）说："巴扬寺中最吸引人的就是观世音微笑的脸（慈祥、仁慈的佛陀），这种脸在吴哥通入口处也出现，他们注视着四方，这也许就是国王（阇耶跋摩七世）自己的形象，因为他们很明显地像人们公认的阇耶跋摩沉思冥想的雕像中的面部表情。"③ 虽然在库埃的观点中，带有猜测的语气，但可以肯定的是，他也认为巴扬寺中和吴哥通城寺山上半微笑的脸就是国王阇耶跋摩七世的形象，他的证据来源于国王沉思冥想时的雕像，但他没有具体描绘其中的相似性。第三，著名的东南亚史学家霍尔先生也说："那些使观众惴惴不安而又印象深刻的

---

① David Chandler, *A History of Cambodia*, Boulder, Colorado: Westview Press, pp. 77—78.
② Ibid., p. 72.
③ Michael D. Coe, *Angkor And The Khmer Civilization*, London: Thames & Hudson, 2003, p. 124.

无数人面像,就是阇耶跋摩本人以大乘佛教中以观世音菩萨形象出现的肖像。"① 霍尔先生虽然没有提供证据,但他非常肯定地认为,巴扬寺和吴哥通城中出现的人面像就是国王阇耶跋摩七世的肖像。第四,我国学者陈显泗也评论说:"如同他以前信奉婆罗门教的国王把自己当作毗湿奴的化身一样,阇耶跋摩七世则把自己当作释迦牟尼的转世,凡是有菩萨出现的地方,其实就是他自己的形象。这种形象在庙宇、也在宝塔、城门等各处出现,人们都可以把它看作是国王的容貌。"② 按婆罗门教(印度教)的传统,国王信奉哪尊神灵他就会把自己当作该尊神灵,这种现象在东南亚地区尤为突出。虽然神灵的雕像很多,但国王的雕像却比较少,所以,很难把国王雕像与神灵雕像联系起来。但是阇耶跋摩七世却留下了自己的雕像,这"也是高棉国王有史以来第一次以人,而不是以神的面貌出现在美术作品中"③,所以,当代的学者们就想当然地把他和神灵联系在一起,阇耶跋摩七世所信奉的是大乘佛教,他的雕像就和菩萨联系在一起了,但却没有加以论证。第五,吴虚领在评论巴扬寺和吴哥通城中的四面脸时说:"据说这些人面是按照阇耶跋摩七世的肖像雕刻出来的观世音菩萨像,表情和蔼,隐含着沉思与慈悲,其微笑唯美至极,被称为'巴荣的微笑'。"④ 可见,吴先生也认为,吴哥寺塔上的神灵雕像是国王阇耶跋摩七世的形象。

关于吴哥通城及巴扬寺中的人面肖像的论述还有很多,这里没有必要一一列举。但综合起来看,学者们都认为这些菩萨像就是阇耶跋摩七世国王的肖像,但却没有加以论证。

(二) 国王雕像与菩萨雕像的对比

阇耶跋摩七世统治时期,为了进一步加强王权,宣示王威,他令工匠以自己的肖像为模板雕塑了23尊神像,取名为"阇耶·佛陀·大帝",并把其当作佛像送给重要的22个属国的居民来祭拜,另一尊则放在王都中央,这些属地有的就是今天泰国的披迈、罗斛、素攀、罗武

---

① [英] D. G. E. 霍尔:《东南亚史》(上),中山大学东南亚历史研究所译,商务印书馆1982年版,第157—158页。
② 陈显泗:《柬埔寨两千年史》,中州古籍出版社1990年版,第284页。
③ 吴虚领:《东南亚美术》,中国人民大学出版社2010年版,第154页。
④ 同上书,第150页。

里、披集等。①

从阇耶跋摩七世给神像所取的名字上看，明显地把自己与佛陀结合起来了。因为"阇耶"指的是"国王"，"佛陀"即佛本身，"大帝"则是人间的"帝王"。所以，有学者也把这个雕像的名字译为"佛王"。

阇耶跋摩七世送到披迈的那尊佛王雕像和保存于吴哥城内的那尊佛王雕像现今还可看到。两尊佛像如同出自同一个模子，就像是"复印出来一般"②。从他的体形上看，比真人稍大一些，丰满圆滑，稍显肥胖，厚唇，留着婆罗门式的小辫子，不穿上衣，腰围短纱笼，呈禅定状③；坐在可能代表莲花的圆台上，身体前倾，双手均已消失，所以无从知道做何姿势，但从双腿盘起结跏趺坐的姿势来判断，手形应与相应的佛陀结跏趺坐时所做的手势相同。可能是身体有点微胖的原因，结跏趺坐的双腿没有做到位，大腿和膝盖微微向上翘起，看起来做这个动作对他来说显得有点吃力，可能是因为他并不是一个专门出家修行的僧人。从整体上看，雕像线条明显，这在"同一个人物的四座塑像上都有所反映"④。这些肖像与国王本人极为相似，脑后梳起的发髻和五官的刻画都很写实，这与以往的神王造像不同，已趋于肖像化，保留了一些被塑造者的真实面貌或体态特征。发现于泰国披迈府的那尊佛王雕像（见附图二十一），现保存于泰国国家博物馆内。

从阇耶跋摩七世肖像化雕像的面部来看，与巴扬寺和吴哥城门上的菩萨肖像有许多相似之处。首先，从脸形上看，二者都是典型的国字形（方脸），显得比较圆润饱满，眼睛、鼻子和下颌所处的位置比例完美，看上去给人一种美感。其次，二者的脸形明显的特点是圆滑，但显得有点宽，两边嘴角的位置几乎与两眼的外眼角形成一条垂线；鼻梁均不高，呈扁平状；眼睛不凸不凹，与脸颊和前额处在同一个平面上；耳很大，有明

---

① จิตร ภูมิศักดิ์ โองการแช่งน้ำและข้อคิดใหม่ในประวัติศาสตร์ไทยลุ่มน้ำเจ้าพระยา กรุงเทพฯ : ฟ้าเดียวกัน 2547 หน้า ๑๕-๑๗

② จิตร ภูมิศักดิ์ โองการแช่งน้ำและข้อคิดใหม่ในประวัติศาสตร์ไทยลุ่มน้ำเจ้าพระยา กรุงเทพฯ : ฟ้าเดียวกัน 2547 หน้า ๑๗

③ จิตร ภูมิศักดิ์ โองการแช่งน้ำและข้อคิดใหม่ในประวัติศาสตร์ไทยลุ่มน้ำเจ้าพระยา กรุงเทพฯ : ฟ้าเดียวกัน 2547 หน้า ๑๗

④ ［法］G. 赛代斯：《东南亚的印度化国家》，蔡华、杨保筠译，商务印书馆2008年版，第295页。

显的下坠，显然与佛陀的形象有关，只是阇耶跋摩七世肖像中的下坠已断裂消失。阇耶跋摩七世的肖像头顶近似圆形，但巴扬寺及吴哥城上的菩萨肖像的头顶就不得而知了。由于有上述这些相同或相似的共同点，所以，二者被认为是同一的，是国王阇耶跋摩七世与他所崇奉的神灵观世音菩萨二者的统一（见附图二十二）。

巴扬寺和吴哥通城上的菩萨形象，面带微笑，目视四方，个个天庭饱满、地角方圆，表情各不相同。有的一脸安详，慈眉善目；有的嘴角微弯，笑意盈盈；有的双目微合，沉思默想；有的举目远眺，洞察宇。这些表情分别代佛教中的慈、悲、喜、舍四种无量心。[1] 因此，阇耶跋摩七世肖像中的微笑与慈悲和菩萨的微笑与慈悲又再一次地融合在一起。

阇耶跋摩七世以自己的形象来塑造菩萨形象并将其雕刻在吴哥通城的寺山和门塔上，一方面是为了显示王威，国王把自己与菩萨等同起来目的是让人崇拜，让人生畏，达到加强王权、巩固统治的需要；另一方面，由于他统治时期，王国的领土比以前更加广大，"西边到达缅甸的蒲甘，南边到达马来半岛中部，北边到达老挝万象，南边到达越南中圻"[2]。因此，为了把自己的王威宣达到全国各个地方，以象征他随时都监视着自己的国土，就在巴扬寺上镌刻了象征自己的菩萨形象。[3]

总之，由于阇耶跋摩七世所信奉的是大乘佛教，供奉在王国中心神庙里象征神王合一的雕像就是佛陀、菩萨。阇耶跋摩七世以自己的形象来雕塑佛陀像和菩萨像，并把这些神像送到他所征服的地方让国民祭拜。因此，百姓崇拜神灵就相当于崇拜自己。另外，出现在吴哥寺塔上的神秘的菩萨形象，各方面的特征都与阇耶跋摩七世的面部特征非常相似，由此证明这就是阇耶跋摩七世本人的形象。因此，阇耶跋摩七世的神王合一崇拜也体现在与神灵面部的融合上。

本章小结

通过本章各节的研究可知，扶南王国最初的国王来自印度，名叫混

---

[1] 梁志明等主编：《东南亚古代史》，北京大学出版社2013年版，第299页。
[2] 段立生：《泰国文化艺术史》，商务印书馆2005年版，第113页。
[3] 梁志明等主编：《东南亚古代史》，北京大学出版社2013年版，第299—300页。

填。混填用神力打败了当地的女首领柳叶赢得了扶南人的敬畏和崇拜。因此，扶南王国初期，人们崇拜的是具有神力的人，因为受到混填的影响，所以来自印度的婆罗门非常受扶南人的欢迎，扶南人认为他们如同混填一样具有神力，往往把他们当作自己的国王。憍陈如就是因为这样的原因当上了扶南的国王。所以，扶南王国初期的神王崇拜表现为人们对来自印度的具有神力的婆罗门的崇拜，不仅把婆罗门当作具有神力的人，而且还迎请婆罗门来当自己的国王。

早期占婆地区实际上存在两个政权，一个是中国史籍中所记载的林邑国，另一个是占婆当地碑铭中所记载的占婆王国。当然，占婆王国出现的时间可能比林邑王国晚一些，这与东南亚海岛地区所出现的受印度宗教影响的国家，在时间上大体相当，约在公元5世纪左右。就林邑国而言，中国史籍中没有记载关于该国神王崇拜的情况，可能这个国家没有接受印度宗教文化，这可以从第一位国王的名字区连中看出。就占婆王国而言，从当地发现的许多碑铭可以看出，该国已经接受了印度的宗教文化，人们认为第一位国王名叫优珞阁，是商菩大神派到人间的代理，后来的国王尤其是那些篡位者，为了巩固自己的王权和地位，往往把自己说成是优珞阁的后裔。

林伽崇拜早在公元前3000多年的印度河文明时期就已经出现了，只不过当时的林伽只是一些类似于男性生殖器的石头断片。到公元前2世纪前后，艺术家才开始雕刻林伽。这时期的林伽造像比较写实，与实际的男性生殖器很相似，一眼就能认出。到公元5世纪前后，林伽崇拜中的林伽开始向抽象化方向转变，只用一根竖立的石柱来代替了。林伽崇拜随着印度婆罗门教（印度教）而传播到东南亚地区。到公元9世纪初柬埔寨的吴哥王朝时期，阁耶跋摩二世把神王崇拜与林伽崇拜相结合，赋予林伽崇拜新的内涵。他在宫廷中专门供养了唯一有资格把国王神化的婆罗门祭司，这些婆罗门祭司不断地举行仪式把国王神化为象征湿婆（林伽）的神王，使国王具有了神性，林伽就是国王神性的具体体现。这样百姓崇拜林伽就等于崇拜国王。因此，提婆罗阁崇拜实际上就是国王崇拜。在占婆王国，每位国王都要建立一座代表国王和湿婆结合在一起的林伽。这座林伽名字的前半部分是国王的称号，而后半部分则是湿婆的称号，以此来体现二者的融合。这尊林伽被当作王国的保护神供奉于神祠之中，供人们祭拜。同时，国王们为了显示出自己伟大的神性而向林伽和神祠捐献各种珍贵宝物，国王甚至给林伽套上金质的躯壳，再在躯壳上雕刻上自己的形象，以显示自己伟大的神性。

从现代高棉人的面部特征即方脸、高颧、厚唇且外翻来看，古代无论是扶南王国时期的神灵雕像、真腊王国时期的神灵雕像，还是吴哥王朝时期的神灵雕像，他们的面部特征都具有或接近这些特征。无论是佛陀、菩萨还是毗湿奴、湿婆和他们的配偶，在古代柬埔寨工匠的笔下，都被穿戴上了国王、王后们的服饰，具有神人二重的特性。因此，他们既是印度宗教中的神灵，也是人间国王及其妻子的写照。另外，国王以自己的形象来塑造神灵的雕像，如阇耶跋摩七世就以自己的形象来雕塑佛陀像和菩萨像，并把这些神像送到他所征服的地方让国民祭拜。因此，百姓崇拜神灵就相当于崇拜自己。

第四章 以爪哇为中心的神王崇拜

古代印度尼西亚爪哇岛上的各王朝也是受印度宗教文化影响较为明显的国家，尤其是9世纪以后的各王朝。现今可以看到的许多与神王合一信仰有关的宗教建筑遗物、神灵雕像等，多数是这一时期及之后的。本章将从爪哇地区最早的5世纪前后的古戴王国、达鲁玛王国和苏门答腊岛上的室利佛逝王国开始，来探讨该地区的神王崇拜，但讨论的重点侧重于11—13世纪时期各王朝的神王崇拜。

第一节 爪哇地区早期王国神王崇拜的特点

东南亚海岛地区早期王国的神王崇拜这个问题，要完整地论述非常困难。一方面是中国史籍中对这个地区的记载比较少且比较分散；另一方面是东南亚本土的记录也非常少，有的只是些碑文。这些碑文的内容也非常少，而且不是以当地的文字记载的，多数是用梵文，在释读上也存在困难。因此，笔者只能尝试着用自己所掌握的资料来对早期东南亚海岛地区的神王崇拜作一个初步地探讨。

一 古戴王国的神王崇拜

记载古戴（Kutai）王国神王崇拜的主要是加里曼丹岛三马林达西北石祭柱上的具有韵律的梵文碑铭，碑铭用拔罗婆字母刻写。石祭柱共发现了7根，有5根已经释读出来了，但中文资料中往往只提到前四根。为了更全面地了解这个国家的一些人文历史，这里把第五根的内容也补充上。

第一根石祭柱的碑铭内容为：

至高无上的大王昆东加陛下，有个有名的王子，名阿湿婆跋摩陛下，他像太阳神一样。阿湿婆跋摩生有三个王子，犹如圣火之三光。三王子中最出名的是牟罗跋摩。他是有优秀教养的和强大而有力的国王。牟罗跋摩王在举行命名祭祀的时候，捐献了许多金子。为了纪念这个祭祀，由众婆罗门建立这块石碑。

第二根石祭柱的碑铭内容为：

著名的众婆罗门和一切善良的人们，你们全体都听取这件事啊。无比高贵的牟罗跋摩陛下，发菩提心，施行善事。这善事就是他给予人们以许多施舍，诸如给予人们生活之资，或给予人们"希望之树"，还赠予人们以土地。由于这一切善行，众婆罗门建立此石柱以资纪念。

第三根石祭柱这样记载道：

高贵而有名的国王牟罗跋摩陛下赐给众婆罗门黄牛两万头。就像圣火给安置在"婆罗羯湿婆罗"这个神圣的土地上。为了纪念圣王陛下发菩提心，行大善事，由来此土地上的众婆罗门建立此碑。

第四根石祭柱的碑铭这样说：

刻此石碑是为了纪念牟罗跋摩陛下施舍两种事物，即油蜡和雕花的灯。[①]

第五根石祭柱的内容是这样的：

向强大的国王致敬！勤勉高贵的牟罗跋摩国王！最杰出的国王！

[①] 前四根石祭柱上的铭文选自梁立基《印度尼西亚文学史》（上），昆仑出版社2003年版，第70—71页。

在他向婆罗门捐献了水、酥油、黄牛、芝麻和十一头公牛之后，这些物品已被记录在这神圣的地方了。①

第一根石祭柱是国王举行命名祭祀时由婆罗门所建立的。第二根石祭柱看起来似乎是在国王对百姓做了善事之后，可能是由婆罗门所做的宣告书。第三根石祭柱是由于国王赐予婆罗门两万头黄牛之后，由婆罗门所建立的。第四根石祭柱也是国王施舍了两种东西之后而由婆罗门建立的。第五根石祭柱是国王向婆罗门捐献了水、酥油、黄牛、芝麻和十一头公牛之后由婆罗门建立的。

从这些石祭柱所使用的梵文和拔罗婆字体本身就可以证明，古戴王国是受印度文化影响很深的国家。

这五根石祭柱虽然内容不多，但本文中所讨论的国王、婆罗门、神灵等这样的词汇却基本都出现了。就国王方面而言，第一根石祭柱主要涉及了古戴王国国王的家系。这根石柱说，这是该国第三代国王牟罗跋摩（Mulavarman，又译"穆拉跋摩"）在举行命名祭祀后，因向婆罗门捐献了许多金子而由婆罗门建立的。碑铭记载，牟罗跋摩的父亲名叫阿湿婆跋摩，这是一个印度化的称号，他非常伟大，被比喻成太阳。在印度宗教中，太阳、月亮也被视为神灵，所以这里阿湿婆跋摩也有被视为神灵之意。碑铭还记载，阿湿婆跋摩的父亲名叫昆东加。这个名字看起来不是印度梵文名字，赛代斯认为是泰米尔文或印度尼西亚文。② 从国王称号这个角度来看，古戴王国不可能是由印度人建立的国家，而是由当地人建立的国家，只是后来受到印度宗教文化的影响很深，才出现了梵文国王称号。碑铭说，阿湿婆跋摩有三个儿子，都很伟大，就像是圣火之光，尤其以牟罗跋摩最强大和有教养，也许这也是他成为国王的原因。因为另外的四根石祭柱所记载的内容都是关于他的。至于其他两个儿子有没有继承过王位，从这些碑铭中很难看出。

从这五根石祭柱所建立的原因来看，当时的古戴王国已经存在着只要

---

① 第五根石祭柱上的碑铭译自：Tineke Hellwig and Eric Tagliacozzo ed., *The Indonesia Reader: History, Culture, Politics*, Durham and London: Duke University Press, 2009, p. 19.

② [法] G. 赛代斯：《东南亚的印度化国家》，蔡华、杨保筠译，商务印书馆2008年版，第94页。

国王举行祭祀活动或国王向婆罗门捐献了东西,如从大到土地、两万头黄牛,小到油蜡、雕花的灯、酥油、水等这样的日常用品,婆罗门都要建纪念性的标志,或石柱或石碑,并在其上镌刻赞颂国王的词句。这样看起来,国王与婆罗门之间似乎存在一种互相支持的关系,即婆罗门靠国王的捐献生活,而国王则利用婆罗门来宣传自己,通过举行神秘的仪式将自己神化。就像学者所说的:"古戴王朝已知道利用婆罗门教作为精神支柱,以巩固王权的基础。"① 国王牟罗跋摩很重视婆罗门,一次就向婆罗门捐献了两万头黄牛。据此可知,婆罗门阶层的人口在该国已经很多了,要不然就不可能赠送这么多数量的黄牛。

既然这些碑铭是由婆罗门镌刻在石祭柱上的,那么,当时必然存在祭祀这项活动,否则,也不会出现这些石祭柱。这些众多的石祭柱本身也证明了当时祭祀活动比较频繁。在婆罗门教中,祭祀能够帮助人们克服所有的困难,战胜一切。有学者这样评价祭祀的功能:"祭祀不仅可以消灾祛病,降魔驱妖,可以请神助佑,保证战争胜利,国家昌盛,还可以使祭祀者直接成为神或众神之王。"② 因此,古戴王国国王牟罗跋摩也存在通过祭祀使自己神化的可能。

总之,从古戴王国所遗留下的五根石祭柱上所雕刻的铭文内容来看,该王国的国王最初并未受到印度神王观念的影响,国王没有被神化,这可以从第一世王的名字叫昆东加中看出。到昆东加的儿子这一代时,国王名字明显地受到了印度神王观念的影响,带有神王的色彩,如阿湿婆跋摩,同时,国王也被比喻为圣火之光。虽然,碑铭中没有直接说到国王就是神灵,但从国王比较重视婆罗门这种情况来看,也存在国王通过祭祀使自己成神的可能。

二 达鲁玛王国的神王崇拜

笔者关于达鲁玛王国神王崇拜的研究也是基于碑铭进行的。考古专家们首先在西爪哇茂物附近芝沙丹尼河上游发现了三块大约刻于5世纪的石碑,后来又在靠近雅加达的丹绒布碌三角洲发现了一个石刻,时间比前三

---

① 梁立基:《印度尼西亚文学史》(上),昆仑出版社2003年版,第71页。
② 王红生:《神与人:南亚文明之路》,人民出版社2011年版,第32页。

块稍晚一些，约刻于5世纪中期。和古戴王国的碑铭一样，这些石碑都是用拔罗婆字母书写的有韵律的梵文。

在这四块石碑中，发现于芝阿鲁河附近的那块据说是最古老的，这块石碑上有一对脚迹印，脚迹印下方刻有这样的文字：

> 这一脚迹印是高贵的普尔那跋摩（Purnavarman）王的脚迹印（见附图二十三），就像毗湿奴的脚迹印一样。他是达鲁玛国王，是全世界最勇敢而威武的国王。

第二块石碑上刻有大象的脚迹印，可能是国王的御象。

第三块石碑上也刻有脚迹印，并附有这样的文字说明：

> 这是履行了自己的职责、伟大卓越的保护者、英勇无比的国王普尔那跋摩陛下的脚迹印。他首次战胜了此邦的敌人，协助忠诚的同盟者而统治了达鲁玛王国。

第四块石碑是关于国王开凿运河的功德录，碑铭还没有完全释读出来，其内容大意是这样的：

> 在高贵的普尔那跋摩陛下在位的第22年，由于他的贤能和智慧，以及他成为所有国王的旗帜，发出了无限的光辉，陛下下诏再把这条河道疏浚开凿一次，要疏浚开凿得深透，使水源净洁，并命名为果马提河。在这条河道开凿疏浚以后，我们高贵的神之父陛下，使居住在这上面的居民的土地得到了灌溉。这个工程开始于颇勒塞拿月的第八日，完成于制咀罗月上半月的第13日，只用21天的工夫。这个疏浚开凿工程全长共6122长矛（约11公里），乃由众婆罗门举行落成典礼的祭祀，并赐给他们黄牛一千头。①

---

① 这四块碑铭内容摘自梁立基《印度尼西亚文学史》（上），昆仑出版社2003年版，第72—73页。

这四块碑铭所讲的内容都是关于普尔那跋摩（Purnavarman）国王的，最引人注目的地方是碑铭中的脚迹印。第一块碑铭上的脚迹印，虽然是普尔那跋摩国王的，但被比喻为毗湿奴的脚迹印，显然，这与毗湿奴用三步跨越天、地、空三界这个故事有关。普尔那跋摩国王把自己说成是毗湿奴，他的脚迹印就相当于毗湿奴的脚迹印，目的就是要证明凡是有他的脚迹印出现的地方，就像是毗湿奴跨越三界一样，是他所征服的地方，属于他的领土，"自己曾征服该地"[①]。这种象征目的，在第三块碑铭中得到了进一步印证。在第三块碑铭中，不仅有普尔那跋摩国王的脚迹印，而且从所附文字"他首次战胜了此邦的敌人"这句话中可以得到说明，他的脚迹印代表毗湿奴的脚迹印，而他则代表毗湿奴。因此，从这四块碑铭所记载的内容来看，达鲁玛王国国王已经知道把自己与印度宗教神灵等同起来了。这是一种比较典型的神王崇拜方式。

第四块碑铭是关于国王完成重新疏浚果马提（Gomati）河后由婆罗门在落成典礼上所做的歌功颂德。在这个祭祀典礼上，国王向婆罗门捐赐了一千头黄牛。一方面，婆罗门在达鲁玛王国的地位非常高，得到了国王的重视；另一方面，国王也得到了婆罗门们的神化和歌颂。从国王已被视为毗湿奴这一点来看，达鲁玛这个古国的印度化程度已经很深了。有学者认为"达鲁玛国是以印度人的居留地为据点而逐渐蚕食一些邻接的部落，征服一些较远的部落，也联合一些较远地区的部落，这样地建成的"[②]。因此，普尔那跋摩被紧密地与毗湿奴联系在一起就不足为奇了。

此外，在第四块碑铭中，普尔那跋摩又被称为"神之父"，这也是达鲁玛王国时期神王崇拜的证据。如按现代汉语的语法来理解的话，就应该是"神的父亲"。照这样的逻辑，既然普尔那跋摩是神灵的父亲，那他必定是神灵了。另外，从碑文的上下文来看，"神之父"这句话似乎要理解为"如神灵般的父亲"，即百姓将国王比喻为神灵。百姓称国王为"父"，这种传统起源于印度阿育王时代，后来传播到东南亚，从泰国13世纪的素可泰王朝直至当今的曼谷王朝都存在这种现象。

---

① 梁敏和、孔远志编：《印度尼西亚文化与社会》，北京大学出版社2002年版，第13页。
② 王任叔：《印度尼西亚古代史》（上），周南京、丘立本整理，中国社会科学出版社1987年版，第334页。

总之，在古代达鲁玛王国，国王已经被视为毗湿奴或被比喻为毗湿奴，已具有典型的神王崇拜的特征，因为这个国家是由印度人建立的殖民地发展而来的。

三　室利佛逝王国的神王崇拜

(一) 室利佛逝王国简介

室利佛逝是古代苏门答腊及其附近岛屿上的国家。中国史籍中最早提到这个国家是在义净的《大唐西域求法高僧传》中，时间约在公元671年，而据发现于当地的碑铭记载，这个国家的建立时间在公元683年。在我国的史料中，对室利佛逝记载比较详细的是《新唐书》。①

按《新唐书》的记载，室利佛逝这个国家的版图是比较广大的，该国东西宽近千里，南北长近四千里。从苏门答腊岛的分布情况来看，尽管在实际长度和宽度上没有那么准确，但是从该岛的南北长、东西短的分布特点来看，是符合这个记载的。室利佛逝这个国家有14个城，分为两部分。一部分位于苏门答腊岛的东部，一部分位于苏门答腊岛的西部。该国盛产黄金、汞砂、龙脑等。室利佛逝由于处于中国、印度和阿拉伯地区的来往交通要道上，所以依靠便利的海上贸易兴起。其首都先在巨港，后北迁占碑。宗教主要是佛教（以大乘为主，同时也存在小乘）。宋朝之后中国史籍中称该国为三佛齐。14世纪初，被麻喏巴歇王国取而代之。

(二) 室利佛逝王国的神王崇拜

笔者对室利佛逝王国的神王崇拜的研究，也是在碑铭的基础上进行的。提到室利佛逝王国的当地碑铭，到目前为止共有7块，主要发现于苏门答腊的巨港、占碑、邦加和南榜等地区，其中有5块是用古马来文书写

---

① 据《新唐书》卷二二二（下）《室利佛逝传》中记载道："室利佛逝，一曰尸利佛誓。过军徒弄山（按即今日越南的昆仑岛）二千里，地东西千里，南北四千里而远。有城十四，以二国分总。西曰郎婆露斯。多金、汞砂、龙脑。夏至立八尺表，景在表南二尺五寸。国多男子。有橐它，豹文而犀角，以乘且耕，名曰它牛豹。又有兽类野豕，角如山羊，名曰零，肉味美，以馈膳。其王号'曷蜜多'。咸亨至开元（670—741年）间，数遣使者朝，表为边吏侵掠，有诏广州慰抚。又献侏儒、僧祇女各二及歌舞。官使者为折冲，以其王为左威卫大将军，赐紫袍、金细带。后遣子入献，诏宴于曲江，宰相会，册封宾义王，授右金吾卫大将军，还之。"

的。这些古马来文大概就是义净所说的"昆仑语",它可能是与梵文沟通的语言,并且当时可能已经在印度支那半岛(占婆、扶南、马来亚)和印度尼西亚群岛普遍流行了。①

上述碑铭的记载,是研究室利佛逝王国神王崇拜的主要资料。笔者从中选取了涉及国王和神灵的几块碑铭来探讨该国的神王信仰这个问题。

首先,是有关室利佛逝王国的建立的一块碑铭,该碑铭发现于巨港附近塔唐河边缘的克杜坎武吉地方,用古马来语书写,内容大意为:

> 维塞迦六〇五年(683年)吉祥之年,吠舍佉月②白分之十一日,大头领希扬登上了船舶,为获得神通力,作了一次神圣的远征。
>
> 在逝瑟吒月,白分之七日,大统领希扬"自米南加塔万"出发,率领二万军队和二百件行囊,用船载运,另有一千三百十二名兵士,遵陆而行。在(颇沙荼)③月(白分)之五日,欣然到了"马塔耶普"……由于胜任愉快地到达,乃筑一城……并且因为神圣的远征获得胜利和使之繁荣,命名曰室利佛逝……④

从碑铭的记载来看,人们似乎对神通力这种东西非常崇拜。为了获得这种神通力,国王会不惜发动战争。神通力可以通过远征的方式获得。这块碑铭就是一位名叫希扬的头领在征服了一个地方之后建立的,所以,把这个地方命名为"室利佛逝"(Sri Vijaya,"光荣的胜利")。从大头领出动2万人的海军士兵、1312人的陆军士兵和200件行囊来判断,神通力

---

① 王任叔:《印度尼西亚古代史》(上),周南京、丘立本整理,中国社会科学出版社1987年版,第370页。

② "《大唐西域记》卷二,文中有云:'月盈至满谓之白分,月亏至晦谓之黑分。黑分或十四日或十五日,月有大小故也。黑前白后为一月。''春三月谓制咀罗月,吠舍佉月,逝瑟吒月。当此从正月十六日至四月十五日。夏三月谓颇沙荼月,室罗伐拿月,婆达罗钵陁月。当此从四月十六日至七月十五日……"参见王任叔《印度尼西亚古代史》(上),周南京、丘立本整理,中国社会科学出版社1987年版,第370—371页,注释①。

③ 按王任叔先生的解释,括号中的内容为源自其他碑铭,并非该碑内容。

④ 该碑文译文源自王任叔《印度尼西亚古代史》(上),周南京、丘立本整理,中国社会科学出版社1987年版,第370—371页。

这种东西可能对大头领来说应该非常重要,可能关系到当时的国家(或部落)的存亡问题。否则,就没有必要调动这么庞大的部队。由此可见,在古代东南亚,国王(或称"头领")具有神通力是非常重要的,因为在人们的观念中,国王的神通力是决定战争胜负的关键因素,就如有学者所说的"国王的胜利是由于得到神的帮助"①。因此,没有神佑护的国王要取得战争的胜利,是很难的。

总之,从上述这块碑铭记载来推断,室利佛逝王国建立初期,人们比较崇拜神通力这种东西,国王为了获得神通力往往会不惜调动军队进行远征,该国就是在这样的远征获得胜利的情况下建立的,即国王获得了神通力而建立起来的。

其次,室利佛逝王国时期内容最长的碑铭是发现于巴邻旁附近的7世纪时期的特拉加·巴图碑(Telaga Batu)。该碑高约1.5米,顶端呈半圆形,半圆形的边上雕刻着7只那伽的头。石碑的根部雕成约尼状。碑铭的部分内容如下:

> OM!成功!所有的你们——国王的儿子们,大臣们,军队指挥官们,国王的亲信们,法官们,工头们,下级种姓监督官们,厨师们,书记官们,雕刻工匠们,海军舰长们,商人们……国王的洗浴工们,国王的奴隶们——所有的你们如果不忠于我将被这些咒语杀死。然而,如果你们对我顺从、忠诚、坦白,不犯这些罪,你们和你们的妻子儿女就不会被吞下……你所喝下的咒水将把永远平安的果实带给你们……②

这块碑是在一个向国王表示忠心的仪式上建立的。这个仪式是否就是受印度宗教文化影响下的誓水仪式,碑铭没有指明。碑铭中始终没有出现与印度神王观念有关的神灵称号和国王称号。有学者认为,在这个仪式上,经过祭司念咒的水从碑的顶部倒下,流经刻有碑文的碑面,最后从下

---

① G. P. Singh, S. Premananda Singh, *Kingship In Ancient India: Genesis And Growth*, Akansha Publishing House, New Delhi–110002 (India), 2008, p. 56.

② 此碑文译自 Mary Somers Heidhues, *Southeast Asia: A Concise History*, Lomdon: Thames & Hudson, 2000, p. 29.

端的约尼缺口处流到事先准备好的容器内，发誓然后喝下。①

从这则碑文的记载来看，参加这个咒水仪式的人有王子、公主、大臣、军官、法官、工头、工匠、商人、奴隶等，几乎囊括了一个社会内的所有成员。这说明，这个咒水仪式在室利佛逝社会生活中是一个非常重要且隆重的仪式。另外，从社会上各个不同层次的人都来参加这个仪式也可以证明，发誓向国王忠诚，然后再喝下经过念咒的水已成为一种风俗，人们相信国王所说的话，把国王当作神灵，如果违背誓言，就会被咒语所杀。碑铭顶端雕刻着 7 头那伽神蛇，其目的一方面是保护这方碑免受破坏；另一方面就如碑文所说，那些违背誓言的人将被那伽所吞噬。所以，那伽神又是国王法令的保护者。在印度宗教神话故事中，那伽所保护的是佛陀。因此，这方碑铭就是国王把自己视为佛陀的表现。从这方碑中的那伽可以看出，室利佛逝王国的宗教应该是佛教，而且是大乘佛教，因为只有大乘佛教才把佛陀当作神灵来看待。另外，义净在《南海寄归内法传》卷一中也说："斯乃咸遵佛法，多是小乘，唯末罗游少有大乘耳。"这里的"末罗游"是指整个苏门答腊岛南部，包括今日的占碑和巨港等地②，即室利佛逝所在地。所以，再次证明，室利佛逝的佛教就是大乘佛教。

因此，从此碑铭的记载来看，室利佛逝的国民已把国王视为神灵了，因为国王的咒语会给人们带来灾祸或幸福，而且国王以咒水的仪式来体现自己的神性，已被广大人民所接受，已成为了一种习俗。

再次，人们在邦加岛门杜克河附近的哥打卡普尔和上占碑巴当哈里河支流梅朗引河畔的卡朗布腊希各发现了一块石碑。两块石碑的内容和年月都是相同的，建立的时间约在塞迦纪元〇六年（公元 686 年）。其中门杜克石碑是六角形的石柱，共有十行文字，每行沿石柱的周遭雕刻，是用拔罗婆字体书写的古马来文。碑铭已漫漶不清，第一行已无法释读，但从第二行开始已被学者们释读出来了。内容如下：

汝等众生，高贵之众神照临，保护室利佛逝王国。唯此众神，为

---

① Mary Somers Heidhues, *Southeast Asia: A Concise History*, Lomdon: Thames & Hudson, 2000, p.29.

② 王任叔：《印度尼西亚古代史》（上），周南京、丘立本整理，中国社会科学出版社 1987 年版，第 379 页。

一切誓言之证人。无论何时，若在王国境内，一切人等，有作恶者，有同意他人作恶者，有唆使他人作恶者，有因被唆使而作恶者，有同情作恶之人，有不尊重、不服从于朕所委任之达图者，凡作此种种罪恶之人，将必照应此誓言（或咒语）而死亡。凡此人等，应先由室利佛逝之达图，下令拘拿，责以鞭笞，并须罪及家属。如有作其他种种恶事，坏人思想者，使人发疯者，运用咒语、毒药、麻醉品以及苊叶陷人致死者，或诱人以春药，或迫人犯罪而作恶多端者，又有对此碑铭而予以破坏者，亦必应此誓言（或咒语）而死亡，首先必事前即破坏此类人等之企图。作恶者，不服从不忠诚于朕者，行为之恶劣无以复加者，亦必应此誓言而死亡。但无论何时，汝等终于忠心于朕，朕将予以重用，派任达图，如若家属亦甚忠顺，则将获大幸运，吉祥临门，无疾无病，无灾无难。长此以往，则此属下地区，即臻繁荣。时在塞迦纪元六〇六年吠舍佉月白分之第一日。此一誓词，刻于室利佛逝国境。唯此时也，室利佛逝正作一切准备，讨伐不臣之爪哇。①

从这块碑铭建立的时间是公元686年即室利佛逝建立后的第三年来判断，这是一份该王国建立后，国王在全国各地竖立的石碑上所镌刻的咒语。照此推算，内容相同的碑铭应该有多块，但到目前为止，共只发现了两块。

碑铭的内容看起来是一些吓唬百姓的咒语，发布的目的是要全国的臣民知道，如果背叛国王及国王所委任的达图，做了如"作恶""同情他人作恶""坏人思想"等碑文所列出的各种行为的人，就会应此咒语而死亡。碑文开头就讲到有高贵的众神照临。这些众神是碑铭上国王所发的誓言得以实现的实施者，意即国王将请神灵对犯下碑文中所列罪行的人进行惩罚。由此可见，立此碑铭的国王具有通神的能力。佛教《瑜伽经》说可以通过五种方法获得神通力即：生得、药品、咒文、苦行、三昧。这就是说，由于修行，由于先天生成的能力，由于咒术，由于药品，还由于业

---

① 此译文源自王任叔《印度尼西亚古代史》（上），周南京、丘立本整理，中国社会科学出版社1987年版，第376—377页。

力（生活实践），才使国王获得了神通力。室利佛逝的宗教信仰是大乘佛教中的密宗派，正如学者所说"佛教的密宗也曾经成为印度尼西亚的统治者信奉的一派"①。实际上，大乘佛教中的密宗派早在718年前后就传入了该地区②，成为统治者的统治工具，"就是把国王看作是神的化身，几乎和印度教相同，它不仅仅说国王有通神力，能以咒语召集众神，而且也能以咒语给人幸福和灾难，给人以生和死"③。另有学者也持同样的观点，认为"为了维护国王的权威，室利佛逝国王也鼓吹君权神授，但他们以佛教为统治工具，国王被视为佛的化身，这使室利佛逝王国成为东南亚的佛教中心"④。

所以，室利佛逝王国神王崇拜的特点之一就是国王具有神通力，民众把国王视为能以咒语伤人的神（佛），而国王则把咒语镌刻在石碑上，石碑竖立在全国各地，使民畏惧。

第二节　以神灵的启示为特点的肯·昂罗的神王崇拜

肯·昂罗（Ken Angrok）在印度尼西亚古代历史上是位传奇式的国王，不仅仅是因为他带领百姓推翻了谏义里王朝，建立了新柯沙里王朝，更重要的是他以神奇的经历赢得了神灵的帮助，以不正当的手段获取了王位，并且还得到了百姓的认可。此外，从他神奇的经历中，衍化出了流传至今的印度尼西亚神奇的格利斯短剑的传说。

在传说中，肯·昂罗成为国王与婆罗门有着密切的关系。婆罗门在东南亚古代各国的神王崇拜中主要扮演着使国王神化的祭司的角色，在最早的神王崇拜中纯粹就是国王本身。而在肯·昂罗的神王崇拜中，婆罗门只充当了"顾问"的角色，没有把国王神化。

在历史上，爪哇比较著名的国王的权力的获得，几乎都与婆罗门有

---

① 王任叔：《印度尼西亚古代史》（上），周南京、丘立本整理，中国社会科学出版社1987年版，第297页。
② 梁志明等主编：《东南亚古代史》，北京大学出版社2013年版，第202页。
③ 王任叔：《印度尼西亚古代史》（上），周南京、丘立本整理，中国社会科学出版社1987年版，第377页。
④ 梁志明等主编：《东南亚古代史》，北京大学出版社2013年版，第202页。

关。婆罗门在国王获得权力的过程中似乎起着启示的作用。许多国王是在婆罗门的指示或帮助下才夺得了权力。如前马达兰王朝著名的国王爱尔朗加（Airlangga，公元1019—1049年在位），虽然通过联姻获得了继承王位的权利，但正当他与达尔玛旺夏国王之女举行婚礼的时候，室利佛逝军队却洗劫了王宫，杀死了国王，他被迫逃到一个名叫禾诺吉里的山林地带，隐居在那里。据说，当时他被迫穿树皮衣服，吃着与僧侣和修道者同样的食物。这样过了三年之后，来了一些著名的婆罗门和一些人民代表，要他回去统治自己的国家。① 于是他才出山开始了收复国家的历程。

婆罗门在古代爪哇地区国王夺取政权中所起到的神灵般地作用在新柯沙里王朝的建立者肯·昂罗的身上最为明显。在婆罗门祭司的帮助下，肯·昂罗从一个弃婴、孤儿、流氓、大盗变成了国王。这个故事一直流传至今，对后人产生了很大的影响。

关于肯·昂罗的故事梗概是这样的：

> 据《爪哇诸王志》记载，肯·昂罗是杜马板侯国一个农妇的儿子，他刚生下就被母亲遗弃在一座坟墓旁。有一位名叫林彭的盗贼看到那地方发出光辉，走近一看，才发现是一弃婴，于是他收养了这个婴儿。这个婴儿长大后，花光了这个盗贼的所有财产。后来，他在帮村长牧牛时，把牛给卖了，然后逃之夭夭，成了在逃犯。后来他投靠了一个名叫班果·散帕兰的赌徒，并认他为义父。据说他经常不失时机地劫掠财物，有时甚至侵犯妇女。因此，他案积如山，被藩侯们追得无家可归。最后，他逃到了勒查尔（Lejar）山上。在那儿，他碰到了来自印度的婆罗门僧侣。婆罗门说，山上众神在开会，众神说肯·昂罗是最高神婆多罗·俱卢的儿子，是毗湿奴的转世，日后他将使得爪哇强大起来。后来，在婆罗门的帮助下，他进入了当地藩侯吞古尔·阿梅通（Tunggul Ametung）那里，做了家臣。藩侯的妻子名叫肯·德德斯（Ken Dedes），美丽绝伦。一天藩侯和肯·德德斯外出巡视，当她抬脚蹬上马车的时候，肯·昂罗看到从她膝盖上发出了光

---

① 王任叔：《印度尼西亚古代史》（上），周南京、丘立本整理，中国社会科学出版社1987年版，第479页。

辉，于是他深深地爱上了她。当肯·昂罗把这事告诉了收养他的婆罗门僧侣洛加威的时候，洛加威说要成为这个女人的男人虽然很难，但得到了她，就会成为最强的世界征服者。于是肯·昂罗产生了杀人夺妻的野心。他的养父班果·散帕兰告诉他，要杀死吞古尔·阿梅通最好的办法就是用锋利无比的格利斯剑，受它袭击的人无一能活。于是肯·昂罗就去找铸剑匠恩蒲·甘达林（Empu Gandring），要他在五个月之内铸一把锋利的剑。五个月后，当肯·昂罗去取剑的时候，恩蒲·甘达林说剑还没有铸完，要铸好需要一年的时间，这使肯·昂罗非常生气。剑虽然没有铸完，但已经非常锋利了。大怒之下，他拿起剑来就刺死了甘达林。临死时的甘达林诅咒说，肯·昂罗家族将有七代国王死在那把尚未铸完的剑下。后来，肯·昂罗知道他的同僚克博·希佐（Kebo Hijo）非常喜欢这把剑，就把剑送给了他。克博·希佐不知是计，便拿着那把剑到处炫耀，使大家都知道那是他的剑。一天，肯·昂罗偷偷地用那把剑刺杀了藩侯吞古尔·阿梅通。并把剑丢弃在尸体旁，因此，人们都以为是克博·希佐杀的。于是克博·希佐被诛戮。后来，肯·昂罗公开娶了肯·德德斯。这件事并没有遭到民众的非议，吞古尔家族对此也保持沉默。①

虽然《爪哇诸王志》带有民间传说的性质，富有浪漫主义的色彩，真实性值得怀疑，但从后来肯·昂罗推翻了谏义里王朝的统治者，建立了新柯沙里王朝，取王号"腊查沙"（Rajasa，意为"有功勋的国王"）来看，该书也具有一定的史实成分。另外，从肯·昂罗和肯·德德斯所生孩子的名字来看也具有历史的真实性，因为阿努沙帕提（Anusapati，吞古尔·阿梅通的遗腹子）和托查亚（Tohjaya）这两个人确实是历史中的真实人物。虽然《爪哇诸王志》中的内容不免会有些夸张，但是肯·昂罗的故事肯定是当时事实的反映或者纯粹就是当时的事实。

正如恩蒲·甘达林所诅咒的一样，肯·昂罗和他的后代有七人死在了那把曲剑之下。首先，阿努沙帕提谋杀了肯·昂罗。然后，托查亚又用该

---

① 缩写自王任叔《印度尼西亚古代史》（下），周南京、丘立本整理，中国社会科学出版社1987年版，第505—507页。

剑杀死了阿努沙帕提，阿努沙帕提的儿子又用那把剑杀死了托查亚等，直到最终有七位国王死在该剑下，铁匠的诅咒才消除了。

从上述关于肯·昂罗从一个弃婴变成一个国王的历程可以窥见古代印度尼西亚爪哇地区神王崇拜的一些特点。在古代印度尼西亚人民看来，一个人要成为国王，他必须有神奇的经历，这个经历从他刚出生时就已开始了。国王出生后要经历被抛弃这样的境遇。然后他可能要被不同的人所收养，首先可能是大盗，然后是赌徒等。

从肯·昂罗的经历来看，他将成为统治者的征兆似乎从他刚出生时就已经出现了。因为，在他的母亲生下他，把他遗弃在一处坟地之后，那个地方竟然发出了光辉。这个光辉对于他来说非常重要，如同救命稻草，要是没有从他身上发出的光辉，过路的人就不会注意到那里有奇异的情况，就不可能发现刚生下来就被母亲遗弃的他。这可能就是中国古人所说的"天将降大任于斯人也，必先苦其心志，劳其筋骨，饿其体肤"的原因吧。肯·昂罗被遗弃后所发出的光辉是怎么来的呢？普通人是不可能发生这种现象的，这只能说明，肯·昂罗身上的光辉是神灵赐给的，是神在帮助他。

从肯·昂罗的经历看，在古代印度尼西亚神王信仰中，国王小时候的成长经历非常重要，他要经历过各种苦难，要干过各种坏事，才会最终得到神灵的指示。如他开始可能要像肯·昂罗一样与盗贼在一起生活，当小偷；然后，要经历牧牛；再然后，他要当赌徒，甚至最后还要强暴妇女，最终走投无路之时，神灵才会来拯救他。

在古代爪哇神王崇拜中，拯救将要成为国王的神灵主要是印度教的主神，如毗湿奴、湿婆，也包括婆罗门。在将要成为国王的人处于危难之中时，神灵总是准时出现，给他指点迷津，就像有一次肯·昂罗因抢劫了一个村庄而被当地的村民追赶，最后被迫爬上树。正当他绝望之际，神告诉他用两片大树叶作翅膀就可以飞走，他因此而逃脱了一劫一样。① 另外，就如故事所说的，当肯·昂罗看到藩侯之妻肯·德德斯的膝盖上发出光辉并暗恋上她，欲将她占为己有的时候，婆罗门洛加威指示说，只要做了

---

① Ann R. Kinney With Marijke J. Klokke, *Worshiping Siva and Buddha: The Temple Art of East Java*, Honolulu: University of Hawaii Press, 2003, p. 84.

肯·德德斯的男人，将来肯定能成为世界的征服者。正是婆罗门的这些指点，才使得肯·昂罗产生了杀人夺妻的念头。

肯·昂罗的传奇经历，也说明了古代东爪哇地区流行着将要成为国王的人与神灵之间存在父子关系这样的传统。神灵往往认为将要成为国王的人是他的儿子，是他派来人间的，他是神灵的化身，主要是毗湿奴的化身，有时也可能是湿婆神的化身，也有佛陀的化身。就像肯·昂罗一样，不仅自称是神灵的儿子，而且还是毗湿奴的一次转世。虽然，肯·昂罗是神灵的儿子，但是神灵们并不直接来教导这个人，而是把教导这个人的任务交给半人半神的来自印度的婆罗门。在神王合一的观念中，要成为国王缺少不了婆罗门的指点和帮助，这与东南亚其他地区神王信仰是一样的。所以，来自印度的婆罗门在印度尼西亚古代神王信仰中起着非常重要的作用。因为就像肯·昂罗那样，只有通过婆罗门，那个要成为统治者的人才有机会进入宫廷里当差。

从肯·昂罗的经历可知，在印度尼西亚古代神王文化中，要成为国王就要采取一切手段，即要"为达目的不择手段"，有时甚至是"杀人夺妻"也是可以接受的，就如肯·昂罗一样，即便他杀死了当地的藩侯吞古尔·阿梅通，取而代之，也没有人出来公开地反对，这说明他的这种做法并没有违反人们的道德观念。但是在具体的方式上，可能有不同的手段，当然也能像肯·昂罗一样采用"借刀杀人"的方法。但在此过程中，则需要一种致命的武器，这种致命的武器在新柯沙里王朝时期就是一把锋利无比、任何人只要遭到它的袭击就必死无疑的曲剑，这就是印度尼西亚有名的格利斯剑（Kris）的来历。从格利斯剑被古代印度尼西亚人民认为具有神奇的力量，并受到各阶层人民的喜爱这些事实来判断①，肯·昂罗的这种从弃婴、孤儿、强盗再到国王的经历对百姓影响很深，可能已经形成一种传统的习俗。按历史的传说，肯·昂罗与其后代七位国王均死于格利斯剑下。当然，这只是传说，不一定是事实。但是当时为争夺王位，各王位竞争者之间可能经常发生杀死国王自己取而代之的事。

---

① 梁敏和、孔远志编：《印度尼西亚文化与社会》，北京大学出版社2002年版，第218页。

综上所述，从肯·昂罗从一个弃婴、强盗、赌徒、谋杀者再到国王这样的经历来看，他的神王崇拜从小就开始了。在他的成长过程中始终得到神灵或相当于神灵的婆罗门的帮助。首先，在他刚出生时，由于有神灵的佑护，他身上发出了光辉，因而他才能存活下来；其次，当他做恶事被村民们追杀，到了走投无路的时候，有神灵告诉他如何逃生；最后，婆罗门指点他杀人夺妻，成为强大的统治者。总之，肯·昂罗的神王合一信仰与其他的神王崇拜有很大的区别，他把自己说成是神灵的儿子，是毗湿奴的转世，他之所以能成为国王是因为能得到神灵的帮助。

第三节　格尔塔那加拉的佛陀—拜依拉哇崇拜

格尔塔那加拉（Kertanagara，公元1268—1292年在位）是新柯沙里王朝伟大的国王，也是印度尼西亚古代伟大的国王之一。他统治时期是印度尼西亚历史上的重要时期。这一时期不仅为麻喏巴歇的封建帝国奠定了基础，而且为散居于印度尼西亚群岛上的各个部落向统一的印度尼西亚民族的发展这个历史要求提供了一些前提条件。

格尔塔那加拉在还没有登基前就于1254年获得了王号，这在印度尼西亚古代历史上是很少的。1268年他执政后，对文化发展方面产生了重要的影响。他在接受印度文化的同时，也发展了独特的印度尼西亚本土文化。"在建筑和艺术方面，纯粹的爪哇因素已经获得了充分发展。在宗教方面，湿婆教和佛教的共生已经变为密切的结合；在雕塑方面，尽管表面上可以看到印度教或佛教特色，但它们的真实意义却要从本地的民间传奇中去寻找。它们把人们所崇拜的神力和魔力都人格化了。"① 格尔塔那加拉国王就是神力人格化的代表。

一　佛陀—拜依拉哇崇拜的出现及内涵

格尔塔那加拉统治时期，存在多种宗教和平共处的现象。佛教、印度教是广大民众所信奉的两种宗教。格尔塔那加拉尤其对神秘的大乘佛教情

---

① ［英］D.G.E.霍尔：《东南亚史》（上），中山大学东南亚历史研究所译，商务印书馆1982年版，第106页。

有独钟,正如学者所说的:"大乘佛教,特别是以它的密宗形式,正式成为一种神秘的教派,国内的最高阶层就是属于这个教派的。"① 佛教僧侣和湿婆教僧侣在当时社会生活中均很有影响,但两者都处于国王的控制之下。格尔塔那加拉国王把两种宗教的最高神灵结合起来,集中到自己的身上,使自己成为两种宗教神灵的化身。"他实行了对湿婆—佛陀的崇祀,从而完成了(湿婆教与佛教)两教合一的过程。"② 所以,在当时,格尔塔那加拉就是湿婆教派和佛教(大乘教派,尤其是密宗派)的共同代表,他自称"湿婆佛陀"③。

从自称是湿婆—佛陀这一点来看,格尔塔那加拉对佛教和印度教(湿婆派)是比较虔诚的。这可以从他的兴趣爱好比较广泛、知识广博中得到证实。有学者这样评价他的爱好:"格尔塔那加拉是个极为复杂的人物。个人的趣味是向各方面发展的:有浓厚的科学的和哲学的倾向,埋头于语言学和宗教文书的研究。精通佛教的密宗。他自己还著有《万物起源宇宙开辟论》一书,是个狂热的佛教信徒。"④ 格尔塔那加拉相信通过宗教的修行就能获得通神力,这是他对佛教密宗(也称真言宗)和湿婆教派非常重视的原因。

据印度教的《瑜伽经》中说,要获得神通力必须通过五种方法:生得、药品、咒文、苦行、三昧;与此类似,在佛教的《俱舍论》第二十七卷中也说,要获得神通力就要通过五种方法,即神境五:修、生、咒、药、业。因此,无论是在印度教湿婆教派中,还是在佛教密宗教派中,格尔塔那加拉都可以从那里获得自己所需要的神力,所以这两种教派才成了他的统治武器。

佛教密宗派和湿婆教派都认为,统治者天生的特性,加后天的修行、念咒诵经就能使自己获得神通的力量,以此来威吓人民、欺骗人民。正如学者马维光先生所说:"咒语可为当时封建大王们举行加冕仪

---

① [英] D. G. E. 霍尔:《东南亚史》(上),中山大学东南亚历史研究所译,商务印书馆1982年版,第103页。
② 同上书,第107页。
③ 王任叔:《印度尼西亚古代史》(下),周南京、丘立本整理,中国社会科学出版社1987年版,第533页。
④ 同上书,第521页。

式，象征性地进入大王所控管的体系，保证其神圣家园的胜利，国家神圣合法化。"①格尔塔那加拉常常作内修的工夫，信奉耆那佛即禅定佛，他"真诚浸沉于佛教密宗的思想里，并且相信自己持咒作法的力量"②。由于相信献身佛陀—拜依拉哇（湿婆恐怖形象，Bhairava）能获得神力，抵御外敌，以至于当叛乱者兵临城下之时，"国王（格尔塔那加拉）正在作什么一种宗教祭礼，以资袪退敌人。因为据说国王是死在湿婆—佛陀的圣殿里的人"③。由此可见，格尔塔那加拉获得神通力的方式除了持咒、修行之外，还有另外的一种方式，即仪式。

仪式，尤其是祭祀仪式，是印度宗教中国王获得神通力，从而被神化的主要方式之一。与古代吴哥王朝的创建者阇耶跋摩二世通过提婆罗阇的仪式而获得神性，成为"宇宙之王"一样，格尔塔那加拉也是通过佛陀—拜依拉哇的仪式使自己获得神力。正如霍尔先生所说："据说通过婆罗门的行法，可以让湿婆进入国王的身体之内，使国王长生不死；通过婆罗门的行法，可以召唤全能的神力来维持世界的秩序。"④ 格尔塔那加拉举行献身成佛陀—拜依拉哇的目的正在于此。

格尔塔那加拉献身为佛陀—拜依拉哇的仪式发生在公元1275年，因为他在那一年初取得了神性，"他在那一年特别被尊为神"⑤。也就是说，他在那一年被神化，获得了神力。有学者认为格尔塔那加拉献身成湿婆佛陀的意思就是"等于他被吸进湿婆里"⑥。

格尔塔那加拉献身成佛陀—拜依拉哇的仪式的具体内容不得而知，只知道他取用了两个支持者，一个是格波·丁加，另一个是阿拉加尼，"并把国王取得神性，成为佛陀—拜依拉哇的仪式的必要措施交给这两个人去

---

① 马维光：《印度神灵探秘》，世界知识出版社2014年版，第227页。
② 王任叔：《印度尼西亚古代史》（下），周南京、丘立本整理，中国社会科学出版社1987年版，第533页。
③ 同上。
④ [英] D. G. E. 霍尔：《东南亚史》（上），中山大学东南亚历史研究所译，商务印书馆1982年版，第43页。
⑤ 同上书，第108—109页。
⑥ Lawrence Palmer Briggs, "The Syncretism in Southeast Asia, Especially in the Khmer Empire", *Journal of the American Oriental Society*, Vol. 71, No. 4 (Oct. – Dec., 1951), p. 248.

办理"①。这两个人所取的作用相当于首相，所以，佛陀—拜依拉哇的仪式肯定与国家的政策有关，可能是一种新政策。因为当时的首相，就是反对这个新政策而被国王调职的。格尔塔那加拉取得神性之后所执行的新政策的内容之一，就是把神力输送到爪哇周围的各个地区，即以神力征服爪哇周围地区。

从格尔塔那加拉的习性来看，他所提倡的佛陀—拜依拉哇的仪式，还应该包括饮食和性欲两个方面。为了完成他所谓的反对"猖獗于世上的魔怪"，"他必须通过酗酒和纵欲来养成精神集中的出神的境界"②。因此，他直到叛乱者攻入王宫的时候，都还在与大臣们交杯饮酒之中。③

格尔塔那加拉的这种习性是受大乘佛教密宗思想影响的结果。在大乘佛教的密宗派中，一直存在着纵欲主义。"在《秘密集会坦陀罗》经文中，为了取得神通力，不乏不惜打破社会常规伦理道德的言辞，蔑视传统习俗和伦理道德，宣扬杀牲食用包括人肉在内的各种肉类，乱伦性交，不道德行径，同样可达到'大悟''解脱'的境地。"④ 据西方学者戴维森研究得出的结果，从8世纪到9世纪初，密宗加进了被称为"结印"（seal rite）或"入境曼陀罗"（mandalacakrarite，今亦称"慧密"）的灌顶礼，即弟子引来性力女伴给师父，双身后，泄出的精液称之为"开悟"（bodhicitta，菩提心），作为甘露由弟子饮下，这赋予弟子实践"自我圣化"（self consecration，即 svadhistbanakrama）的资格。

大乘佛教密宗派所提倡的以信徒之间的纵欲来达到解脱的方式与印度教中的性力派所倡导的以两性之间的滥交来达到解脱的方式是一致的。所以，印度教与大乘佛教的密宗派在某些方面是一致的。

总之，格尔塔那加拉所钟爱的佛陀—拜依拉哇仪式就是把自己献身成为佛陀—湿婆，集佛教与印度教的神灵于一身。他认为要获得神力，既可以通过修行大乘佛教中所谓的生得、药品、咒文、苦行、三昧的方式，也

---

① ［英］D. G. E. 霍尔：《东南亚史》（上），中山大学东南亚历史研究所译，商务印书馆1982年版，第109页。
② 同上书，第107页。
③ 王任叔：《印度尼西亚古代史》（下），周南京、丘立本整理，中国社会科学出版社1987年版，第533页。
④ 马维光：《印度神灵探秘》，世界知识出版社2014年版，第233页。

可以通过印度教、佛教中的纵欲、狂饮的方式。

二 佛陀—拜依拉哇仪式与对外关系

从格尔塔那加拉统治时期的对外关系来看，他所提倡的佛陀—拜依拉哇信仰与对外征服活动有着紧密的联系。

格尔塔那加拉倡导佛陀—拜依拉哇信仰明显是受到了忽必烈汗的影响。因为忽必烈汗在对外发动战争、进行征服之前，曾于1264年和1269年举行了献身耆那—佛陀的仪式，即通过献身佛陀，使自己获得了神通力，成为了宇宙之王，对那些不服从者进行征服。[①] 这正是有学者说的"封建主争当'王中之王'，寺院和僧侣为了服务于封建主不得不使领主'神灵化'，使神灵'领主化'"[②]。

同样，格尔塔那加拉在1275年献身湿婆—佛陀之后，开始了类似的征服行动，目的在于"建立一个印度尼西亚神圣联盟，并以他作为拜依拉哇—佛陀的魔力，动员联盟的力量来反抗蒙古人"[③]。因此，所谓的"佛陀—拜依拉哇"信仰的目的，就是把国王神化后，使他获得神通力，成为世界之王，从而为征服他国找到借口而已。他的具体行动之一就是向苏门答腊地区派出远征军。这支军队直到元朝军队到达爪哇岛时，都没有完成使命。由于把军队派到外地征服去了，所以才导致了国内空虚，没有足够的军队来保卫首都，为谋反者创造了机会，最终国王自己被杀，王宫被占领，王朝覆灭。

格尔塔那加拉所推行的佛陀—拜依拉哇信仰就是通过自己的神性与每个邦国建立精神上的联盟以抵御外敌的侵入。而且联盟的建立主要不是以武力，而是以向外输出神力的方式来实现的。

向外输出神力，就是把国王神化的象征物送到各部落土邦，并要求其首领向自己表示臣服，因为格尔塔那加拉是唯一的统治者——宇宙之王。这种现象可以从格尔塔那加拉把一尊不空羂索菩萨像送到苏门答腊得到证

---

① [英] D. G. E. 霍尔：《东南亚史》（上），中山大学东南亚历史研究所译，商务印书馆1982年版，第110页。

② 马维光：《印度神灵探秘》，世界知识出版社2014年版，第225页。

③ [英] D. G. E. 霍尔：《东南亚史》（上），中山大学东南亚历史研究所译，商务印书馆1982年版，第110页。

明。据相关的记载，人们在现今朗沙特河（Langsat）附近巴唐哈里地区发现了一座石像的基石。基石说明，有一座不空羂索观世音石像和13座附从的石像，从爪哇搬到苏门答腊。并且还说，它们是以奉格尔塔那加拉王之命搬来和建立起来的。碑铭的具体内容如下：

> 塞迦纪元一二〇八年（公元1286年）婆达罗钵陀月，白分之十五日的第一日。唯时观世音菩萨石像及其他附从石像计十三座，自爪哇携来金地，建七宝像护法城（Dharmashiraja，在巴唐哈利河高原），是太子室利比首留波（Sri Visvarupa）所施也。诸王之大王室利葛达那加刺（从《元史》译名，即克尔塔纳加腊。Sri Maharajadhiraja Sri Vikrama Dharmamaha Tunggagdewa）敕命官吏……等随从圣像而赴彼城。嗣后，末罗游全国之人，若婆罗门，若刹帝利，若吠舍，若首陀罗暨特里布瓦纳腊查·毛利瓦尔马提婆大王陛下（Sri Maha Tribhuwanaraja Maulivarmadewa），因此施舍，皆大欢喜。①

碑铭中的"金地"按王任叔先生的看法就是苏门答腊。碑铭称格尔塔那加拉为"诸王之大王"，而称当地的首领为"大王"。王中之王是印度神王合一观念的主要特征。从碑文的内容看，当时苏门答腊的末罗游国是乐意接受格尔塔那加拉的佛陀—拜依拉哇仪式的，因为他们从婆罗门、刹帝利到吠舍都很欢迎这尊菩萨神像的到来，原因可能是末罗游当时正面临着被蒙古人侵略的危险。格尔塔那加拉把不空羂索菩萨像送到末罗游，"表明了他把自己的萨克提神力向外输送到一块同样受蒙古人领土扩张威胁的地区"②。当时的末罗游人可能认为，只要有格尔塔那加拉的神力的保护，外敌就不敢侵入了。

在古代印度，国王在被神化，取得神性之后，大多都自称王中之王，或宇宙之王。如10世纪曾经入侵过东南亚、锡兰、马尔代夫等国的注辇

---

① 该碑铭摘自王任叔《印度尼西亚古代史》（下），周南京、丘立本整理，中国社会科学出版社1987年版，第524—525页。

② ［英］D.G.E. 霍尔：《东南亚史》（上），中山大学东南亚历史研究所译，商务印书馆1982年版，第110页。

王朝的罗阇罗阇国王。①"罗阇罗阇"就是梵文 rajaraja 的音译,意思即"王中之王"。取名王中之王可能是古代受印度宗教文化影响下的统治者向外扩张领土、征服别国的一种借口。这种现象在东南亚地区同样存在,格尔塔那加拉就是其中之一,"1275 年他在献身成为拜依拉哇仪式的外衣下,自己担负起实行一项远及广大地区的领土扩张计划的任务,其目的在于把印度尼西亚统一起来以对付来自中国的可能威胁"②。当时的巴厘、巽他等国就是他用佛陀—拜依拉哇仪式和平征服的,不过这两个邦国很快又独立出去了。

格尔塔那加拉的佛陀—拜依拉哇信仰可能还包括通过与瑜伽尼的结合而获得神力,并把神力输送到周围地区,以宣示自己的权威,要求这些地区向他表示臣服。格尔塔那加拉于 1275 年举行佛陀—拜依拉哇仪式之后,向外派遣了一支远征军。这支远征军的目的地是苏门答腊(当时应该称末罗游国)。而当时格尔塔那加拉要建立的反元蒙联盟还包括了巴厘、巽他、婆罗洲、占婆和彭亨等国。但是他在佛陀—拜依拉哇信仰最终完成之前就被谋反者所杀。这个信仰的部分内容在半个世纪之后,到麻喏巴歇帝国哈奄·武禄国王统治时期,才最终得以实现。

格尔塔那加拉没有儿子,但是有四个如花似玉的公主。他的这四位公主就成了完成佛陀—拜依拉哇仪式的后继者。有学者认为,格尔塔那加拉的这四位公主没有一个是他自己亲生的,都是从不同的邦国获得的。大公主名叫特里布娃奈丝哇里(Tribhuwaneswari),二公主名叫娜伦德拉杜黑塔(Narendraduhita),三公主名叫普拉蒂娜帕拉米塔(Pradynaparamita),小公主名叫嘎亚特里(Gayatri)。她们"代表巴厘、末罗游、马都拉和丹戎甫拉"③。推翻篡位者查耶卡旺的拉登·威查亚,为了确保王权的正统性和合法性④,同时娶了格尔塔那加拉的这四位公主。娶这四位公主的目的,除了确保王权的正统和合法性外,可能还存在通过与四位公主结合而

---

① 林太:《大国通史·印度通史》,上海社会科学院出版社 2007 年版,第 69 页。
② [英] D. G. E. 霍尔:《东南亚史》(上),中山大学东南亚历史研究所译,商务印书馆 1982 年版,第 110 页。
③ 同上书,第 116 页。
④ 王任叔:《印度尼西亚古代史》(下),周南京、丘立本整理,中国社会科学出版社 1987 年版,第 544 页。

获得神力的可能。有学者认为，这四位公主是国王拉登·威查亚借助于佛陀—拜依拉哇仪式创造出来的，意即拉登·威查亚成为"王中之王"后，由属国向他进贡来的，同她们结婚不仅能与格尔塔那加拉所创立的海岛帝国建立一种特殊的关系，而且还可以通过与她们进行性交获得新的魔力，因为她们四位都是瑜伽尼。①

格尔塔那加拉派到三佛齐的远征队于1294年回到爪哇，他们带回来了两位公主，一位名叫达拉·京嘎（Dara Jingga），另一位叫达拉·勃达克（Dara Petak）。不过，当他们回到爪哇时，格尔塔那加拉已被害，而且篡位者已被拉登·威查亚推翻。拉登·威查亚娶了达拉·勃达克为妻，而达拉·京嘎被放回与马来王国国王毛利瓦尔曼（Mauliwarman）成亲。②拉登·威查亚与三佛齐公主结婚与他和格尔塔那加拉的四位公主结婚所代表的意义是相同的，即证明他已通过佛陀—拜依拉哇仪式征服了三佛齐。三佛齐是不是真正通过他的佛陀—拜依拉哇仪式征服的，没有明确的历史记载，但三佛齐王国的衰微与麻喏巴歇王国的兴起有很大的关系是不争的事实。

格尔塔那加拉派往占婆的使团，给占婆国王阇耶信诃跋摩三世送去了一个爪哇公主。从这位公主的名字来看，她应该是一位瑜伽修行者，因为她的名字叫塔婆西。"塔婆西"是梵文Tapasi的音译，与梵文中的"苦行"（Tapas）非常相似，可能就是一个词。因此，"塔婆西"的意思就是"瑜伽尼，瑜伽修行者"。有西方学者认为，塔婆西公主被送到占婆，与格尔塔那加拉所崇拜的佛陀—拜依拉哇信仰有关，意思就是把格尔塔那加拉的神力（sakti）输送到他将要建立的联盟成员国内，即通过神力来迫使该成员接受自己就是王中之王的权威。③

三　佛陀—拜依拉哇崇拜对后世的影响

格尔塔那加拉所提倡的佛陀—拜依拉哇信仰存在了近百年的时间，直

---

① ［英］D. G. E. 霍尔：《东南亚史》（上），中山大学东南亚历史研究所译，商务印书馆1982年版，第117页。

② 王任叔：《印度尼西亚古代史》（下），周南京、丘立本整理，中国社会科学出版社1987年版，第545页。

③ ［英］D. G. E. 霍尔：《东南亚史》（上），中山大学东南亚历史研究所译，商务印书馆1982年版，第117页。

到麻喏巴歇时期，即公元14世纪中后期他的重孙哈奄·武禄在位时期都还有影响。

哈奄·武禄国王在位时期，实权掌握在首相卡查·马达手中。卡查·马达对格尔塔那加拉时期的佛陀—拜依拉哇信仰非常怀念。据碑铭记载，现存的新柯沙里陵庙就是他掌权时期修建的，目的在于纪念那些在1292年格尔塔那加拉国王在举行密宗仪式中被杀害时和他一同丧生的人。"看来这所陵庙表示了卡查·马达对那位他力图使其帝国复兴的人物的尊敬。"① 此外，在卡查·马达的赞助下，宫廷诗人勃拉邦加（Prapanca）开始写作《爪哇史颂》（*Nagarakertagama*）。该书是专门献给哈奄·武禄的。在该书的第四十二章和第四十三章里，颂扬了格尔塔那加拉的政治才能和智慧，并说明他在宗教上的完美无缺是使得他的后裔成为神王并重新统一全境的光荣的原因。

掌握实权的首相卡查·马达继续了统一印度尼西亚全岛（除爪哇之外的其他岛屿）的"努珊塔拉"计划。这个计划的目的是要通过佛陀—拜依拉哇的仪式来征服以下地区：古伦、斯兰、丹戎甫拉、阿鲁、彭亨、栋波、巽他、巴邻旁和淡马锡（新加坡的旧名）。这些地名虽然与现今的地名无法一一对应，但可以肯定的是，都应当在现今的东南亚海岛地区。

卡查·马达曾在幕僚会议上宣布，在没有完成"努珊塔拉"计划即征服上述这些地方之前，他不享受"帕拉帕"。有学者认为，"帕拉帕"就是同瑜伽尼进行性交而获得神力的佛陀—拜依拉哇仪式。这说明，卡查·马达在完成征服那些国家的过程中，可能会采取武力的手段来完成，而不是仅仅依靠神力的方式来实现。虽然在他征服其他地区时是否采取了佛陀—拜依拉哇仪式不得而知，但在他征服巽他巴查查兰的过程中，还是采用了佛陀—拜依拉哇的仪式，即通过国王的神力让巽他来臣服，但是却遭到巽他国王的反对，所以，才发生了布巴特事件。

事件的经过是这样的：卡查·马达为了征服巽他，要求巽他国王拉图·普拉纳（Ratu Purana）把自己的女儿托哈安（Tohaan）嫁给国王哈

---

① ［英］D. G. E. 霍尔：《东南亚史》（上），中山大学东南亚历史研究所译，商务印书馆1982年版，第126页。

奄·武禄。普拉纳不知是计,就同意了卡查·马达的要求。但是,当巽他国王带着公主到了麻喏巴歇的布巴特地方时,要求哈奄·武禄以迎娶王后的方式来迎接托哈安。虽然哈奄·武禄并不反对以这种方式来迎娶公主,但是卡查·马达却反对以迎娶王后的方式来迎接托哈安。他认为,巽他国王应把公主以属国向宗主国进贡的方式直接送到王宫,国王不出来迎接,只派大臣来迎接。卡查·马达的这一提议遭到了巽他国王的反对。但是,当巽他国王发现上当时,已被卡查·马达的军队团团围住。于是,双方就在布巴特这个地方发生了战斗。尽管巽他国王及其扈从拼死抵抗,但是卡查·马达方面早有准备。国王及公主全部都被杀害了。

布巴特事件后,巽他王国暂时成了爪哇的属国,不过不久又独立了。从布巴特事件来看,麻喏巴歇的统治者首先用所谓的佛陀—拜依拉哇仪式来征服小国,但当遭到反对时就不惜采取武力的方式来征服了。

格尔塔那加拉及麻喏巴歇时期的卡查·马达所采取的佛陀—拜依拉哇仪式,与中国元蒙王朝时期忽必烈汗献身成为佛陀的仪式所起的作用非常相似。忽必烈汗在1264年和1269年两次献身成为耆那—佛陀之后,开始了向外的征服行动。对东南亚的海岛地区,他派出了使团来要求这些地方的统治者对他臣服。据《爪哇诸王志》记载,他要求爪哇统治者向他进贡公主①,但遭到格尔塔那加拉的拒绝。如果拉登·威查亚用佛陀—拜依拉哇仪式创造出格尔塔那加拉的四位公主这件事真实的话,忽必烈汗向爪哇的国王索求公主可能也是真实的,因为格尔塔那加拉的佛陀—拜依拉哇仪式受到了蒙古人的影响。

格尔塔那加拉不仅没有接受忽必烈汗的要求,而且还对他派遣到爪哇的使者"黥面而逐之"。这使得忽必烈汗非常生气,所以派出了大军来惩罚这个不向他称臣纳贡的人。事实上,这是在神力无法征服的情况下,才用武力来征服的一种手段。不过当蒙古军队到达爪哇时,这个不向元朝称臣进贡的国王已经被篡位者阇耶卡旺所杀,爪哇已改朝换代了。格尔塔那加拉的女婿拉登·威查亚反而与元朝合作,利用其军队来夺回王位。但是拉登·威查亚在推翻了阇耶卡旺之后,背信弃义,趁元军不备之际,突然

---

① 王任叔:《印度尼西亚古代史》(下),周南京、丘立本整理,中国社会科学出版社1987年版,第538页。

发动袭击，元军遭到毁灭性的打击，最后不得不撤回军队。

麻喏巴歇王朝哈奄·武禄和首相卡查·马达利用格尔塔那加拉所倡导的佛陀—拜依拉哇信仰实现了国家的强盛，麻喏巴歇王国版图的面积与现在印度尼西亚的版图面积相当。但是自哈奄·武禄国王之后，佛陀—拜依拉哇崇拜在历史上就消失了。主要原因可能是伊斯兰教势力正在苏门答腊各沿海港口开始兴起。代表王室、贵族、商人利益的伊斯兰教势力很快就赢得了胜利，排挤了大部分地方的印度教和佛教的势力，只有巴厘岛还保留了印度教的传统，一直延续至今。

综上所述，格尔塔那加拉的佛陀—拜依拉哇神王崇拜，就是通过狂饮（酒）和纵欲、内修印度教、佛教中能获得神通力的方法、与瑜伽尼进行性交等方式使自己获得神力，成为佛陀、湿婆，要求其他国家来对他表示臣服，并将代表他自己的神像送到各属国，以宣示自己的权威。

第四节　爪哇地区雕像中神王崇拜的特征

古代印度尼西亚爪哇地区的人们认为，国王与神灵结合，成为一体，实现神王合一的方式之一就是通过把国王雕塑成具有其生前所崇拜的神灵所具有的各种习性或特征来达到。最常见的国王所崇拜的神灵是毗湿奴、湿婆、佛陀和菩萨。有的国王同时被认为是多尊神灵的化身或转世。由于资料的缺乏，笔者无法对爪哇地区每位国王的神王崇拜情况进行论述，而只能对有资料的国王进行研究。

从前文得出的国王神化的方式来看，古代印度尼西亚爪哇地区的国王往往被直接视为某神灵的化身。如肯·昂罗，据《爪哇诸王志》记载，就是毗湿奴神的儿子，但是他同时也是湿婆神的化身。他死后被葬在卡根南甘（Kagenangan）的陵庙里，"伴着他的眷属的以湿婆神形式出现的雕像也建立在那里"[1]。肯·德德斯被认为是菩萨的化身，代表她的神灵雕像也和肯·昂罗的神灵雕像同在一个神庙，"那里有一尊般若婆罗密多菩萨像（为荷兰人盗运去其本国），据传说是体现腊图德德斯（即肯·德德

---

[1] 王任叔：《印度尼西亚古代史》（下），周南京、丘立本整理，中国社会科学出版社1987年版，第511页。

斯）的容姿的"①。阿努沙帕提（吞古尔·阿梅通和肯·德德斯之子）被视为湿婆神的化身，他死后被葬在基达尔陵庙，他的"遗体的石像建立在陵庙中，是以湿婆神的姿容出现的"②。可惜，这一座巨大的石像也被荷兰人所劫走，搬到阿姆斯特丹去了。除此之外，古代爪哇地区比较典型的通过雕像来神化自己的还有阇耶·毗湿奴瓦尔达纳和爱尔朗加。

一 阇耶·毗湿奴瓦尔达纳的雕像及神王崇拜

东南亚受印度神王观念影响国家的国王大多会制作象征自己与所崇拜的神灵相结合的雕像，并把雕像保存在象征宇宙中心梅卢山的神庙内。新柯沙里王朝时期的阇耶·毗湿奴瓦尔达纳（Jaya Wishnuwardhana，阿努沙帕提的儿子，公元1248—1268年在位）也不例外，他火化后的骨灰被分作两部分，一部分埋葬在瓦列里陵庙（Waliri），另一部分则埋葬在查果陵庙（Jago）。人们在瓦列里陵庙内和查果陵庙内都发现了他与神灵结合的雕像。瓦列里陵庙内的雕像是湿婆形象，而查果陵庙内的雕像是不空羂索观世音化身形象，同时也有耆那佛的形象③，这说明，阇耶·毗湿奴瓦尔达纳国王同时信奉多尊神灵，自己是多尊神灵的化身和转世。

查果陵庙内阇耶·毗湿奴瓦尔达纳的雕像曾经遭到严重的破坏，雕像共有八手，其中四只手掌已缺失，头部也严重受损。整座雕像用一块卵形的石头雕制而成，背靠象征菩萨的椭圆形石板，石板顶端雕刻着天城体文字，可能是他的名字，证明印度宗教文化对爪哇地区的影响已经很深了。虽然看不清这尊雕像手中所持之物，但可以看到八只手均戴着手镯和臂环，手镯似乎用珍珠串做成。从雕像的穿扮来看，虽然头部已经消失，但可以猜想他应该戴着皇冠，因为脖子上戴着与皇冠相匹配的比较显眼的粗大项链，乍看上去，似乎是由珍珠或金银器物做成的，显得非常华贵。这尊毗湿奴瓦尔达纳的雕像腰系带有流苏状物和珍珠串，穿

---

① 王任叔：《印度尼西亚古代史》（下），周南京、丘立本整理，中国社会科学出版社1987年版，第511页。

② 同上书，第513页。

③ Ann R. Kinney With Marijke J. Klokke, *Worshiping Siva and Buddha: The Temple Art of East Java*, Honolulu: University of Hawaii Press, 2003, p. 98.

着简易的纱笼①，有一环状饰物从左肩斜挎至右臀，此饰物似乎也是用珍珠串做成，可能就是象征菩萨的套索。这尊神像，显得雍容华贵，一副王者形象，现放置在查果陵庙的前面（见附图二十四）。

从毗湿奴瓦尔达纳的这尊神化的雕像看，与通常所见到的菩萨形象很相近。由此可见，雕刻这尊神像的工匠似乎在刻意通过赋予国王各种菩萨的行为习惯，来体现国王的神性或神化，使二者统一起来，达到神王合一。这样就实现了人们崇拜国王就是崇拜神灵的目的。

二 爱尔朗加的雕像及神王崇拜

印度尼西亚东爪哇地区至今保存得比较完好的体现古代神王合一信仰的国王雕像，恐怕要算爱尔朗加的雕像了。

爱尔朗加（Airlangga）生于公元1000年，是巴厘国王乌达衍那和前马达兰公主的儿子。他16岁时被爪哇国王达尔玛旺夏召去与公主成亲，但在举行婚礼时，遭到室利佛逝军队的袭击，他不得不遁入森林之中。后来，在婆罗门的帮助下，才于1019年正式加冕为国王，继承了王位，上王号拉凯·哈路·室利·洛卡湿瓦拉·达尔马旺夏·爱尔朗加·安纳塔威克拉马吞加提婆（Rakai Hallu Sri Lokaswara Dharmawangsa Airlangga Anatawikramattunggadewa）。

爱尔朗加是位伟大的国王，他收复了曾一度被室利佛逝侵占了的国土，并使得国家再度繁荣昌盛起来。从爱尔朗加敕书上看，他信奉的是毗湿奴神。据1034年加尔各答碑②记载，爱尔朗加在给一个名叫巴鲁的村社的一封敕书中带有金翅鸟的鸟头印记。虽然爱尔朗加信奉毗湿奴神，但加尔各答碑铭中却提到了三个教派：湿婆（湿婆教）、输伽多（佛教）、利希（苦行者），或称输伽多、摩醯首罗、大梵天。这说明当时爪哇有多种教派存在，爱尔朗加也有被视为多尊神灵化身的可能。不过，比较肯定的是，他是毗湿奴神的化身。体现他是毗湿奴的化身的雕像，建立在勃南

---

① Ann R. Kinney With Marijke J. Klokke, *Worshiping Siva and Buddha: The Temple Art of East Java*, Honolulu: University of Hawaii Press, 2003, p. 118.

② 该碑由爱尔朗加建立，碑文把由辛陀创始的王国称为伊散纳王朝，奉辛陀·伊散纳（Sindok Isana）为开国之祖。但是这块碑被19世纪初曾一度统治过爪哇的英国副总督莱佛士掠到印度的加尔各答去了。于是人们称之为加尔各答石碑。

贡安山上的贝拉汉浴池内。这尊象征爱尔朗加神王合一的雕像，突出地表现了毗湿奴大神的各种属性和行为。

勃南贡安山的贝拉汉浴池是东爪哇时期一处主要的宗教洗浴地方之一。碑铭记载，该处浴池修建的时间为公元1049年，目的是为纪念东爪哇伟大的爱尔朗加国王。他在那一年中死去了。

贝拉汉浴池（宗教洗浴和冥想的地方）坐落于勃南贡安山的东麓，靠山面东，前面是山谷，现在山谷已变成了碧绿的梯田。浴池刚好占据了一条小河的河床。河水通过雕像注入浴池。浴池宽6.8米，长6.3米。整座建筑由砖石建造而成。浴池中建有三组重要的雕像。雕像依西墙或后墙而建。墙高4.6米，上面有3个尖顶状的壁龛，以前壁龛周围还有一些装饰性的雕刻，但现已基本腐蚀漫漶。左边墙上的主题是一些正在跪拜的婆罗门和天神。正中间的神龛，放置着爱尔朗加的雕像。有学者说"他被神化为印度教中的神灵毗湿奴骑在迦楼罗上"[①]。此外，从爱尔朗加的坐姿、神态、手的数目和他的坐骑中也能进一步证明他是毗湿奴的化身。

从这尊爱尔朗加的雕像的相貌和体格方面看，他应该就是爱尔朗加本人真实的形象。最明显的特征就是眼睛和嘴的位置有点偏右，下颌稍微向前凸出，身躯胸部稍宽且显肌肉健壮。所以，这是一尊真实的人物雕像。

从动作方面看，雕像中的爱尔朗加左脚弯曲，放在莲花状御座上，右脚则踩在迦楼罗的肩膀上（见附图二十五）。显然，这是毗湿奴的典型形象。因为，在印度宗教神话故事中，毗湿奴的坐骑就是迦楼罗，坐在上面的就是毗湿奴。至于爱尔朗加为什么没有直接坐在迦楼罗的身上，而是坐在莲花座上，这是因为毗湿奴生出创世之神梵天的时候，梵天就坐在莲花上。当然，爱尔朗加坐在莲花上，也有可能与佛教有关。因为在爱尔朗加统治时期，国内存在多种教派，其中就有佛教。在佛教中，莲花是佛陀降生的预兆，即象征佛陀。

手是印度教、佛教中各种神灵最典型的特征之一。在爱尔朗加的雕像中，他和毗湿奴一样有四手。手中所持之物也和毗湿奴的一致，有法螺、转轮、莲花等。在印度宗教神话中，毗湿奴有四手，"分别拿着海螺、转

---

① Ann R. Kinney With Marijke J. Klokke, *Worshiping Siva and Buddha: The Temple Art of East Java*, Honolulu: University of Hawaii Press, 2003, p. 64.

轮、神杵（一柄大锤）和莲花"①。雕像中爱尔朗加的前两手做成冥想的姿势，可能象征他就是佛陀。在毗湿奴的十次转世中，第九次就是转世为佛陀。从雕像中爱尔朗加的神态看，他神情宁静、安详，但却不乏神灵的冷酷、威严。

在这尊象征爱尔朗加神王合一的雕像中，他的坐骑迦楼罗（Garuda）也展示了主人的强大和威严。雕像中的迦楼罗，嘴巴大张，翅膀张开，脚踩一条那伽蛇，似乎在对敌人怒吼，有攻击其天敌，保护骑在肩上的主人之状。迦楼罗的形象暗示着爱尔朗加国王是一位不容侵犯的统治者，要是谁胆敢违抗，就会遭到神灵迦楼罗的攻击。

贝拉汉浴池除了有爱尔朗加的雕像外，还有体现财富和多产的他的配偶拉克什米（Lakshmi）和室利（Sri）的雕像。她们所处的壁龛位于毗湿奴雕像的两侧，但位置要比毗湿奴所处的壁龛要低一些。通体由两块竖立的长方形石板雕刻而成。两位配偶均裸露上身，站立在莲花座上，周围雕满了各种蔓藤图饰，头部有烛光状的圣光，头戴巨大的皇冠，全身戴着各种精致的珠宝，腹部的各种穿戴下垂至地，形成无数皱褶。右边的女神正在用两手调整乳房，似乎是要调整从乳头流出的水能准确的射入浴池中。左边的女神左上手持一装圣水的长颈瓶，右上手持鲜花（见附图二十六）。早前，爱尔朗加和他的两位配偶的雕像头上都有阳伞。现在爱尔朗加的阳伞保留在雅加达国家博物馆里，而他的两位配偶的阳伞则在泗水的一座公园里可以看到。贝拉汉浴池的左边还有一组安山岩雕刻，卡拉是其中的主要人物，但限于篇幅这里只好略去。

总之，勃南贡安山上贝拉汉浴池中的这尊象征爱尔朗加神王合一的雕像，通过他与毗湿奴神之间在外貌、形态、穿戴物、动作甚至是配偶等方面的相近刻画，把他完全与神灵毗湿奴等同起来，真实地反映了古代东爪哇地区神王合一信仰的本质。正如有学者所说的一样："像他的继承者们后来所做的那样，爱尔朗加把自己装扮成毗湿奴的化身。"②

从毗湿奴瓦尔达纳国王和爱尔朗加国王在雕像中与神灵结合形成神王

---

① 马维光：《印度神灵探秘》，世界知识出版社2014年版，第116页。
② [法] G. 赛代斯：《东南亚的印度化国家》，蔡华、杨保筠译，商务印书馆2008年版，第252页。

合一的崇拜来看，爪哇地区雕像中神王合一的特点是：国王雕像中赋予了他所信奉的神灵（毗湿奴、湿婆、佛陀、菩萨）的特征和习性。

本章小结

　　海岛地区神王崇拜的特点比较复杂。早期（公元 5 世纪前后）古戴王国、达鲁玛王国的神王崇拜主要表现为把国王比喻为具有神的特性的人，如把国王比喻为毗湿奴，把国王比喻为圣火之光、梅卢山等，而室利佛逝王国（公元 7 世纪前后）的神王崇拜则把国王视为能通神力的人，即国王能通过咒语请众神来惩罚对自己及自己所任命的官员不忠的人。咒语被镌刻在石碑上，石碑被竖立在全国各地，以此来威吓百姓。

　　肯·昂罗和格尔塔那加拉的神王崇拜又各有特点。肯·昂罗把自己说成既是湿婆的儿子，又是毗湿奴的转世，他之所以能成为国王是因为能得到神灵的帮助。他的经历充满了传奇的色彩，他的一生都处在神灵的佑护之下，从刚出生到最后通过使用谋杀的手段夺得王权都被认为是在神灵的启示下进行的。所以，肯·昂罗的神王崇拜的特征就是他处处都得到神灵的启示。而格尔塔那加拉的神王崇拜就是通过仪式、狂饮（酒）、纵欲、内修印度教、佛教中的密咒、与瑜伽尼进行性交等方式来获得神通力，从而使自己成为佛陀——湿婆，要求其他国家来对自己表示臣服，并将代表自己的神像送到各属国，以宣示权威。

　　海岛地区以爪哇为中心的雕像中的神王崇拜主要表现为国王通过把自己塑造成具有神灵的某些特征来体现，如毗湿奴瓦尔达纳和爱尔朗加都在外貌、形态、穿戴物、动作甚至是配偶等方面把自己刻画成与自己所信奉的神灵相同的方式来使自己神化。

第五章 以泰国为中心的神王崇拜

泰国是东南亚地区近代史上唯一没有被西方殖民者完全占领和控制的国家。西方殖民者对泰国宗教文化习俗所造成的冲击不如邻近的缅甸、老挝和柬埔寨那样明显，泰国延续了700多年的文化传统得以继续，尤其是统治阶级的文化。因之，泰国的神王崇拜文化也得以存续至今。

泰国从古至今共经历了四个王朝，即素可泰王朝、阿瑜陀耶王朝、吞武里王朝和曼谷王朝，虽然各朝的神王合一信仰文化侧重点有所不同，但大体上还是一脉相承。本章将对泰国从古至今的神王合一信仰作简要论述。

第一节 素可泰王朝时期从神王到佛王的崇拜

素可泰王朝是泰国历史上由泰人建立的有确切资料记载的最早王朝，存在了近200年的时间，即从公元1238—1438年，其间共有9位国王在位。素可泰王朝时期的神王崇拜发生了从神王合一信仰到佛王合一信仰的变化。

一 素可泰王朝初期的国王称号与神王合一

素可泰地区原先是吴哥王朝的一块属地，公元13世纪初，当吴哥王朝衰微之时，当地的泰族联合起来，以坤·邦克朗刀为首领，驱逐了吴哥王朝的统治者，在素可泰地区建立了泰族人自己的政权，俗称素可泰王国，坤·邦克朗刀就是第一位国王，他的称号为室利因陀罗提（Sri Indraditya，又译"希膺它沙罗铁"）。"素可泰"（Sukhothai）在泰语中，意思是"自由之地"，取这个名字可能是这里原先处于吴哥王朝统治者的压迫之下，百姓没有自由，独立之后百姓获得了自由的缘故。关于素可泰王朝的自由情况，从拉玛甘亨碑文①的记载中得到了证实。

  由于素可泰王朝是从吴哥王朝的统治下独立出来的，所以吴哥王朝的文化对素可泰独立初期的影响非常明显，其中最突出的就是吴哥王朝的神王合一信仰。素可泰王朝第一世王和第三世王的称号就是最典型的证据。第一世王的称号"室利因陀罗提"意为"吉祥因陀罗王"。这是一个典型的受吴哥神王文化影响的称号。因为吴哥王朝中有许多国王的称号就是直接使用印度宗教神灵的称号，如吴哥王朝也曾有国王取称号为因陀罗跋摩一世（公元877—889年在位）和因陀罗跋摩二世（公元944—968年在位）。国王的称号采用"室利因陀罗提"，可能要证明自己像印度宗教神话故事中的因陀罗一样能征善战。因为在印度宗教神话故事中，因陀罗是天生具有神力的战神，他不仅帮助神仙打败了囚禁七河之水的恶魔弗利多，而且还帮助雅利安人驱逐了达萨人（雅利安人征服印度所碰到的土著民族），所以因陀罗被雅利安人视为民族神、战神。坤·邦克朗刀在驱逐吴哥王朝统治者的过程中，可能也发生了不少战争，并且可能他最终打败了吴哥军队，获得了胜利，所以才取这个称号。取这个称号的目的就像有的学者所说的"古代和近代的君主都从其称号上反映出国王的类神地位"②。

  素可泰王朝第三世王的称号为"拉玛甘亨"（ramkhamhaeng，又译"兰甘亨""兰摩甘亨"）。这也是个受印度神王观念影响很深的名字。"拉玛甘亨"意为"勇敢的罗摩"。据拉玛甘亨碑文记载，这个称号是因为他帮助父亲室利因陀罗提战胜了来犯之敌坤三春之后而由他的父亲赐予的。碑铭是这样记载的：

    我长大至十九岁时，蒙束国王坤三春来袭蒙达，我父出战坤三春

---

  ① 1851年，曼谷王朝四世王蒙固亲王游历北方时，在素可泰旧城遗址中发现了一块石碑。该碑呈柱状长方体，上端呈尖状，高1.11米，宽0.35米，厚0.35米，四面都刻有文字，第一面和第二面各有35行，第三面和第四面各有27行。该碑文是用拉玛甘亨国王所创制的泰文书写的。由于该碑文镌刻于素可泰王朝拉玛甘亨国王（公元1279—1298年在位）统治时期，所以称为拉玛甘亨石碑。该碑现保存于泰国国家博物馆内。1983年，朱拉隆功大学在举行拉玛甘亨国王创制泰文700周年纪念活动中，组织有关专家、学者将其释读并转写成现代泰文，并分别译成中文、英文、法文、德文和日文出版。

  ② 宋立道：《神圣与世俗：南传佛教国家的宗教与政治》，宗教文化出版社2000年版，第74页。

左方。坤三春骑来右方,坤三春迫近,我父士卒,溃败逃散。我不逃。我乘象名百奔。我驱象在我父前,与坤三春交锋,我与坤三春斗象。其象名末蒙。败之。坤三春败走,我父乃赐余名曰帕兰甘亨盖因我与坤三春斗象之故。①

碑文已经说得很清楚,素可泰王朝第三世王取称号"拉玛甘亨"是因为他战胜了敌人。在印度两大史诗之一的《罗摩衍那》中,因为罗摩战胜了恶魔罗波那,救出了心爱的妻子悉多,而受到东南亚人民的喜爱。罗摩成了东南亚受印度宗教文化影响下的百姓心目中的英雄形象,他"被描绘成十全十美的完人,一个好儿子、一个好兄长、一个好丈夫、一个英雄、一个明君"②。这些英雄"有时是半神半人的,难以置信的冒险和超自然力量的介入,英雄有超人的力量和计谋"③。素可泰王朝第三世王的称号取为"拉玛甘亨",一方面要说明自己是战无不胜的英雄;另一方面也要证明自己具有超人的力量,是"半人半神"。正如有的学者所说的一样:"兰甘亨王的统治,所依靠的是他屡立战功的勇武、领导才能和宗教赋予的道义权威,甚至被称颂为神王。"④

总之,素可泰王朝初期,由于受到吴哥王朝的影响,国王称号中明显地带有印度宗教神话故事中的神灵名号,意在说明国王本人具有类神的地位,或纯粹就是神王。

二 神佛合一的拉玛甘亨国王

拉玛甘亨国王最大的功绩并不在于他战败了来犯之敌而获得了"拉玛甘亨"的称号,而是他对泰国文化方面的贡献。他积极推行小乘佛教(在东南亚和南亚地区更喜欢称为"上座部佛教"),并最终使得小乘佛教成为延续至今的泰国主要宗教,影响着泰国百姓的人生观、世界观、价值观等,是今天泰国文化的源流,有学者评价素可泰王朝时期的文化是

---

① 本文中的拉玛甘亨碑铭译文均来源于杨光远《十三世纪傣泰语言的语音系统研究》,民族出版社2007年版,第89—92页。
② 梁立基:《印度尼西亚文学史》(上),昆仑出版社2003年版,第110页。
③ 张玉安、裴晓睿:《印度的罗摩故事与东南亚文学》,昆仑出版社2005年版,第29页。
④ 梁志明等主编:《东南亚古代史》,北京大学出版社2013年版,第424页。

"暹罗文明的摇篮"①。

素可泰王国刚建立之初,由于受到吴哥王朝宗教文化的影响,国内出现了同时存在婆罗门教(印度教)和佛教(大乘派)的现象。这可以从素可泰地区发现的许多具有吴哥风格的宗教建筑遗物中得到证实,如塔帕丁寺、希沙华寺、普拉派隆寺等。这些寺庙最初都是印度教的神庙,但后来转而用作佛教的寺院。此外,吴哥王朝国内本身就同时存在印度教和佛教(大乘佛教)的现象,如阇耶跋摩七世(公元1181—1215年在位)就是一位虔诚的佛教徒,而阇耶跋摩八世(公元1243—1295年在位)则又是信奉印度教中的湿婆教派。

那么,为什么拉玛甘亨要选择小乘佛教呢?当素可泰获得独立后,为了巩固自己的政权,证明自己才是这个国家唯一的合法统治者,拉玛甘亨"在选择信奉的宗教时也反其道而行之,积极引进上座部佛教,改尊其为国教",目的在于"用上座部佛教的主张来宣扬平等主义,并重视改革现状,对抗原吴哥王国的贵族文化"②。当然,可能小乘佛教在当时很容易使广大的百姓接受,这可以从小乘佛教修行比较自由和方便中得到说明。另外,最重要的可能还是"从本民族的利益出发,是彻底从政治、宗教、文化等方面摆脱柬埔寨影响的一个重要步骤"③。再有,素可泰的南部和北部都是信奉上座部佛教的国家,即南部马来半岛上的洛坤王国④和北部缅甸的蒲甘王国。上座部佛教在那里很受民众的欢迎。素可泰可以从那里请到佛教高僧来传教,后来的事实证明这种推测是正确的。

拉玛甘亨国王非常重视佛教的发展,他命人专门在素可泰城中建造了讲经台,聘请佛教高僧坐在上面讲经,包括拉玛甘亨本人在内的善男信女们就围坐在四周悉心聆听,每月四天,长年不变。碑文这样记载:"命匠作石板,置于该棕树之间。第于朔、望、初八、廿三等日,众老僧师,长老,大长老,登坐石板,对善男信女守戒之士,讲经说法。"这些讲经的高僧是拉玛甘亨国王从洛坤国聘请来的,他们非常博学,"精通三藏全

---

① D. G. E. Hall, *A History of South-east Asia*, London: Macmillan & CO LTD, New York · ST Martin's Press, p. 146.
② 梁志明等主编:《东南亚古代史》,北京大学出版社2013年版,第422页。
③ 张英:《东南亚佛教与文化》,中央民族大学出版社1999年版,第72页。
④ 据中国史籍记载,洛坤国就是当时马来半岛上的单马令。

部",是当时素可泰国内最有学识的人。当然也有来自更远国家的高僧,就像学者所说"素可泰的兰摩甘亨国王曾派人专程去锡兰请来上座部的高僧,在素可泰地区弘扬小乘佛教"①。这也是素可泰地区的寺院建筑风格出现锡兰化的原因之一。

拉玛甘亨国王时期讲经台的用途不仅是讲经,而且还是处理政务的场所。平日里国王本人就坐在这个讲经台上处理国家大事。因此,有学者说"这件事充分体现了从那时开始,素可泰王国建立了神权和王权相结合的政治统治制度"②。这个讲经台现保存在泰国国家博物馆里。

拉玛甘亨国王专门为高僧修建了寺庙,如城西的阿兰若寺是献给大长老僧伽王的;石路寺是专门建来赐给来自锡兰的高僧摩诃贴拉·掸哈瓦乍的;昌洛寺也是献给佛教高僧的。位于素可泰城中心的玛哈泰寺(意为"佛舍利寺"),"约建于公元13世纪至14世纪,是第一座真正由泰人修建的佛寺,也是素可泰最重要的宗教建筑群"③,虽然碑铭没有记载玛哈泰寺是由谁建造的,但13世纪末至14世纪初刚好是拉玛甘亨国王在位的时间,所以很有可能是他修建的,至少也是他参与了这座寺庙的修建工作。据说拉玛甘亨国王在登基之前曾在这里削发为僧。

当今泰语的文字就是拉玛甘亨国王创制的。碑铭这样记载道:"泰文前此无有。大历一二〇五年(未年),坤兰甘亨王精心思构,创设泰文。泰文之成立,乃因国王所创造。"姑且不论泰文到底是拉玛甘亨所创,还是其他人所创。总之,泰文的出现无疑为佛教在素可泰王国的传播起到了推波助澜的作用。此外,拉玛甘亨所创制的泰文也是后人了解素可泰王朝的一把钥匙。因为后人所了解到的关于素可泰王国前期的社会文化,基本上都是来自这个碑文。该碑文中首次使用了他所创制的字母,这也是最古老的泰语文献。④

---

① 段立生:《泰国文化艺术史》,商务印书馆2005年版,第185页。
② 段立生主编:《东南亚宗教嬗变对各国政治的影响》,泰国曼谷大通出版社2007年版,第91页。
③ 吴虚领:《东南亚美术》,中国人民大学出版社2010年版,第244页。
④ [英]D. G. E. 霍尔:《东南亚史》(上),中山大学东南亚历史研究所译,商务印书馆1982年版,第219页。

拉玛甘亨统治时期也出现了有名的佛陀雕像。佛陀的造像主要有行、立、坐、卧四种。"特别是一尊佛陀姗姗而行的青铜铸像，可以跟世界上任何国家、任何时代的佛陀造像相媲美。佛陀行走时潇洒的姿态和轻盈的步伐，被塑造得活灵活现。"① 这尊佛像比真人略大，左手施无畏印，右手自然下垂，像刚刚停下行走的脚步，无论从哪一个角度看，形象都十分完美。这尊佛像暗示着"以此告诫民众，要努力发展国家，把外族势力赶出泰国"②。这可能是素可泰王国时期佛陀雕像的典型代表。这些佛像放在素可泰城周围的佛寺内，据拉玛甘亨碑文说"有大佛像，有中佛像"。看来，素可泰时期的佛陀雕像艺术已经很发达了。

拉玛甘亨王在位时期，佛教的一些习俗，如守夏节、布施等已经形成，这一点从碑铭的记载中可以得到证实："雨季无不恪守戒律。雨季终了，大事举行迦希那衣礼"，而且这种向僧人捐献生活用品的时间非常长，"一月方毕"。人们向佛教僧侣捐赠的物品也比较丰富，"有贝谷堆、槟榔堆、鲜花堆、倚垫卧枕，以及其他附属品，每年总值达二百万"。

在拉玛甘亨国王的大力倡导下，佛教得到了传播、繁荣和发展，使得几乎所有国民都信奉佛教。人们也接受了佛教中的人生观。据碑铭记载："此素可泰城中，人多乐善好施，齐僧献礼。素可泰国王坤兰甘亨，以及王子公主，公卿贵妇，公子王孙，全部人士，无论男女，莫不虔诚崇奉佛教。"

综上所述，素可泰王朝初期，从国王称号上来看，还存在国王被神化的痕迹，印度的神王观念仍清晰可见，如第一世王称号室利因陀罗提，第三世王称号拉玛甘亨。但从第三世王拉玛甘亨积极倡导佛教，亲自宣传佛教的各种教理和戒律来推断，他更像是一个狂热的佛教传教士。所不同的是，他还有国王这个身份。因此，素可泰王朝初期，泰国的神王合一信仰，已由原来的国王与婆罗门教（印度教）中的神灵结合，转向了国王与佛教中佛陀（菩萨）的结合。到素可泰王朝第五世王时期，国王已完全转变成了佛教中的"法王"。

---

① 段立生：《泰国文化艺术史》，商务印书馆 2005 年版，第 186 页。
② 段立生主编：《东南亚宗教嬗变对各国政治的影响》，泰国曼谷大通出版社 2007 年版，第 91 页。

三 利泰王——法王

利泰王在泰文资料中是素可泰王国的第六世王,他的在位时间约为公元1347—1368年。① 利泰王虽然在治国方面没有什么建树,但是他却在宗教方面做出了很大的贡献,并且在佛学方面达到了很高的造诣。

利泰王是一位热心佛教的哲人,青年时代就开始研习佛学。他尤其对佛教的锡兰教派感兴趣。因此,他派使节去锡兰请来戒师,给自己受戒出家,时间在佛历1905年(公元1362年)12月8日。从那时开始,泰国形成了每位国王都要出家一段时间的习俗。据说利泰王从锡兰请来的高僧就住在素可泰城西专门为他们修建的芒果林寺里。

利泰王不仅从锡兰请来高僧为自己受戒,而且还从邻近的毛淡棉聘请佛教高僧到素可泰来弘扬佛法。为了方便高僧们的行走,利泰王专门从素可泰修建了一条路到甘烹碧,再从甘烹碧修到了毛淡棉。来自毛淡棉的高僧也为利泰王举行了剃度礼。

同时,也有素可泰王国的僧人到毛淡棉学习后回到当地弘扬佛法的人。最典型的例子就是有两位素可泰僧人,名字分别叫帕素玛和帕阿诺玛探西,专程去向在毛淡棉的锡兰高僧帕麻滴玛学习戒律。两位高僧返回素可泰后成了新锡兰派的戒师,被称为悟提颇教派,因为他们的祖师爷是悟提颇。

利泰王积极支持弘扬佛法,把佛教传布到素可泰周围甚至更远的地方去。当时素可泰王国的佛教可能已经很出名了,吸引了周边国家的注意。因为"难府的统治者听说素可泰的佛教十分昌盛,派使节去建立联系,请求把佛教传给他们"②。当然,利泰王是不会放过这个绝好机会的。后来,素可泰和难府结成了友好联盟。此外,当时以清迈为中心的兰那泰王国,即中国史籍中所说的八百媳妇国,也派使节到素可泰,迎请高僧到清迈传授小乘戒律。从此之后,整个泰北地区,小乘佛教流传开来了。

---

① 关于利泰王在位的时间学者们的意见并不统一,本文采用泰国学者金达·贝玛尼湾(จินดา. เพชรมณีวรรณ)的观点。详情请参阅梁志明等主编《东南亚古代史》,北京大学出版社2013年版,第424页,注释②。

② 段立生主编:《东南亚宗教嬗变对各国政治的影响》,泰国曼谷大通出版社2007年版,第92页。

利泰王还修建了大量的佛寺、佛塔和佛像。查得欧寺就是他在位时期修建的。该寺的形制模仿了玛哈泰寺,中央佛塔也带有莲花花蕾式的顶盖,塔下据说还埋葬着当地历代头人的骨灰。

泰国历史上的第一所学校就诞生在利泰王统治时期。这是一所教授比丘和比丘尼的学校。显然,这是一所寺院学校。后来阿瑜陀耶王朝和曼谷王朝也沿袭了这种制度。这就是泰国历史上的寺院学校的滥觞。

利泰王在阅读了30部印度教和佛教的宗教著作之后著述了《三界经》。据说该书的内容涉及宇宙学、地理学、生物学、医学等各方面的知识,但其中心思想是阐述佛教的宇宙观。他用"比喻和散文的笔法描述了地狱的情况、佛教所说的三界(欲界、色界和无色界)和'极乐世界',论述了佛教的涅槃以及达到涅槃的方法"①。另有学者也认为"作者借用一些佛教典籍的说教,充分发挥想象力,着力塑造了一些使人望而生畏,或者令人痴迷神往的典型环境,寓哲理于生活故事之中"②。《三界经》可以说是一部佛教典籍,据说全书共有10卷。可惜,原书已在公元1767年缅军洗劫阿瑜陀耶城的时候散佚,现在的版本是后人补抄的。作者著《三界经》的目的正如在该书的前言中所说的,是为了阐述佛论,弘扬佛法,让广大民众知悉。但是段立生先生则认为《三界经》创作还有政治目的,作者寓意以佛教中的"善有善报,恶有恶报"的观念来警告素可泰王国的潜在敌人。③ 无论怎么说,《三界经》的直接目的是明显的,那就是宣传佛教的思想观念。因为他希望人人遵守佛法,实现以达摩治国的目的。有一篇碑铭这样评论利泰王:"这位国王以王者十戒治国。他能够怜悯一切臣民。当看到别人的稻米,他不垂涎;看见他人的财富,也不嫉妒……当他抓获犯有搞阴谋和犯上罪行的人,一些在他的食物里投毒企图使他生病或死亡的人,他也从不杀死或处罚他们,而是饶恕了所有加害于他的人。他之所以收心敛性,之所以能当怒而不怒,就是因为他希望成佛,并把众生渡脱轮回苦海。"④ 从这段碑铭可以看出,利泰王的目

---

① 贺圣达:《东南亚文化发展史》,云南人民出版社1996年版,第253页。
② 段立生:《泰国文化艺术史》,商务印书馆2005年版,第198页。
③ 同上。
④ [法] G. 赛代斯:《暹罗碑铭集》,卷Ⅰ,第98—99页。转引自G. 赛代斯《东南亚的印度化国家》,商务印书馆2008年版,第370页。

的是成为佛陀，用佛法来治理这个国家。因此，国王也就成了像佛陀一样的人了，即就是有的泰国学者提出的"佛王合一"。

利泰王是泰国历史上第一位精通佛学的国王，被称为达摩王（法王）。自利泰王（达摩王一世）之后，素可泰王国国王就采用了"达摩王"这个称号，即达摩王二世（第七世王）、达摩王三世（第八世王）和达摩王四世（第九世王）。

达摩王（法王）是佛陀的称号之一。利泰王把自己看成是"法王"，他是泰国历史上自称为"法王"的第一位国王，其意是自己以佛法、仁德统治天下。[①] 因此，从利泰王对佛教在素可泰王朝的贡献和自称是法王这一点来看，国王如同佛陀。

综上所述，素可泰王朝时期神王崇拜的特点表现为：一是神王崇拜时期，即由于受吴哥王朝宗教文化的影响，国王的神王信仰主要表现为神王合一崇拜，这就是初期。这一时期，神王合一崇拜最明显的就是国王称号，即带有明显的印度宗教神话故事中神灵的称号，预示着国王具有神灵般的地位。二是由神王向佛王转变时期，这一时期国王神化的特点主要表现为国王对小乘佛教的热衷和追求。国王不仅聘请高僧来传播佛教，而且自己也亲自传播佛教，以此来体现自己类似佛教高僧的地位。这是中期，是过渡期。三是佛王合一时期，这一时期，国王已完全佛王化了。这一时期的特点表现为国王对佛陀地位的追求，并因此而获得了"达摩王"的称号。

第二节　阿瑜陀耶王朝时期神佛并重的神王崇拜

14世纪中期，当素可泰王朝的统治者沉湎于宗教精神追求之际，其南面处于湄南河东岸以素攀城为中心的素攀政权和处于湄南河西岸以华富里城为中心的罗斛政权通过姻亲关系联合起来。1350年，罗斛地区的首领乌通王统一了这两个政权。乌通王充分利用了这两个地方政权的优势，

[①] 邱苏伦：《印度文化对泰国文化的影响》，《亚非语言文化论文集》，北京外国语大学亚非语系编2004年版，第222页。

把"素攀方面所拥有的文化优势与罗斛方面的军事优势相结合"①，来壮大自己的势力，最终战胜了北方的素可泰王朝，在湄南河下游建立起了自己的国家，后因"乌通发生疫病，于是举国搬迁"②，并将首都搬迁至阿瑜陀耶城，史称阿瑜陀耶王朝（华人习惯称之为"大城王朝"）。

阿瑜陀耶王朝所在地曾是高棉人的势力范围，这里流行的是印度的宗教文化。阿瑜陀耶王朝建立后，不像素可泰王朝一样设法摆脱高棉文化的影响，而是把高棉文化继承和发扬光大，利用高棉文化中的婆罗门教来为统治者服务。阿瑜陀耶王朝既继承了高棉人神王合一的信仰，也继承了素可泰时期佛王合一的信仰。关于阿瑜陀耶王朝时期的神王信仰，有泰国学者这样评论道："在更高水平上，阿瑜陀耶的国王还使用印度教和婆罗门教的仪式来建立自己的权威和地位，国王是'达摩王'和'神王'的混合。"③ 因此，阿瑜陀耶王朝的神王崇拜是一种神王和佛王的混合。

阿瑜陀耶王朝共存在了417年（从公元1350—1767年），其间共有34位国王在位，有5个皇族世系：乌通、素攀、素可泰、巴萨通和班普銮，是迄今泰国历史上存在时间最长的王朝。由于阿瑜陀耶王朝的历史较长，皇族的世系较多，所以神王合一的信仰也比较复杂。

一　国王称号与神王合一信仰

正如上文所说，阿瑜陀耶王朝的神王合一信仰是"佛王"（达摩王）和"神王"的混合，这种现象也可以从国王的称号中得到证实。

虽然阿瑜陀耶王朝的主要宗教是小乘佛教，但国王称号中除了佛教中的"达摩"之外，还出现了婆罗门教、印度教中的神灵称号，这可能是因为"在古代南亚和东南亚社会中，人们并不可能有现代的宗教类型学的常识，主观上说并没有人去澄清印度教和佛教有多大的区别。东南亚各地的人民是将二者作为印度的文化从整体上加以接受的"④。

---

① 段立生：《泰国文化艺术史》，商务印书馆2005年版，第201页。
② 刘迪辉、李惠良（主编）、高锦蓉、周光敬：《东南亚简史》，广西人民出版社1989年版，第61页。
③ ชาญวิทย์ เกษตรศิริ อยุธยา: ประวัติศาสตร์และการเมือง มูลนิธิโตโยต้าประเทศ 2548, หน้า ๓
④ 宋立道：《神圣与世俗：南传佛教国家的宗教与政治》，宗教文化出版社2000年版，第70页。

阿瑜陀耶王朝时期国王的称号大体上可以分为体现神王观念、法王观念和其他本地化了的观念三种。

像吴哥王朝的统治者一样，阿瑜陀耶王朝的统治者也通过称号来体现自己是婆罗门教主神的化身，如该王朝的建立者乌通王在加冕为国王之后，自称"拉玛铁菩提一世"，意思是"罗摩大王一世"，他把自己看成是罗摩，因为罗摩是毗湿奴的化身。①首都阿瑜陀耶与罗摩的京城阿瑜陀耶同名，更能说明乌通王把自己与罗摩等同起来。这样，他"既树立了道德典范、伦理准则，是一个至高的完人，又体现了神性"。在印度宗教中"罗摩是孝子、仁兄、好丈夫、平等的挚友、捍卫正义的刹帝利英雄武士、明君、超人，是主宰一切的大神"②。阿瑜陀耶王朝的国王自称是罗摩，除了证明自己是孝子、仁兄、好丈夫、明君之外，更重要的还在于证明自己是至高的完人，是主宰一切的大神，以此来吓唬无知小民。自称罗摩王的阿瑜陀耶王朝国王除了第一世王之外，还有第二世王、第五世王和第十世王。

在阿瑜陀耶王朝国王的称号中，"因陀罗大王"也是较常见的一个。第六世王自称"因陀罗大帝一世"（公元1409—1424年在位）、第九世王自称"因陀罗大帝二世"、第十七世王号称"大因陀罗大帝"。因陀罗是印度教（婆罗门教）中早期最著名的神灵之一，被视为战神，神仙的统治者，被雅利安人视为民族神。阿瑜陀耶王朝国王称号采用因陀罗，就是要证明国王自己至高无上的权威和类神的地位，以维护神圣的王权。

阿瑜陀耶王朝国王的称号有的就直接使用印度教中主神的称号，如十七世纪中期的那莱王（公元1656—1688年在位）。"那莱"就是"那罗延那"的不同音译。"那罗延那"是毗湿奴的称号。毗湿奴在印度教三大主神中是护持之神，是世界的保护者，"是养育维护之神，国王也总是把自己看作是维护世界秩序的天神的化身"③。

从阿瑜陀耶王朝国王的称号上看，神王合一信仰得到了进一步发展和

---

① 邱苏伦：《印度文化对泰国文化的影响》，《亚非语言文化论文集》，北京外国语大学亚非语系编2004年版，第224页。
② 马维光：《印度神灵探秘》，世界知识出版社2014年版，第128—129页。
③ 王任叔：《印度尼西亚古代史》（上），周南京、丘立本整理，中国社会科学出版社1987年版，第332页。

完善。有的国王称号不再是某尊神灵的称号，"有的国王不仅把自己看成是婆罗门三大主神的总化身，还把太阳神、风神、水神、火神等另外八大神集于自己一身"①，如把萨迪纳制用法律的形式固定下来的戴莱洛迦纳王。"戴莱洛迦纳"意为"三界之王"。国王称号取名"三界之王"，说明国王具有无上的权威，不仅人界要服从他，就是天神也要服从他的意志。

阿瑜陀耶王朝另外一种表现国王神化的称号就是与佛教有关的法王或转轮王。所谓"法王"就是"达摩王"。"达摩"是梵语 Dharma 的音译，最早出现在《梨俱吠陀》中，意思是"规则、法则、法"，后来意思越来越复杂，但在佛教中主要指佛陀的教导或得到佛陀认可的弟子们的言行，所以"达摩王"就是"法王"。阿瑜陀耶王朝自称达摩王的国王有第十八世王、第二十二世王和第二十七世王。显而易见，自称是"法王"的国王是以佛教中的教理和戒律来巩固自己的统治地位的。此外，第十六世王的称号为"玛哈却克里底"（Cakravartin），意思是"转轮圣王"。在佛教中，只有佛陀才能称转轮圣王，因为他在涅槃成佛之前经过了 500 多次的轮回转世。国王的称号取名"转轮圣王"意思是要证明自己如同佛陀一样，是经过了多次转世的圣人。

当然阿瑜陀耶王朝时期国王的称号不全是与印度教的神灵称号有关而形成神王，或与佛教的佛陀或菩萨有关而形成法王或转轮圣王，还有其他世俗化倾向的称号，如第二十五世王的称号"巴萨通王"，第三十世王的称号"虎王"等，这些称号很难与印度教中三大主神、佛陀或菩萨联系起来，或者说这些称号根本与宗教没有关系。

总之，阿瑜陀耶王朝时期体现神王崇拜的国王称号主要是两种，一种是与印度教中的神灵称号有关，另一种是与佛教中的"神灵"称号有关。所以，阿瑜陀耶王朝时期的神王崇拜是神佛并重的。

二 宫廷法与神王崇拜

（一）宫廷法与神王合一

15 世纪中期，阿瑜陀耶王朝戴莱洛迦纳国王（公元 1448—1488 年

---

① 邱苏伦：《印度文化对泰国文化的影响》，《亚非语言文化论文集》，北京外国语大学亚非语系编 2004 年版，第 224 页。

在位）为加强中央集权，采取了一系列经济和政治改革措施，颁布了相关的法令。其中在王宫方面，颁布了对后世产生了深远影响的《宫廷法》。

阿瑜陀耶王朝的宫廷法所体现的是各种烦琐的仪式和规定。对触犯者的残酷的惩罚，使得普通百姓对王宫和国王敬而生畏。国王与百姓之间的距离越来越疏远。国王越来越专注于使自己神化的各种仪式之中。这种仪式和规定越多、越繁杂，越能体现王宫和国王的权威性，从而将国王和王位神圣化。阿瑜陀耶王朝的国王"以神的特征出现，有各种风俗、法律、语言等把国王与百姓区分开来，就如一个在天上，一个在地下一般"①。国王被比作神灵，神圣不可侵犯，过去素可泰王朝时期那种百姓可以与国王讨论问题的时代一去不复返。就如学者所评价的："在君主专制统治制度下，国王拥有一切权力，国王发布圣旨，任何人不得议论，更不得反驳，因为阿瑜陀耶的国王被比作了神灵，他的地位已经不再是素可泰王朝时期的父亲般的了。"② 如《宫廷法》规定：在宫中争论，罚戴脚镣三日；在宫内吵架，罚用藤条抽打50鞭；用足踢宫门，罚斩去踢门之足；在宫中饮酒，罚用热酒猛灌其嘴；入宫时若手扶到宫门，罚用藤条打20鞭；若从宫墙爬入，罚斩去脚等。再如，当国王出行时，保卫国王的卫队要与国王保持一定的距离，不得太近，也不得太远；若发现王子相约饮酒、斗鸡，罚处死；窃窃私议为国王所闻者处死等。在王位继承方面规定，在王子和公主当中，只有正妃所生之子才能成为王储等。此外，还规定了要用檀香木棍笞死（犯罪的）王室成员时所应遵守的程序。③《宫廷法》是对宫廷内各种日常生活中的仪式的规定，不仅相当烦琐而且还有点荒唐可笑，对违反者的惩罚相当严酷。有学者这样评论阿瑜陀耶王朝时期的《宫廷法》：将王位神化，以提高国王和王室的权威。④

---

① จิตร ภูมิศักดิ์. โองการแช่งน้ำและข้อคิดใหม่ในประวัติศาสตร์ไทยลุ่มน้ำเจ้าพระยา. กรุงเทพฯ : ฟ้าเดียวกัน 2547 หน้า ๑๔

② ผศ. วิมล จิโรจพันธุ์, ผศ. ประชิด สกุณะพัฒน์ อุดม เชยกีวงศ์, ประวัติศาสตร์ ชาติไทย, กรุงเทพฯ :แสงดาว, 2548, หน้าที่ 110—111.

③ [英] D. G. E. 霍尔：《东南亚史》（上），中山大学东南亚历史研究所译，商务印书馆1982年版，第229页。

④ 梁志明等主编：《东南亚古代史》，北京大学出版社2013年版，第428页。

到纳黎萱大帝统治时期（16世纪末期），国王地位的神圣性更加得到了升华，他首开文武百官在他面前俯首匍匐的习俗，该规矩一直留存至今。①

（二）宫廷语言与国王神性

阿瑜陀耶王朝时期的宫廷法还规定了专门在宫廷之内使用的词汇，这些词汇在泰语中称为"拉查萨"（rajasap），意为"王室用语"。"拉查萨"分为两类：一类是专门用作前缀，放在名词、动词前，表示该词与国王或皇家有关；另一类则是国王、王室成员专用的词。在作前缀的"拉查萨"中，比较典型的有两个，一个是"帕"（พระ），另一个是"波隆摩（บรม又译为'波罗蜜'）"。

"帕"作前缀时，含义是"加在帝王、神佛、崇敬之物等前面，表示尊称"②，如"帕·昭·育·华"（พระเจ้าอยู่หัว，国王）、"帕·玛黑西"（พระมเหสี，王后）、"帕·提答"（พระธิดา，公主）、"帕·普塔"（พระพุทธ，佛陀）、"帕·皆底"（พระเจดีย์，佛塔）等。实际上，在阿瑜陀耶王朝的34位国王中，有32位国王的称号前都带有"帕"这个前缀，只有两位的称号之前没有带。人们为了方便，在翻译时，一般把前缀省去，只译主体部分，如拉玛铁菩提一世的全称是"帕·拉玛铁菩提"（พระรามาธิบดีที่ 1），第六世王的全称是"帕·因陀罗拉查提拉"（พระอินทราชาธิราชที่ 1），第八世王的全称是"帕·波隆摩·戴莱洛迦纳"（พระบรมไตรโลกนาถ），第十八世王的全称是"帕·玛哈·达摩拉查"（พระมหาธรรมราชา）等。

"波隆摩（又译'波隆''波罗蜜'）"是梵语的音译，泰语为บรม。这个词的含义除了表示"非凡、至上、极佳"之外，还有一项重要的用法是作名词前缀，意为"冠在有关国王或佛陀的用语前面"③，如"波隆·塔"（บรมธาตุ，佛骨），"波隆·玛哈拉查湾"（บรมมหาราชวัง，大

---

① ［澳］安东尼·瑞德：《东南亚的贸易时代：1450—1680》，孙来臣等译，商务印书馆2010年版，第278页。

② 广州外国语学院主编：《泰汉词典》，商务印书馆2005年版，第457页。

③ 参见 พจนานุกรม ฉบับราชบัณฑิตยสถาน พ.ศ. ๒๕๔๒，另参见广州外国语学院主编《泰语词典》。

王宫、大宫殿)，"波隆·维罕"（บรมวิหาร，大佛堂）。实际上，阿瑜陀耶王朝的大多数国王称号中除了前缀"帕"之外，还有前缀"波隆"，如第三世王的称号就是"帕·波隆·大帝一世"（พระบรมราชาธิราชที่Ⅰ）(1370—1388 年在位)，号称是三界之王的戴莱洛迦纳王的全称是"帕·波隆·戴莱洛迦纳"（พระบรมไตรโลกนาถ）等。

"拉查萨"的另一类是国王或王室成员专用的词，如"吃"这个动作，百姓用"斤"（กิน），而王室用"萨维"（เสวย）；"死"这个动作，百姓用"歹"（ตาย），而国王、王后则用"萨湾果"（สวรรคต）；"出生"这个动作，百姓用"格"（เกิด），而王室则用"巴苏"（ประสูติ），等等。

总之，阿瑜陀耶王朝的王室用语"拉查萨"把国王和百姓分为了两个不同的世界，国王不再像素可泰王朝时期一样与百姓广泛地接触、帮助百姓解决实际问题的人，而是"为了提高自己的力量，国王们全身心地投入到各种仪式当中，深藏于宫中，使自己神秘化"的人，"宫殿反复重建了多次，越来越小的宫门，越来越高的宫墙，越来越多的殿院，使宫殿隐藏得越来越深。国王的身影看不见了，只有每年一次的隆重场合才会出现，即便如此，也不得公开地看国王"[1]。所以，阿瑜陀耶时期的国王，越来越远离百姓。另有学者也说"许多缅甸的和暹罗的国王变成了王宫内事实上的囚人，他们当心，一旦他们离开王宫，就会有潜在的篡位者占领王宫"[2]，成为正统的国王，因为在古代印度神王观念中，王宫如同梅卢山上的神仙之城，国王如同统治神仙之城的因陀罗，谁占领了王宫就等于拥有了这个国家的全部领土。

阿瑜陀耶王朝时期的《宫廷法》中所规定的王室用语"拉查萨"，更是把国王与神佛统一起来，使国王获得了与神、佛相同的地位。因为正如前文所述，表示国王、神佛的词汇的前缀是一样的，因此，就出现了人们呼唤神灵就相当于呼唤国王的现象，这充分体现了国王与神佛具有相同的

---

[1] Chris Baker, Pasuk Phongpaichit, *A History of Thailand*, New York: Cambridge University Press, 2005, pp. 14—15.

[2] Robert Heine-Geldern, "Conceptions of State and Kingship in Southeast Asian", *Far Eastern Quarterly* 2 (1942), pp. 15—30.

权威。使用独特的与神佛有关的词汇是阿瑜陀耶王朝时期神王崇拜的最直接证据。

（三）王室用语出现的原因

泰语王室用语产生的原因是受到高棉语的影响。众所周知，泰语产生的年代较晚①，来源比较复杂。虽然碑文记载说是拉玛甘亨国王创造了泰文。但实际上，一种文字的产生不可能是某一个人的功劳，而是某个民族集体智慧的结晶。这可以从有关学者的研究中得到证明。拉玛甘亨国王所做的只是"将流行于泰国地区的各种文字，如巴利文、吉蔑文、孟文等，根据泰语的特点，经过吸收、改造、修订，使之成为自己独特的民族文字"②。由此可见，受印度宗教文化影响很深的高棉文和孟文是泰文的主要来源。

阿瑜陀耶王朝建立后，与吴哥王朝的高棉人保持着千丝万缕的联系，"有的高棉公主嫁给了阿瑜陀耶国王"③。这样，吴哥王朝神秘的王宫文化出现在阿瑜陀耶的宫廷中就不足为奇了。而且吴哥王朝的宫廷文化已经渗透到了阿瑜陀耶王朝的各个方面，就如泰国学者所说："在书面语中有许多高棉语，这些高棉语、巴利语、梵语，在阿瑜陀耶王朝时期，比素可泰王朝时期更受欢迎。虽然字母还是拉玛甘亨国王时期的，但是书写方式经过了调整，元音字母已经演化成可以写在辅音字母的上面和下面。④ 学习宗教则用高棉语，口语与素可泰时期有了较大的不同，王室用语中也杂有高棉语。"⑤ 由此可见，吴哥王朝神秘的宫廷文化不仅出现在阿瑜陀耶王朝的宫廷之中，而且其本身也发生了变异。

总之，阿瑜陀耶王朝宫廷中大量的来自高棉语中的梵语词汇的出现，"拉查萨"的使用，无形中把国王、王宫与百姓区别开来。王宫成了王国内的另一个世界。在这个世界里，有森严的等级和严酷的刑罚。此外，雄

---

① 拉玛甘亨碑文中所使用的字母就是最早的泰文字母（详见本书第 124 页注释）。

② 中山大学东南亚研究所《泰国简史》编写组：《泰国简史》，商务印书馆 1984 年版，第 11 页。

③ เทพ ทับทอง, มหัศจรรย์เมืองไทยในอดีต, กรุงเทพฯ : ชมรมเด็ก, 2546, หน้าที่ ๑๔๔

④ 在拉玛甘亨碑文中，辅音字母和元音字母并列写在一起，如同英文一样。（译者注）

⑤ ผศ. วิมล จิโรจจพันธุ์, ผศ. ประชิด สกุณะพัฒน์, อุดม เชยกีวงษ์, ประวัติศาสตร์ชาติไทย, กรุงเทพฯ: แสงดาว, 2548, หน้าที่ 126.

伟壮观、金碧辉煌的宫殿建筑，宫中呈现各种姿态的神灵、佛像，由婆罗门僧侣和佛教高僧共同主持的各种神秘仪式等，使得皇宫和国王更加神秘而不可接近。

三 誓水仪式中的神王合一信仰

誓水仪式，或称"盟诅仪式"是从印度传到东南亚地区的，最早接受这种习俗的是柬埔寨的高棉人，后来传播到了泰国。誓水仪式也是阿瑜陀耶王朝时期乃至当代仍然流行神王崇拜的重要佐证。早在阿瑜陀耶王朝第一世王拉玛铁菩提一世统治时期，誓水仪式就已经存在了。其原因主要是阿瑜陀耶王朝是以联合的方式建立起来的，而不是以推翻某个王朝的基础上建立起来的，所以存在着多股潜在的王位竞争势力："有些人是拉玛铁菩提一世父系的，有的是母系的人，有的则是王后——素潘纳普邦的人。"① 为了防止这些潜在的王位竞争者图谋不轨，篡夺王位，于是拉玛铁菩提一世就利用高棉宫廷中的神秘仪式来束缚、恫吓人们的思想，妄图通过这种神秘的仪式来达到维护自己的统治地位不受侵犯的目的。

誓水仪式每年举行两次，一般是五月（农历四月）的月满初三和十月（农历九月）的月亏初十二。② 参加誓水仪式的人为所有文武大臣、禁卫军、御前侍从以及各属国的国王。誓水仪式由婆罗门僧侣主持。在誓水仪式上，首先由婆罗门把代表印度教三大主神的三支箭插入水中，然后再用阴森可怕的语言和声调带领所有参加者念诵《盟诅辞》（或称《誓水赋》《水咒赋》），念完之后，每位参加者必须喝下经过婆罗门诅咒过的圣水，以表示对国王的忠心。

《盟诅辞》是一篇宣扬王恩浩荡、功德无量，忠君者得福，叛君者受祸的诅辞。开头的诅辞内容是赞颂印度教三大主神梵天、湿婆和毗湿奴的，然后是关于世界的形成、人类的出现、国王的诞生、国王的伟大恩泽，最后便是邀请"三界"的诸神鬼一齐来诅咒那些对国王不忠的、怀有二心的人死于非命。

---

① 邱苏伦：《印度文化对泰国文化的影响》，《亚非语言文化论文集》，北京外国语大学亚非语系编2004年版，第225页。

② จิตร ภูมิศักดิ์ โองการแช่งน้ำและข้อคิดใหม่ในประวัติศาสตร์ไทยลุ่มน้ำเจ้าพระยา กรุงเทพฯ：ฟ้าเดียวกัน 2547 หน้า ๙

《盟诅辞》开头的第一个音便是"OM"。据有的泰国学者说,"OM"这个音是梵天、湿婆和毗湿奴三大神的称号通过泰语构词法中的"顺替"① 原则变化而形成的。② "OM" 在婆罗门教(印度教)中是毗湿奴吹响醒世海螺的梵音,是宇宙的原音,信徒只要念诵这个声音,就会得到神灵的帮助,得到解脱,实现梵我如一的境界。另有学者也认为,"'OM'代表着人对于无上存在的庄严而又虔诚的吁求,乃是一切祷词和经咒的根本,意义十分神秘,能够与人福祉"③。誓水辞中的"OM"既然是代表印度教的三大主神,念诵这个音意味着请求三大神来见证这些誓词,并对那些对国王不忠的人进行惩罚。从《盟诅辞》的内容上看,国王是天神下凡,能与神灵沟通,要人们必须对他忠诚,否则他就会请神灵来惩罚对他不忠的人。

四　西方人眼中的阿瑜陀耶神性国王

自从葡萄牙人、荷兰人、法国人和英国人来到阿瑜陀耶之后,他们之间就不断地展开了在阿瑜陀耶王朝内的利益争夺,甚至不惜采用贿赂、离间等手段争取国王和皇家的支持。虽然,他们最终还是被迫离开了阿瑜陀耶王朝,但却留下了一些关于国王和王室的记录,尤其是荷兰人的记录,对人们了解当时国王在西方人心目中的形象提供了帮助。

荷兰东印度公司是与阿瑜陀耶王朝进行贸易时间最长的外国公司。自17世纪初荷兰东印度公司在阿瑜陀耶城建立商馆以来,一直持续到18世纪初,约有100年。

在荷兰人眼中,"以半神的形象出现的暹罗王国统治者,在与他接触的时候,即便是纯粹的商业动机,也要求一个强调他是一个国王的高贵的身份的仪式"④。根据荷兰东印度公司职员的描述,他们在接受国王接见

---

① "顺替"是梵文——巴利文的构词方法,泰语用来把两个梵文——巴利文单纯词结合成一个复合词,并发生音替代。参阅裴晓睿《泰语语法新编》,北京大学出版社2001年版,第16页。

② จิตร ภูมิศักดิ์ โองการแช่งน้ำและข้อคิดใหม่ในประวัติศาสตร์ไทยลุ่มน้ำเจ้าพระยา กรุงเทพฯ : ฟ้าเดียวกัน 2547 หน้า ๓

③ 葛维钧:《湿婆和"赞辞之王"》,《南亚研究》2003年第2期,第67页,注释①。

④ Bhawan Ruangsilp, *Dutch East India Company Merchants at the Court of Ayutthaya*, Leiden: Brill, Leiden · Boston, 2007, p.29.

时，进入第一道宫门之后，就得朝着国王所在方向双手合十，三跪三拜，然后才被允许进入下一道宫门，但必须双手合十。进入下一道宫门之后，又得重复刚才的动作。每进一道宫门就得重复一次相同的跪地膜拜动作。在描述国王上朝觐见外宾时，荷兰人写道："巴萨通国王（Prasatthong，1629—1656 年在位）衣着华丽的皇袍和皇冠，犹如人间的神一样地出现了。"① 阿瑜陀耶王朝的国王很少走出宫外，当国王在某个场合不得不出宫时，百姓也不得观看，必须双手合十地跪下，头伏地而膜拜，更不能提到国王的名字。荷兰人说"这种打招呼的方式更像是对神而不是对人间受尊敬的国王"②。"如不这样做的话会招致杀头。"③ 据 1720 年访问阿瑜陀耶的一个英国人描述："国王喜欢崇高的称号，并因拥有一头神圣的白象而自豪，他在国内出行时，陆上有象队，河上有镀金的船队，所过之处，人民排列路旁，一律跪拜在地。"④ 因此，在西方人眼中，阿瑜陀耶王朝的国王是如同半神的人。

总之，阿瑜陀耶王朝时期，神王崇拜主要体现在：一是国王的称号之中。国王称号中带有印度宗教神话故事中神灵的称号，这是古代东南亚受印度宗教文化影响下的国王称号的共同特点。二是宫廷方面，其中比较典型的有《宫廷法》和皇室用语"拉查萨"，尤其是皇室用语，把称呼神佛的前缀和称呼国王的前缀等同起来，这样就出现了人们呼唤国王就等于呼唤神灵。三是誓水仪式，通过由婆罗门主持的誓水仪式，国王能请印度教中的三大主神来惩罚对他不忠的人。

第三节 曼谷王朝从淡化到重构的神王崇拜

曼谷王朝（又称"拉玛王朝"）从建立（1782 年）至今共经历了 230 多年的时间，到目前为止共有 9 位国王在位。当今的普密蓬·阿杜德是第

---

① Bhawan Ruangsilp, *Dutch East India Company Merchants at the Court of Ayutthaya*, Leiden：Brill, Leiden·Boston, 2007, p. 65.

② Ibid., p. 92.

③ Ibid., p. 85.

④ ［美］约翰·F. 卡迪：《东南亚历史发展》，姚楠、马宁译，上海译文出版社 1988 年版，第 351 页。

九世国王——拉玛九世。自曼谷王朝建立以来，泰国的社会经历了两次重大的变化。第一次变化发生在第四世王蒙固当政时期（1851—1868年）和第五世王朱拉隆功当政时期（1868—1910年），第二次变化发生在1932年泰国政治由君主专制向君主立宪制转变时期。

要考察曼谷王朝时期的神王合一信仰，首先是要考察国王对宗教的虔诚程度，其次是要考察国王与百姓之间的亲疏关系，因为被神化了的国王往往深藏在宫内，很少与百姓接触。由于国王较多，这里不能对每位国王的神王信仰进行一一考察，所以，在研究曼谷王朝国王神性的过程中，笔者重点关注最能体现国王神性的初期、西化时期和当今普密蓬·阿杜德在位时期。

一 曼谷王朝初期的神王崇拜

到了曼谷王朝时期，阿瑜陀耶王朝的国王既是神王又是法王的现象消失了，原因可能就是这个王朝至今只有一个皇族在位，国王都以"拉玛"（又译"罗摩"）作为称号，即拉玛一世，拉玛二世……直至拉玛九世。

曼谷王朝的各位国王对佛教都比较虔诚，都相信"轮回转世"的观念，因此，在他们的心目中"作为神圣王权合法性的神灵转世观念被再生和宗教功德所代替。一个人前世所积的善业、功德使得他天生就是国王，或使得他即便是通过反叛和谋杀而成为国王也是前世的功德所至"[①]。在轮回转世的功德观中，"一个人做好事，下一生就可以成神"[②]。反之，一个人今生不做善事，不积功德，来世就会下地狱，成为饿鬼，生活在极其恐怖的环境之中。

在佛教功德观念的影响下，泰国历朝历代的国王都把支持佛教、行善积德当作头等大事。行善积德的方式包括多种多样，如出家修行，建盖寺庙，建造佛像，向寺院捐赠物品，向僧人施舍等。曼谷王朝建立之初，由于许多寺庙在战争中遭到了破坏，重振佛教是拉玛一世的重要任务之一，他不仅在宫里建造了玉佛寺，而且"还修缮了10座寺庙"；"从北方搜集

---

① Robert Heine‑Geldern, "Conceptions of State and Kingship in Southeast Asian", *Far Eastern Quarterly* 2 (1942), p. 24.

② 季羡林原著，张培锋编：《季羡林文化沉思路》，吉林出版集团时代文艺出版社2013年版，第110页。

了大小佛像1248尊，放置于曼谷各寺"；"共审核了佛经345部，装订成书3486卷"①。此外，拉玛一世一生信守"十王道"②，以求达到以"达摩"治国的目的。

曼谷王朝建立初期，婆罗门教依然存在并继续得到国王的支持，阿瑜陀耶王朝的宫廷仪式被保留了下来，新首都取名为"勒达纳哥信"，即"因陀罗的九宝（石）"，或称作"功隆铁"，意为"神仙之城"③。国王也一如阿瑜陀耶王朝一样，深藏于宫中，非常神秘。拉玛一世自称王权的合法性不是来源于血统或家族，而是转世。国王本人就是前世积累了巨大的功德而来以"达摩"统治人间的，"国王宣称自己是个菩萨，是个前世已经积下了大功德的精神超人"④。拉玛一世的这种理论可能与他并不是吞武里王朝⑤王族的后裔有关。他是个篡位者，这种理论恰好能为篡位者提供辩护。

拉玛一世时期，国王不但是"封建等级的最高统治者，而且被说成是国家的化身。国家的一切法律命令要由国王颁布，全国行政事务都要以国王的名义进行，国家大事要由国王亲自处理。国王及其家属被奉若神明。规定国王在场时，任何人不得坐着或立着，所有人都必须在国王面前下跪"⑥。国王被认为是"神的化身，是一个查克罗婆丁（Cakravartin），是宇宙之王，也是一个命定的佛陀或菩萨"⑦；此外，国王还"具有驱除

---

① 段立生主编：《东南亚宗教嬗变对各国政治的影响》，泰国曼谷大通出版社2007年版，第101页。

② "十王道"即一勤政，二守戒，三护教，四诚实，五不强硬、不入侵，六弃欲望、去邪恶，七和蔼、不结仇，八爱民如子，九公正，十关心人民福祉。

③ "曼谷"（Bankok）是外国人使用的旧名。

④ Chris Baker, Pasuk Phongpaichit, *A History of Thailand*, New York: Cambridge University Express, 2005, pp.31—32.

⑤ 曼谷王朝之前是吞武里王朝，这个王朝存在的时间极短（1767—1782年），只有一位国王在位，即郑信王。有学者认为由于郑信王对佛教过于痴迷，不理朝政，整日沉湎于诵经、绝食和修禅之中。最后走火入魔，相信自己能够飞翔，并自称是阿罗汉、菩萨，要求僧人向他下跪，导致国人一致反对，最后被部下大将却克里处死，但这种观点没有得到多数学者的赞同。参阅范军、孙洁萍《千古兴亡九朝事：泰国王室》，社会科学文献出版社1994年版，第1—16页。

⑥ 中山大学东南亚研究所《泰国简史》编写组：《泰国简史》，商务印书馆1984年版，第30页。

⑦ ［美］约翰·F.卡迪：《东南亚历史发展》，姚楠、马宁译，上海译文出版社1988年版，第411页。

洪水或饥荒、瘟疫或天灾的力量,并能和祖先神灵保持正常的联系"①。因此,曼谷王朝初期,国王是典型的印度宗教中的神王形象,主宰一切,享有无上的权威,是宇宙之王,具有各方面的能力,甚至能驱除灾祸,与祖先沟通等,被民众视为佛陀的化身。虽然到曼谷王朝第四世王、第五世王时期,开始学习西方的思想文化,但是国王的神性还是没有发生根本性的变化,国王仍然是"土地和人民的法定所有者,他有无上权威,无所不知,永远正确,并且被人们当作半神半人来崇拜"②。拉玛四世蒙固王和拉玛五世朱拉隆功在对外交往中分别自称"暹罗的大城"和"暹罗的因陀罗"。

拉玛四世蒙固王在正式登基之前曾出家27年,游历了泰国的大江南北,他还在泰国创立了一个新的佛教派别——法宗派(又称"达摩育派")。虽然法宗派的人数很少,但因其与皇家有着特殊的关系,所以它在泰国的影响很大。

因此,曼谷王朝初期神王崇拜的特点为:国王的神性地位不是来源于血统,而是来源于宗教修行和宗教功德。正如学者所说的"王之所以为王,因其德行(Karma)最高"③。

二 西化对国王神性的冲击

19世纪五六十年代,正是西方殖民者加紧向东南亚扩张时期。曼谷王朝成了英、法两个殖民强国在东南亚侵略的目标。从19世纪20年代开始,英国开始了在泰国西面占领缅甸的侵略活动,法国则从东面加快了对印支三国的征服过程。这种国际形势,使泰国处于被两个虎视眈眈的强国兵临城下的境地。面对这样的国际形势,如何做才能使国家不至于沦为英法的殖民地,是泰国统治者的头等大事。他们从北方中国的失败中深深地认识到,像中国这样的大国尚且被西方殖民者占领,更何况小小之泰国。

---

① 维拉:《拉玛三世》,第28—31页,转引自〔美〕约翰·F.卡迪《东南亚历史发展》,姚楠、马宁译,上海译文出版社1988年版,第415页。
② 〔美〕约翰·F.卡迪:《东南亚历史发展》,姚楠、马宁译,上海译文出版社1988年版,第617页。
③ 周方冶:《王权·威权·金权——泰国政治现代化进程》,社会科学文献出版社2011年版,第46页。

因此，他们采取了主动学习西方的策略，与其被西方殖民者强行改变自己，倒不如自己主动改变自己。于是从拉玛四世蒙固王和拉玛五世朱拉隆功国王开始，泰国正式进入了学习西方和西化时期。①

曼谷王朝的西化运动，首先从宫廷开始。蒙固王认识到要学习西方的先进科学技术、思想观念，首先就得从学习西方的语言开始。早在他出家为僧云游全国时期，他就长期向西方传教士接触，学了一些西方的语言和西方文化知识。到他当政后，从新加坡聘请英国教师安那·丽欧若文斯（Anna Leonowens）到宫中为王子们讲授英语和西方文化知识。拉玛四世本人也精通英语，他强调了英语的重要性，认为生活在这个世界上，如果不会讲英语，就如同生活在泰国而不会讲泰语。② 此外，蒙固王还通过新加坡的英文报纸了解世界的变化。因此，后来1855年到访泰国的英国鲍林爵士大为吃惊，他肯定地认为："蒙固是亚洲第一位会讲英语、谙熟世界事务的君主。"③ 在蒙固王统治时期即1852年，"在曼谷还组织了一所为孩子们办的基督教日校"，所以当时的百姓称"他（蒙固王）不是居于王宫内院，而是生活在人民之中"④。从19世纪中期开始，在受到西方殖民者侵略威胁的情况下，在泰国统治阶层主动改变传统观念的情况下，国王不得不从深宫中走出来，面对百姓，面对世界。"当举行皇家仪式和出省巡游时，蒙固王欢迎百姓来观看。"⑤ 这样，国王的神秘性开始淡化。

拉玛五世朱拉隆功国王不仅继承了拉玛四世蒙固王学习西方的思想，而且还大胆地进行了一系列对政治、经济、社会等各方面的改革，从此泰国走上了学习和模仿西方的道路，使泰国成为在东南亚地区唯一一个没有

---

① 早在阿瑜陀耶王朝那莱王（公元1656—1688年在位）统治时期，泰国就曾对西方特别是法国和荷兰有过甚密的交往。当时也有西方人在阿瑜陀耶宫廷中任职，王宫中也出现了西方先进的东西，如望远镜、钟表等，只是后来因法国传教士企图使国王改信基督教，而暴发了1688年的宫廷政变，西方传教士被处死，西方势力被赶出了阿瑜陀耶。此后，阿瑜陀耶王朝关闭了对西方的开放之门，直到19世纪中期。

② 贺圣达：《泰国传统社会与朱拉隆功改革的局限性》，《历史研究》1988年第12期，第12页。

③ 马小军：《泰国近代社会性质刍论》，《世界历史》1987年第5期，第35页。

④ [美] 约翰·F. 卡迪：《东南亚历史发展》，姚楠、马宁译，上海译文出版社1988年版，第431页。

⑤ Chris Baker, Pasuk Phongpaichit, *A History of Thailand*, New York: Cambridge University Express, 2005, p. 69.

被沦为西方殖民地的国家，也使泰国成为东南亚地区最早走向西方化的国家之一。因此，朱拉隆功国王也赢得了"现代泰国之父"的称号。直到今天，泰国人民都还享受着朱拉隆功国王改革所带来的果实。然而，泰国的西化也对传统王权产生了冲击。

和以前的国王深藏于宫中相比，朱拉隆功国王可以算得上是思想开明的君主了。他不但走出宫来，而且在摄政期间，还两度出国，到新加坡、印度尼西亚等地访问，寻求变革维新的道路。1873年，在朱拉隆功国王加冕的那一天，他就废除了臣民向他下跪磕头的仪式，这个仪式原本把国王当作神灵。1874年，朱拉隆功国王颁布法令，规定自1868年10月1日以后出生的奴隶，年满21岁时即可获得自由，以后不得再自卖或被卖为奴。此项规定废除了存在数百年的家奴制，为泰国民族资本主义经济的发展提供了一定的劳动力保证。1897年，朱拉隆功出访法国时，"他已经被认为是西方国家的一个领导人了"①，神秘感完全消失。和蒙固王相比，朱拉隆功国王更加喜欢在公众面前暴露自己，他喜欢被拍照、被画、被做成雕塑，他允许他的形象出现在硬币、邮票和纪念物上。他曾经驾驶着四轮敞篷车在曼谷市内游行，泰国皇宫内还有他骑在战马上威风凛凛的青铜铸像。

总之，经过拉玛四世、拉玛五世的西化运动之后，泰国的国王从深宫中走了出来，百姓可以看到在过去不能抬头看的国王，国王不再是深藏于宫中只专注于神秘的宫廷仪式的人了。

三 当代国王的神人崇拜

自1932年民主改革之后，泰国的统治模式由原来的君主专制转变成了君主立宪制，国王的权力受到了宪法的约束，国王不再享有至高无上的权力。在政变后的第一部宪法中规定"国家最高主权属于人民，国王保留的权力只有赦免权和法律提案权，不再实际负责行政，国王属于虚位国家元首"②。国王名义上是国家元首、三军总司令，但国家的政治实权却

---

① Chris Baker, Pasuk Phongpaichit, *A History of Thailand*, New York: Cambridge University Express, 2005, p.69.

② 刘一平：《论泰国宪政的演变和特点》，《思想战线》（《2011年人文社会科学专辑》），2011年，第37卷，第251页。

掌握在军人手中。国王权力仅限于对外代表国家，对内从事一些社会福利、民政救灾、文化传承等非政治性的活动。

在民主改革后的三位国王中，现在在位的拉玛九世普密蓬·阿杜德国王（1946年至今）在位时间最长，至今已有近70年的时间，他的声望也越来越高。

普密蓬·阿杜德国王是泰国历史上唯一一位没有在本国出生而当上国王的人。1927年12月5日，他出生于美国马萨诸塞州剑桥市，1933年随母亲到瑞士洛桑居住，曾在洛桑大学攻读理科，后因其哥马希顿国王于1946年6月9日突然身亡，而不得不回国继承王位。1950年，他加冕为国王，成为曼谷王朝第九世国王——拉玛九世。加冕后他继续回到洛桑完成学业，并把主攻方向改为政治和法律，直至1951年学成毕业。

普密蓬·阿杜德国王天资聪明又多才多艺，精通英语、法语、德语和拉丁语等7种欧洲语言，在艺术上也有很高的造诣。他是优秀的爵士音乐家，能演奏8种乐器，尤其擅长钢琴、单簧管，常在一些非正式的音乐会上和大学生一起演奏。他谱写过40多首歌曲和芭蕾舞曲。他是亚洲第一位被世界著名的维也纳音乐艺术学院授予名誉博士称号的国王（1964年）。此外，普密蓬国王在绘画方面也很有成就。他作画9年，共完成100多幅作品，被誉为"没有师承，独具一格"①的画家。再者，普密蓬国王在体育方面比较出色。他在1967年的东亚运动会上，参加了帆船比赛并获奖。由于他对体育运动做出了贡献，1987年国际奥林匹克执委会授予他奥林匹克荣誉勋章。普密蓬国王多才多艺的特点，恰恰符合了印度神王观念中的国王，这也是他为什么会如此受人尊敬的原因之一。

普密蓬国王是一位虔诚的佛教徒，为了弘扬佛法，他身体力行，如在佛教创立2500周年纪念活动时，他在玉佛寺剃度为僧15天，其间他每天早晨身披袈裟，光着脚，托钵向王太后、王后及大臣们化缘。此外，还到总理府礼佛，到寺庙向资深的高僧致敬，到各地朝拜重要圣殿等。普密蓬国王也是佛教"十王道"的恪守者，他在1950年5月5日加冕仪式上向全国人民承诺：吾将以德治国，为暹罗人民谋福利。

普密蓬是泰国历史上第四位在位期间出家的国王。1956年10月，在

---

① 翁琳：《泰国国王普密蓬·阿杜德》，《东南亚研究》1987年第3期，第114页。

剃度出家的仪式上，他向全国人民发表告示："佛教是我们的国教，受到举国上下的欢迎。按照我个人的理解，佛教的教诲是很有道理的。如果条件允许，我将潜心于佛学研究一段时间，这是一条提高个人修养以造福国家的有效途径"①，并且取法号为"蒲密罗"。从普密蓬国王的上述这段话推断，他把自己的宗教修养与造福百姓直接联系起来，认为国王的宗教修行决定着百姓的福祉。国王在佛教方面的修养越高越能为百姓造福，这和素可泰王朝时期利泰王的做法是一致的。由于普密蓬国王对佛教的虔诚和身体力行，他赢得了广大人民的爱戴和尊敬，被称为"法王"（"达摩王"）。普密蓬国王不仅是佛教的赞助者，而且也是其他宗教如伊斯兰教、道教、孔教、基督教等的保护人，这可以从他常常亲自或派代表参加这些非佛教的各种活动中得到证实。

由于普密蓬国王出生在国外，他刚上任时，并不太了解泰国国内的情况，特别是百姓的生活状况，同时，他也并不知道如何去关爱自己的国民。这可以从他所说的话中得到证实："只有当我与他们（百姓）接触时，我才学会了爱我的子民。在与子民的接触中，我学到了爱的价值。我没有严重的思乡病。我从我的职责中认识到，我的子民在什么地方，我就在那里。"② 普密蓬国王认为，广大贫民的疾苦就是国家的疾苦，国家的疾苦就是统治者的疾苦。在普密蓬国王看来，要为民谋福祉，首先要了解民情，要了解最边远贫困地区甚至是要了解有叛乱发生地区的民情。这可从他在位的关键时期，几乎每年有 8 个月的时间行走在全国各地，行程约有 30000 英里③中得到证实。因之，普密蓬国王被称为世界上最劳苦工作的君主之一。

普密蓬也看到了百姓对国王的"陌生"，这可能是因为一方面是他从小就生活在国外，很少回国；另一方面是因为受到传统的王室文化的

---

① 段立生主编：《东南亚宗教嬗变对各国政治的影响》，泰国曼谷大通出版社 2007 年版，第 117—118 页。

② พระราชนิพนธ์พระบาทสมเด็จพระเจ้าอยู่หัว, วงวรรณคดี, เอกสารถ่ายสำเนา. 转引自 Dudsi Naiwattanakul, "The Monarchial Institution and The People", *The Thai Monarchy*, Foreign Office, The Public Relations Department, Thailand, p. 51.

③ Dudsi Naiwattanakul, "The Monarchial Institution and The People", *The Thai Monarchy*, Foreign Office, the Public Relations Department, Thailand, p. 53.

影响。传统的受印度神王观念影响的国王，百姓是很难看到的，更不要说了解了。普密蓬认为，要为百姓造福同样要让百姓了解自己。只有国王和百姓双方互相了解了才能更好地为人民服务。为了达到百姓了解自己的目的，普密蓬国王采取了如下一些措施：（一）他把自己的生活经历拍成电影。这样不仅百姓能了解自己，还能从电影的制作和发行过程中获得一些收入。（二）建立自己的私人广播电台，并亲自担任电台某个节目（据说是流行音乐）的主持人，并自己亲自动手录制节目，为学生组织音乐表演等。此举使得国王进入了千家万户。达到了让百姓了解自己的目的。

普密蓬国王可以说是泰国历史上最了解本国民情并为百姓解决实际问题的国王了。在他正式加冕为国王之后不到10年的时间内（1953—1959年），他就几乎走访了全国的每一个府，广泛接触了百姓。他每到一地，都认真仔细地倾听百姓的声音，了解百姓的苦衷，并针对性地提出解决办法。他所提出的解决百姓燃眉之急的助困项目有近3000多个。这些项目有的是根据国王的意愿建立的，有的是皇家的，有的是由国王发起的，有的是国王直接出资赞助的。

普密蓬国王尤其比较关心农业，与农民有着深厚的感情。他采取了多种手段来帮助农民发展农业。首先，他于1959年恢复了5月8日的皇家春耕节①，后来，这一天被定为农民节。普密蓬国王把农民节视为与农民深度接触的好机会。在农民节上，他亲自为来自全国各地的在农事活动比赛中的获奖者颁发奖状，并把自己在奇托拉拉达宫所种的稻种作为吉祥礼物赐给百姓。为了泰国农业的发展，普密蓬国王把皇宫当作了农业发展项目的示范基地。他把王宫划分为森林示范项目，稻田实验项目，养牛场，电力牛奶厂，养鱼项目，实验碾米厂。② 由于普密蓬国王对农业、农民的关心和支持，他受到了广大农民的尊敬和爱戴，他也因此而被称为"农民国王"。

从普密蓬国王广泛地与普通百姓接触，并积极投身于为人民服务的事

---

① 1936年曾经取消了这个节日。

② Dudsi Naiwattanakul, "The Monarchial Institution and The People", *The Thai Monarchy*, Foreign Office, the Public Relations Department, Thailand, p. 61.

业中去，想人民所想，为人民排忧解难，全力改善人民的物质文化生活方面来看，他似乎与素可泰王朝时期的国王很相似。但从他对佛教的虔诚、对佛教的支持，恪守"国君十德"并获得了"达摩王"的称号来看，他似乎更像是阿瑜陀耶王朝时期被广大民众神化了的国王，显得特别的神圣，处于至高无上和备受尊敬的地位，任何人不得侵犯、不得对国王作任何指控①，"没有一家报纸敢为宫廷的丑闻留出一点空间"②。因此，就像泰国学者所说的一样，普密蓬国王是集素可泰王朝国王和阿瑜陀耶王朝国王的优点于一身："既不像高棉国王一样是神王，也不像素可泰王朝国王一样是普通人，他具有两者的特征。"③ 泰国已故前总理克利·巴莫亲王也说："国王既是神明又是凡人，难点就在于神与人的界限，需要正确判断区分，是神多于人还是人多于神，若是偏差了会贻害。"④ 在泰国人民的心目中，普密蓬国王既崇高又神圣，是完美人格的形象。他的画像出现在大街小巷，家家户户挂有他的肖像。他被百姓视为既像佛陀一样神圣，又像父亲一样慈祥。

综上所述，曼谷王朝时期的神王崇拜可以分为三种情况：一是初期，这一时期的特点是以佛教中的轮回转世和功德观念为核心，国王宣称自己的神性地位是由于前世积累了巨大的善业的结果，而不是继承祖先的神的血统，这与拉玛一世取得王权的方式有关。二是中期，这一时期由于国王本人主张学习西方的文化思想和科学技术，他们不得不从深宫中走了出来，暴露在民众的视野之中，使得神秘性慢慢消失。三是当代，这一时期国王的神王特征呈现出两面性：一方面，因为与百姓广泛地接触，了解百姓的疾苦，帮助百姓解决实际困难，得到了百姓的尊敬和爱戴，他被百姓视为慈祥的父亲；另一方面，由于他积极支持宗教并在宗教修行方面达到了很高的造诣，具有了神王崇拜中的国王的优秀品德，被百姓认为是佛

---

① 陈元中主编：《东南亚政治制度》，广西师范大学出版社2012年版，第208页。
② Julian Gearing, "A Very Special Monarch", *Asiaweek*, December 3, 1999, p. 51.
③ The Public Relation Department, Office of the Prime Minister edited, *The Thai Monarchy*, 2000, p. 29.
④ 见 Steve Van Beek 编辑 Kukrit Pramoj: His Wit and Wisdom（曼谷：Duang Kamol, 1983）一书。转引自理查德·威廉·琼斯《大地的力量：普密蓬国王传》，巴萍·玛诺·迈威汶博士、孟籍译，Amarin Printing Pulishing Limited, 2008, 第70页。

陀、菩萨。因此，普密蓬·阿杜德通过帮助百姓解决实际困难和自身的宗教修行重新建构了神王的身份。在他身上，既体现出了素可泰王朝时期国王父亲般的亲民特征又体现出了阿瑜陀耶王朝时期神王般的特征，是二者的混合。

第四节 提婆罗阇对当代泰国国王加冕仪式的影响

吴哥王朝的宫廷文化对阿瑜陀耶王朝产生了深远的影响，尤其是提婆罗阇神王崇拜。直至今天，在泰国的宫廷文化中都还可以看到提婆罗阇神王崇拜的痕迹。正如澳大利亚学者所说的"吉蔑人、占人和爪哇人印度化的国王的提婆罗阇崇拜，在今日泰国依然存在，正是这种崇拜说明了近代泰人君主政体的许多特征"①。提婆罗阇崇拜在泰国宫廷文化中表现得最明显的地方是在国王的登基典礼中。

在当今泰国的皇家仪式中，国王的登基典礼可以说是最隆重的仪式了，也是古代阇耶跋摩二世所倡导的提婆罗阇信仰在泰国的延续。在这个仪式中，婆罗门几乎扮演了与阇耶跋摩二世时期相同的角色。因为在这个仪式上，还可以看出把国王神化的痕迹，与阇耶跋摩二世时期不同的只是没有把国王神化为林伽。

下面是当今泰国国王加冕仪式的描述：

拉玛九世普密蓬·阿杜德的登基典礼于1950年5月5日举行。在这个典礼上，首先由婆罗门法师请身着镶金边白色披巾的国王点"银香金烛"，登上尖顶仪式亭，面向东方坐上无花果宝座。在一声锣响之后，帕耶阿奴叻拉差蒙添揭开灌顶用器皿的盖。僧侣念吉庆偈陀，婆罗门法师吹法螺，泰、西乐队奏乐。同时，僧侣、婆罗门法师、王室重要成员向国王呈献灌顶水，宫外仪仗队鸣放礼炮21响。据说国王灌顶所用的法水由印度五大圣河即恒河、依洛瓦底河、玛希河等和泰国的五大河即湄南河、佛丕河、邦巴功河等及素攀府内四湖的水组成。献水完毕之后，国王身着盛装，来到大皇宫派讪塔杏殿，面朝东坐上宝盖下的御座，婆罗门法师用法

---

① [澳] A. L. 巴沙姆主编：《印度文化史》，闵光沛等译，商务印书馆1999年版，第659页。

螺在国王手中淋滴仙水，然后由站在御座前八个方向上的八名国民议员呈献经过一定的宗教仪式的登基水。国王先面向东，用登基水罐接受站立在东面议员的登基水，然后沿顺时针方向分别接受七个方向上七名议员的登基水。最后，上议院议长用摩揭陀语和泰语致颂词，向国王呈献登基水。这时婆罗门法师也用摩揭陀语致颂词，然后司仪把华盖交给婆罗门法师，再由婆罗门法师把华盖授予国王。这时婆罗门祭司吹法螺，乐队奏乐。婆罗门法师边念吠陀经边把象征王权的五件御器：王冠、御剑、御杖、御扇、御靴依次授予国王。① 国王接过御器，戴上王冠等。此时，婆罗门法师把铭刻着国王名字的金板授予国王。国王全名为："帕巴颂代帕波隆明塔拉玛哈普密蓬阿杜约台玛希拉贴斐拉玛抱底·却格里娄抱定萨亚明塔拉贴拉·波隆那托披。"② 意为：至高无上的帝释天、大地之神、暹罗神王、罗摩王、征服世界的国王、至尊至高的保护人、伟大的普密蓬·阿杜德国王。③ 之后，婆罗门法师把御用物品及勋章授予国王，念湿婆咒语、毗湿奴咒语，吹法螺，致颂词："普密蓬国王陛下在此登基，无敌于天下。"国王致答词："为了泰国人民的幸福，朕将以达摩治国。"④婆罗门法师用摩揭陀语和泰语说："吾等接受国王陛下威震四方雄狮吼般的誓言。"国王向八方国民洒法水、立誓言，然后脱去王冠、御靴、戒指等，来到大王宫阿玛玲差殿向僧侣布施"僧家四事"。僧王念经祝福。登基典礼结束。

从上面的描述中，可以推断出这样几点特征：

首先，虽然这个仪式的参加者，除婆罗门祭司、法师之外，还有佛教僧侣，甚至还有政府官员，但是婆罗门却扮演着基本的角色。国王、婆罗门法师、祭司之间的互动成为仪式的主要部分，也是核心部分。如开始时，由婆罗门法师请国王登上带尖顶的仪式亭，用法螺在国王手中淋滴仙水，把华盖授予国王，把象征王权的五件御器授予国王，把刻有国王名字

---

① 按巴利文经典解释，这五件御器、华盖和御车等要由帝释天因陀罗授予国王。
② 当今泰国国王加冕仪式上的称号，泰语为：พระบาทสมเด็จพระปรมินทรมหาภูมิพลอดุลยเดช มหิตลาธิเบศรรามาธิบดี จักรีนฤบดินทรสยามินทราธิราช บรมนาถบพิตร 参阅 ปิยะกาญจน์ ๆ พระมหากษัตริย์ไทย, สำนักพิมพ์ หอสมุดกลาง 09 พ. ศ. 2537, หน้า ๑๕๘
③ 戚盛中：《外国习俗丛书：泰国》，世界知识出版社1996年版，第67—68页。
④ 国王在加冕典礼上的致答词泰文为：เราจะครองแผ่นดินโดยธรรมเพื่อประโยชน์สุขแห่งมหาชนชาวสยาม 参阅 ปิยะกาญจน์ ๆ พระมหากษัตริย์ไทย สำนักพิมพ์ หอสมุดกลาง 09 พ. ศ. 2537, หน้า ๑๖๐

的金板授予国王等。由此可见，凡是与国王发生接触的行为都由婆罗门来完成。这可能说明只有婆罗门法师、祭司才有权与国王接触，因为在印度种姓制度中，低种姓是不能与高种姓接触的。婆罗门在种姓制度中是最高种姓，所以才能和国王接触。此外，婆罗门在仪式中还充当了近乎神灵的角色。在巴利文经典中，象征王权的五件御器是由帝释天因陀罗授予国王的，但在这里由婆罗门来授予，可见婆罗门的地位可与神灵相比。在印度宗教观念中，婆罗门不仅是主持祭祀的阶层，而且还是能与神灵沟通的阶层。他们"在宗教仪式上把它们（这里指赞歌）当作呼唤神明的工具，并把自己打扮成人、神之间的沟通者"①。所以，就像阇耶跋摩二世时期一样，婆罗门法师、祭司可能是唯一有资格主持国王登基仪式的人。虽然在国王登基典礼上也有佛教僧侣参加，但他们多数情况下只是念诵经文，主要的仪式活动还是要由婆罗门来完成。

其次，拉玛九世的登基典礼仪式似乎也暗示着把国王神化的意图。第一，仪式中带尖顶的仪式亭与印度宗教中的神灵有关，它"代表梅卢山，四周的婆罗门则代表婆罗门教传统观念中代表八个方向的八尊保护神"②。第二，象征王权的五件御器是由神灵帝释天因陀罗授予的，证明国王是能与神灵接触的人或者国王就是得到神灵认可来统治百姓的人。这就是《摩奴法论》中国王的起源。第三，就是婆罗门法师所念诵的湿婆咒语和毗湿奴咒语。虽然这些咒语的内容和具体目的是什么不得而知，但可以推测，在仪式中，其目的之一就是使国王与湿婆之间发生联系。也许这就是学者说的"通过婆罗门的行法，可以让湿婆进入国王的身体之内，使国王长生不死；通过婆罗门的行法，可以召唤全能的神力来维持世界的秩序"。这里所念诵的毗湿奴咒语，可能与毗湿奴的转世功能有关。在印度宗教神话故事中，毗湿奴常常转世到人间，成为国王，来拯救处于危难之中的人类。在国王的登基典礼上，念诵毗湿奴咒语，是不是也意味着把国王视为毗湿奴的转世呢？

再次，与印度宗教神话故事中的神灵最相关的就是国王的封号。这

---

① 王红生：《神与人：南亚文明之路》，人民出版社2011年版，第32页。

② Robert Heine‑Geldern, "Conceptions of State and Kingship in Southeast Asian", *Far Eastern Quarterly* 2 (1942), pp. 15—30.

个封号镌刻在一块金板上,由婆罗门法师授予国王。金板上国王的封号是个典型的受印度宗教影响的称号。从字面的意思看,它把拉玛九世视为了多尊神灵的化身,既有源自印度宗教的神灵,也有本地的神灵。源自印度宗教的神灵有帝释天因陀罗、罗摩。本地神灵虽然没有提到明确的名字,但可以知道他们不是来自印度的,即"大地之神""暹罗神王"。很显然,拉玛九世国王封号中出现了因陀罗这个称号,意味着国王如同因陀罗一样,是这个世界的唯一的统治者。因为因陀罗就是神界的最高统治者。至于封号中把拉玛九世称为罗摩王,这是希望他成为像罗摩一样地十全十美的完人。因为在印度宗教神话故事中罗摩被认为是毗湿奴大神的转世化身和王者的最高典范。此外,拉玛九世的名字中还出现了"至高无上的""至尊至高的"等这样的赞美词,这些词与《吠陀经》中用来赞颂神灵的形容词是相同的。在《吠陀经》中,人们"将最美好的颂词(如最上、最美、最大;光明、智慧、威力、慈悲等)献给他(所崇拜的神)"[1]。所以,既然用来赞颂神灵的词汇出现在国王的称号中,那么,就可以证明:人们就像赞颂神灵一样地来赞颂国王。因此,国王与神灵具有同等的地位和权威。所以,从拉玛九世的封号中就可以隐约窥见他既被视为神,也被视为伟大的、地位最尊贵的人,一个好丈夫,一个英雄,一个明君。这是他为什么会如此这般地受到百姓的尊敬和爱戴的原因之一。

最后,既然当今泰国国王的登基典礼是阇耶跋摩二世所倡导的提婆罗阇的延续,那么,就可以从这个仪式出发,还原提婆罗阇的仪式。当然也要考虑到仪式的变化:在经历了数百年之后,仪式本身也会因时因人因地而发生变化;虽然泰国的王宫内还保留了婆罗门教的仪式,但婆罗门祭司已完全泰化了[2];另外,泰国毕竟是几乎全民信奉小乘佛教的国家,国王也是佛教徒,佛教的思想观念对国王的加冕典礼产生了影响,如佛教高僧也参加了典礼仪式等。

尽管存在会发生变化的可能,但是泰国国王的加冕典礼似乎向人们暗

---

[1] 吕大吉:《宗教学通论新编》,中国社会科学出版社1998年版,第579页。

[2] [澳] A.L.巴沙姆主编:《印度文化史》,闵光沛等译,商务印书馆1999年版,第651—652页。

示了一些线索。这就是，在阇耶跋摩二世所倡导的提婆罗阇信仰仪式中，存在与当代泰国国王登基典礼上相同的情节，如婆罗门法师给国王淋滴仙水，念诵经文，授予国王象征王权的各种御器，婆罗门把国王的封号镌刻在金板上。当然，当时流行的是林伽崇拜，国王的称号或名字可能镌刻在林伽底座上，因为占婆王国曾经流行过这种信仰。至于阇耶跋摩二世的镌刻在林伽上的封号有没有像当代泰国国王的封号一样带有印度宗教中神灵的称号，后人无从知晓。因为人们并不知道阇耶跋摩二世的具体称号和名字。从字面的意思来看，"阇耶跋摩（Jayavarman，'受胜利保护者'）"这个称号并不是他的名字。这个称号只说明阇耶跋摩二世是无敌于天下者。因此，人们无法知道他姓甚名谁，称号中有没有出现湿婆、毗湿奴、佛陀、菩萨这样的字眼。但是按印度宗教中国王称号的传统，他的称号中应该带有与湿婆神有关的词，至少在死后的谥号中应该是这样，赛代斯的研究证明了这一点。据赛代斯研究，阇耶跋摩二世死后的谥号为波罗蜜首罗，"这个谥号是把一个尊人为神的名字用于柬埔寨统治者的第一个确凿的例证"①。

阇耶跋摩二世所倡导的提婆罗阇信仰，除了存在上述这些与当代泰国国王的加冕仪式可能相同之外。在这个仪式中，也应该有婆罗门法师致颂词，国王答致辞这样的情节。因为从这个仪式上看，婆罗门与国王之间的一问一答似乎是登基典礼的高潮和重点。就婆罗门的致辞而言，它说明了这是国王的登基典礼，在这个典礼上，国王将获得无穷的神力，战胜一切对手；而从国王的致答词这个角度来说，它向国民做出了保证，即为了人民的幸福，国王将以达摩治国。有学者认为"只要每个种姓都认真地履行自己的职责（达摩），社会就会达到和谐和统一"②。所以，国王也必须履行自己的达摩，学习吠陀，保护百姓的生命财产，支持宗教。后来的事实证明，当代泰国国王真正做到了以达摩治国的承诺。所以，在国王的登基典礼仪式中，国王对百姓的承诺是不可或缺的，否则将得不到百姓的支持。因此，阇耶跋摩二世的提婆罗阇仪式中似乎也少不了婆罗门致颂词和

---

① [法] G. 赛代斯：《东南亚的印度化国家》，蔡华、杨保筠译，商务印书馆2008年版，第179页。
② 朱明忠：《达摩——印度文化的核心概念》，《南亚研究》2000年第1期，第74页。

国王致答词这个环节。

综上所述，在当代泰国国王的登基典礼中，古代吴哥王朝阇耶跋摩二世所倡导的提婆罗阇神王崇拜还明显地表现了出来。在这个仪式中，虽然有佛教僧侣参加，但是，凡是与国王发生联系和互动的行为都由婆罗门僧侣来完成。这证明了，在这个加冕仪式中，婆罗门僧侣的角色就如同在提婆罗阇仪式中所扮演的角色一样，非常重要，是能将国王神化的唯一的人。此外，在这个仪式上由婆罗门祭司所赐予的国王称号，也证明了人们赞颂国王就相当于赞颂神灵。

本章小结

通过上述对泰国各个王朝时期神王崇拜的研究，可以得出泰国神王崇拜的特点：首先，是体现在国王的称号方面。无论是素可泰王朝、阿瑜陀耶王朝还是曼谷王朝，从国王称号就可以看出他们具有类神的地位。其次，是体现在使用特殊的皇室用语"拉查萨"方面，尤其是皇室用语中把称呼国王的前缀和神灵、佛陀的称号联系起来。这一方面，导致了人们称呼国王就如同称呼神灵；另一方面，则说明了国王与神灵具有同等的地位和权威，国王被当作神灵来颂赞。再次，就是泰国历史上的许多国王都通过做宗教功德使自己成为"佛王"，如素可泰王朝最后的四位国王，阿瑜陀耶王朝的第十八世王、第二十二世王和第二十七世王和当今曼谷王朝的第九世王等都被称为"达摩王"。复次，就是体现在誓水仪式上。在誓水仪式中，国王被认为是能通神的人，如果有谁不忠于国王，国王将请神灵对不忠者进行惩罚。由于国王有通神的能力，所以，他被认为与神合一。最后，就是体现在当代泰国国王的登基仪式中。在这个仪式上，人们还可以看到数百年前的提婆罗阇崇拜，即把国王当作神灵的痕迹。

第六章　曼陀罗式的东南亚神王崇拜

第一节　曼陀罗模式与梅卢山的关系

"曼陀罗",又译"曼荼罗",源于梵语 Mandala,由"中心"(manda)和"围绕中心的元素"(la)两部分组成,即一个中心和围绕中心的"卫星"两部分共同构成。有学者认为,曼陀罗最基本的图形"由五、六个同心圆构成。最外圈象征火,凡人不得闯入;第二圈为金刚圈,象征阳光普照;第三圈为八座坟,象征人生如寄;第四圈为莲叶圈,象征极乐世界;第五圈,即最内的一圈,则为曼荼罗本身"①。所以,曼陀罗最基本的含义就是由具有同一圆心的多个圆圈所组成的圆形图案。另有学者认为:"在梵文中曼陀罗的字面意义就是圆周和中心。"②"'manda'还有'心髓''本质'之意,'la'也有'得到''得'的意思,因此,曼荼罗一词从字意解释为'获得本质',也就是说获得佛陀的无上正等正觉。"③由此可见,"曼陀罗"的内涵还包括了获得相当于佛陀的地位。此外,曼陀罗还有"证悟的场所""道场"的意思,指佛教信徒们设坛以供如来、菩萨聚集的场所,后来曼陀罗被密宗派认为是诸佛、菩萨、圣者的居所。④ 所以,曼陀罗实际上已经与神灵、佛陀、菩萨等紧密地联系在一起。

实际上,"曼陀罗"这种图案(见附图二十七)最早源于印度——西

---

① 朱狄:《信仰时代的文明》,中国青年出版社1999年版,第162页。
② 琼斯、米瑞尔:《曼陀罗的宇宙观》,庄严译,《西藏旅游》1995年8月15日,第17页。
③ 昂巴:《藏传佛教密宗与曼荼罗艺术》,人民出版社2011年版,第45页。
④ 同上书,第45—46页。

藏的佛教传统。在印度坦特罗教（Tantra，密教）和佛教中，神界所构成的各种宇宙图案被认为就是曼陀罗，即由处于中心的梅卢山和围绕中心的海洋和山峰构成的神界（宇宙）①。因之，曼陀罗的结构就与印度宗教神话故事中的大宇宙（神界）相一致，即两者是同一的。大宇宙中心的梅卢山就是曼陀罗结构的中心，宇宙的轴心，是一切创造力量的源泉。没有这个中心，世界将不会存在。正如学者所说："（曼陀罗的）中心象征永恒的潜能，从这个取之不尽的源头，所有种子得以生长、发展，所有细胞得以实现其功能；甚至对于原子来说，没有原子核及围绕其旋转的成分粒子，那么原子是不会存在的。小到原子大到恒星，其能量均来源于中心。"② 由此可见，处于曼陀罗图案中心的梅卢山是宇宙得以存在的源泉。梅卢山被看作世界之柱，是把天堂和人间分开的标志。它的形状有时被描绘为顶端比下部较宽，周围有许多神山，尤其是保护之神所居住的东、南、西、北四个方向上的具有神力的四座神山。有西方学者这样评论梅卢山："梅卢山是宇宙的中心，它在横向和纵向上都是对称的，如山巅上有神仙之城，而山底下则有恶魔阿修罗之城。"③ 在印度教中，梅卢山由八尊神灵分别守护着东、南、西、北和东南、东北、西南、西北八个方向；而在佛教中，则只有四大保护之神分别守护着东、南、西、北四个方向。

按照印度宗教（婆罗门教、佛教）的宇宙观念，如果人类世界（小宇宙）与神界（大宇宙）是相一致的，那么，来自大宇宙东、南、西、北四个方向上的魔力将会给人类世界带来幸福和繁荣，如果人类世界与神界不相符，那么，宇宙魔力将会给人类带来混乱，甚至灾难。④ 因此，人类世界的统治者们就在各个方面尽量模仿大宇宙，处处以大宇宙的结构、模式、观念来建构，以体现自己的国家就是神界的缩影。

---

① Stanley J. Tambiah, "The Galactic Polity: The Structure Of Traditional Kingdoms In Southeast Asia", *Anthropology and the Climate of Opinion*, Annals of the New York Academy of Sciences, New York, 293, p. 69.

② 琼斯、米瑞尔：《曼陀罗的宇宙观》，庄严译，《西藏旅游》1995年8月15日，第15页。

③ I. W. Mabbett, "The Symbolism of Mount Meru", *History of Religions*, Vol. 23, No. 1 (Aug., 1983), p. 66.

④ Robert Heine-Geldern, "Conceptions of State and Kingship in Southeast Asian", *Far Eastern Quarterly* 2 (1942), p. 15.

曼陀罗模式和处于宇宙中心的梅卢山对东南亚古代国家国王的影响很大。在建立国家的时候，统治者们都会以曼陀罗的模式来思维。如要把王都建在王国的中心，王宫要建在王城的中心，象征梅卢山的神庙要建在王宫的中心；王宫内的各种官员和妃子的数目要与神界神灵的数目相一致；王国的部（省、属国）的数目要与神界神灵的数目相一致等，就如学者所说的，"这种观念大量存在于文学故事中，存在于碑铭中；存在于国王、王后、大臣的称号中；存在于王后、大臣、宫廷传教师、省（部）的'宇宙'数目中；还存在于仪式和习俗中；艺术作品中；存在于王都、皇宫、寺院的整体规划、布景和建筑中"①。此外，曼陀罗模式也被东南亚古代各国用来处理国与国之间的关系。在这种模式中，"相邻国家被视为潜在的敌人，而不相邻国家则被视为潜在的朋友，因为不相邻的国家之间能够达成限制共同敌人的野心的各项条款"②。

总之，曼陀罗的结构及处于曼陀罗结构中心的梅卢山对古代东南亚各国的影响很大，"传统的东南亚王国以符合曼陀罗图表的思想观念来处理各种事务"③。按照曼陀罗的观念，婆罗浮图和吴哥寺就被认为是曼陀罗的结构了。④ 因此，东南亚地区无论是古代的宗教建筑、宫殿建筑、王都的位置甚至是国王的地位都符合了印度宗教神话故事中曼陀罗的模式。曼陀罗模式的"中心"和"围绕中心的圆圈"观念贯穿于整个东南亚地区的神王崇拜之中。

第二节　宗教建筑中曼陀罗式的神王崇拜

体现神王合一崇拜的宗教建筑在东南亚古代不同国家有着不同的称

---

① Robert Heine–Geldern, "Conceptions of State and Kingship in Southeast Asian", *Far Eastern Quarterly* 2 (1942), pp. 15—30.

② Colin Mackerras edited, *Eastern Asia: An Introductory History*, London: Longman, 2000, p. 84.

③ Stanley J. Tambiah, "The Galactic Polity: The Structure of Traditional Kingdoms In Southeast Asia", *Anthropology and the Climate of Opinion*, Annals of the New York Academy of Sciences, New York, 293, p. 69.

④ Ibid.

谓,在爪哇地区称为坎蒂(Candi),在巴厘岛称为梅卢(Meru)①,在占婆地区称为卡兰(Kalan),在柬埔寨地区则称为寺山(Temple Mountain)或国寺。有时学者们也将上述四者合称为印度教神庙。

东南亚信奉小乘佛教国家的佛塔、寺庙等与坎蒂、卡兰和寺山"虽然同是举行宗教仪式的活动场所,但其建筑形式及内涵都迥然不同"②。佛塔、寺院实际上没有神王合一的象征意义,内部并没有像神庙一样安放着象征神王合一的林伽(神灵)雕像。所以,东南亚信奉小乘佛教国家的佛塔、寺院不包括在神王合一这种类型的宗教建筑之内。

在古代东南亚的宗教建筑遗物中,最能体现神王崇拜思想的是吴哥建筑群、婆罗浮图建筑群和普兰巴南建筑群。这些建筑群无论在空间结构方面还是在平面布局方面都体现着神王合一的观念。

一 平面分布与神王合一崇拜

(一) 婆罗浮图的平面分布与神王合一崇拜

"婆罗浮图"是梵文 Borobudur 的音译,意为"山丘上的佛塔",是古代印度尼西亚前马达兰王国夏连特拉家族统治时期的遗物,位于中爪哇日惹以北42公里处马格朗县克杜(Kedu)山谷中的一座山丘上,处于普洛格戈河和其支流艾罗河的汇合处,东、南、北三面均有火山环绕,被称为"圣地"。据说婆罗浮图的选址受到印度的影响,因为印度就是以恒河和朱木纳河的交汇点作为圣地的。从婆罗浮图建筑群的空间结构分布上来看,该建筑群就是完美的曼陀罗图案。因此,就与印度宗教中的神灵和国王有关。

婆罗浮图始建于夏连特拉王朝毗湿奴国王执政时期(约公元775—782年),而完工于50年后的巴拉普特拉国王执政和比卡丹摄政时期。其建筑所使用的材料取于附近的灰色多孔火山岩,是一座巨大的阶梯式锥形建筑,在构造上并无佛堂祭室,而是一座巨大的坛场。顶端正中央是一个大钟形窣堵波,周围分布着小窣堵波,这些小窣堵波从空间上形成围绕大

---

① I. W. Mabbett, "The Symbolism of Mount Meru", *History of Religions*, Vol. 23, No. 1 (Aug., 1983), p. 74.

② 段立生:《泰国文化艺术史》,商务印书馆2005年版,第117页。

窣堵波的圆形平台。围绕大窣堵波的小窣堵波，坐落在三个平台上。三个平台逐级下降，即第一层外是第二层，第二层外是第三层。每个平台形成一个圆圈，每圈一层（见附图二十八）。从上至下，每个平台的直径分别为26米、38米、51米。第一个平台上有小窣堵波16个，第二个平台上有24个，第三个平台上有32个，共72个。每个小窣堵波内镂刻出许多菱形格子，从格子中可以看见其中的坐佛，这些坐佛姿态各异。

第三层圆形平台外是方形平台，也是逐次下降，共有五层。方形平台下面是坛基，由两层构成。从远处眺望，可以看到整个建筑物都围绕着正中央的大窣堵波，与曼陀罗的图案完全一致。

婆罗浮图没有供人参拜的主佛，整座建筑物犹如一个巨大的曼陀罗坛场，没有内部空间，外观就是它的全貌，整座建筑物呈寺山形。

最下层台基之上的方形平台，面积依次递减，边长由下至上分别是81米、74米、67米、60米和54米。每层方形平台的边缘，均筑有很高的护栏，护栏与上层之间形成宽约2米的回廊。回廊两侧，亦即护栏内壁与上层平台外侧主墙上均有精美的浮雕嵌板，嵌板共1406块，上面雕刻着佛传故事。主墙浮雕嵌板的上方，按一定间隔开凿出向外的佛龛，共计432个，每一佛龛里均有一尊等身大的坐佛，佛像所在的方位不同，施的法印也不同。

底层台基周围也有一套浮雕，描绘着日常生活中的善恶行为如何产生报应。要不是日本人1942—1945年间占领爪哇岛时，挖开了一小部分石墙，使得里面坛基墙壁上的浮雕暴露出来，人们也不会知道该台基墙壁上还有浮雕。

关于婆罗浮图所代表的内涵，有多种说法，其中最著名的就是"三界说"。佛教中的三界，就是欲界、色界和无色界。"三界说"认为，最下层的台基部分，代表"欲界"，是深受各种欲望所支配的生物居住之地；中间的方形，代表"色界"，是指已断绝了各种食、色诸欲的众生所居之地；最上面圆形平台部分则代表"无色界"，指这里是既无欲望又无形色的众生所居之地。① 因此，婆罗浮图的层次结构是佛教修行者从受欲望折磨的凡世逐步走向逃脱痛苦的涅槃境界的过程。在受印度神王观念影

---

① 谢小英：《神灵的故事：东南亚宗教建筑》，东南大学出版社2008年版，第88页。

响的国家中，国王是前世已经积累了巨大的功德者，是神灵的转世和化身。因此，婆罗浮图的"三界说"就是国王从凡界到神界的体现。

关于婆罗浮图的内涵的另一种观点就是"十地说"。这种观点可以作为本文神王合一信仰的直接证据。持这种观点的是西方学者德卡斯帕里斯，他从公元842年的一块碑铭中推断出婆罗浮图的全称是"步弥三巴罗步陀罗"（Bhumisambarabhudhare），意思是"菩萨修行十地山"，代表菩萨修行的次第。

根据流行于东南亚的古代印度神王观念，每位国王都有建立自己的神灵雕像的习俗。8世纪末在位的夏连特拉王朝的国王因陀罗在婆罗浮图的门杜陵庙和帕旺陵庙外面雕刻了九尊菩萨像，"这和婆罗浮图实际共有九层竟相一致，婆罗浮图每一层埋一个国王的骨灰，这可见山帝王朝至因陀罗已有九代，因之，人们推论到门杜陵庙的九个像，也就是因陀罗的九世祖先像"①。婆罗浮图台基部分被掩盖起来的意思是这里是埋葬因陀罗国王本人的地方，因为他还没有死，所以就把它掩埋起来。剩余部分，即从第二层直至第十层分别代表夏连特拉王朝每位国王死后与神灵（菩萨）合一的地方。

从德卡斯帕里斯把婆罗浮图全名解读为"菩萨修行十地山"来看，有一个问题必须弄清楚，即修行的主体是谁？是什么人修行菩萨道的"十地山"？从古代受印度神王观念影响下的东南亚各国统治者在生前就要建立一座保存代表自己的神像（有时是林伽）的神庙作为死后的陵墓来看，婆罗浮图又是由国王建立起来的。这种推论可以从王任叔先生的研究中得到证实，他对婆罗浮图的用途评论说："婆罗浮图建筑在一个山丘之上，形如佛塔。但它还是王国的祖先埋葬骨灰的地方，等于是王陵。"②所以，这里的"菩萨修行十地山"指的就是国王修行菩萨的次第，即国王通过修行达到菩萨果位后进入的地方。前文相关章节中已经讨论过的"佛王合一"也包括了国王通过各种修行达到菩萨果位这种现象。按照大乘佛教的解释，婆罗浮图中央的大窣堵波与佛陀有关，因为"佛陀本身是隐藏着的，他似隐似现、似有似无。主佛塔为整个建筑的冠冕，按照建

---

① 王任叔：《印度尼西亚古代史》（上），周南京、丘立本整理，中国社会科学出版社1987年版，第404—405页。

② 同上书，第404页。

造者的设想，它应该是佛陀坐禅处"①。所以，正中央的大窣堵波代表佛陀。按"菩萨修行十地山"的观点，离正中央越近的平台，即离正中央越近的夏连特拉王朝的祖先，其修行所达到的果位就越高，因为他们更接近正中央的佛陀。但是，笔者在这里所讨论的并非只有正中央的佛陀才是神王合一的对象，而是包括了最下层的菩萨。从这个角度来说，婆罗浮图又是神王合一信仰的神坛。实际上，婆罗浮图具有多维度体现神王合一信仰的功能，就如有的学者所说的："婆罗浮图是窣堵波，是寺山，是曼陀罗，是祖先的陵庙，也是王与菩萨合一的体现，在这种交织的意象中，我们可以体验到佛教与本土文化间撞击出的火花，婆罗浮图正是这种交融结出的硕果。"② 无论是窣堵波、寺山、曼陀罗，还是祖先的陵庙，都是象征神王合一的证据。

（二）普兰巴南中的神王合一信仰

普兰巴南始建于公元900年比卡丹执政时期，后来巴利栋（巴利通）国王在位时期对其进行了扩建，但直到达克萨国王在位时期才最后完工，是印度尼西亚古代最宏伟壮丽的印度教陵庙，也是印度尼西亚建筑、雕刻和绘画艺术史上一颗璀璨的明珠，位于日惹通往梭罗的大路边，在日惹市东18公里处，距梭罗市55公里。有的学者认为，普兰巴南"是为埋藏国王、王后和王室成员的骨灰而建造的，也是为了与佛教建筑婆罗浮图攀比的产物"③。

普兰巴南是一座巨大的复合式建筑物，中间是三座正殿（见附图二十九），四周用围墙围了起来。三座正殿中，正中间的是湿婆神殿，左右分别为梵天神殿和毗湿奴神殿。三座正殿外又加建了别的大厦，作为寺院的一部分。走廊的墙壁上刻着《罗摩衍那》的故事画。三座正殿正中的一座，石像下有个石坑，一部分已用作贮藏骨灰，另一部分还空着。从这可以设想，它们还同佛教寺院一样，是玛达兰王国国王作为陵墓用的。

与三座正殿相对的是三座小陵庙。这三座陵庙中分别供奉着三大主神的坐骑，即南迪（牛，湿婆坐骑）、咸鹅（鹅，梵天坐骑）和迦楼罗

---

① 梁志明等主编：《东南亚古代史》，北京大学出版社2013年版，第198页。
② 谢小英：《神灵的故事：东南亚宗教建筑》，东南大学出版社2008年版，第88页。
③ 梁志明等主编：《东南亚古代史》，北京大学出版社2013年版，第199页。

（鹰，毗湿奴坐骑），但现在迦楼罗神庙内已空无一物。

普兰巴南主塔群分三层，底部面积为 390 平方米，中部 222 平方米，顶部 110 平方米。主塔是湿婆塔，占地 34 平方米，塔高 47 米。主塔群有大小陵庙 224 座，每座高 14 米，基座为 6 平方米，顶部另有 16 座大小佛塔。主塔群分成相对的两排，中间以地沟为界，周围分散着许多小塔。

关于普兰巴南陵庙建筑群所代表的神王合一崇拜，可以从以下几个方面来分析：

首先，从陵庙内所供奉的神像这个角度来看，普兰巴南就是神王合一信仰的场所。在古代印度神王观念中，"国王被认为或者是神灵的化身，或者是神灵的后裔，或者两者兼而有之"①。因此，国王死后还得回到神界中去，他们所供奉的神灵就是自己的"原身"，死后就回到了原来的地方。在这些化身为国王的神中，"在大多数情况下，化身为国王的是湿婆，或者是国王是湿婆的后代"。这样的例子并不难找到，如在神话传说中，占婆王国第一位国王优珞阁（Uroja），据说就是湿婆的儿子，是湿婆派来的；其次，据 14 世纪的《爪哇史颂》记载说，所有的国王都是湿婆的化身；再次，11 世纪东爪哇的爱尔朗加国王，就自认为是毗湿奴的化身，等等。

普兰巴南正中央大陵庙内虽然供奉着印度教三大主神，但从他们所处的位置来看，代表国王的是处于正中央的湿婆神，湿婆神所代表的是该陵庙群的建筑者之一巴利栋国王。有学者认为，那尊高 3 米的湿婆神像，据说是国王巴利栋的化身。②

普兰巴南正中央大陵庙除了供奉象征国王的神灵之外，还供奉着象征其他王室成员的神灵，如湿婆的妻子杜尔佳（Durga），儿子伽内什（Ganesha，象头神）等。杜尔佳据说是巴利栋王后的化身，伽内什据说是王子的化身。当然，普兰巴南陵庙群中还有供奉其他象征权贵们的神灵雕像的陵庙。那些小陵庙就是专门用来供奉象征权贵们的化身神像的。

因此，普兰巴南是以神王合一的理念即把国王、王室成员视为神灵的

---

① Robert Heine - Geldern, "Conceptions of State and Kingship in Southeast Asian", *Far Eastern Quarterly* 2 (1942), p. 22.

② 梁敏和:《印度宗教文化与印尼原始宗教文化的融合》,《北大东南亚研究论文集》2009 年。

理念来建造的。里面所供奉的每一尊神灵，在现实生活中几乎都能找到"真身"。湿婆、毗湿奴、梵天、佛陀、菩萨这些主神的"真身"是国王。真身是神灵下凡，在死后则要回去与"原身"会合，回到神界梅卢山，恢复神灵原貌。① "普兰巴南陵庙群的创建基本上是模仿了神话中描述的众神居住的马哈穆罗山，因此，各种雕刻和装潢都是按照神仙境界模样完成的。"②

其次，普兰巴南陵庙的平面结构分布为本文提供了很好的曼陀罗式的结构图。从平面上看，普兰巴南有这样几个同心圆圈。第一圈，即中心部分，就是中央大陵庙或内墙所包含的主神庙；第二圈，即把中央主神庙和四周环绕的小神庙分离的空间；第三圈，围绕主神庙的小神庙；第四圈，小神庙之外的空间。所以，整座建筑群从平面上看，从内到外，就是神庙、空间、神庙、空间，如果从外往内看，则顺序反过来。普兰巴南神庙建筑群的分布与曼陀罗式的宇宙结构是一致的，即正中央部分就是宇宙的中心梅卢山，外圈则代表围绕宇宙中心的环形海洋和陆地。根据"大宇宙"和"小宇宙"的理论，正中央部分的主神庙就代表着象征因陀罗的国王，那些小神庙则代表着象征环绕梅卢山的环形海洋和陆地的相对独立的各诸侯国国王。这种推论可以从普兰巴南围墙外面所建立的许多小寺院中得到证实。据称，这些小寺院有190多个（一说156个）。③ 因为在古代巴厘岛，一个大寺院的周围一定要分别建立一些小寺院以表示各个乡村围着一个作为政治中心的城市。由此推之，普兰巴南正中央的大神庙及寺院是属于王国的，即王国中央政府的，而分别建立的寺院属于各地土邦的或是某些农村公社的。这种结构就是曼陀罗式的，体现了处于中央神庙中的国王就是神王。周围的小神庙，即各土邦或属国的统治者，为了从共主那里获得神力而尽力与之靠拢。④

---

① 陈显泗、杨海军：《神塔夕照——吴哥文明探秘》，云南人民出版社2001年版，第85页。
② 梁敏和：《印度宗教文化与印尼原始宗教文化的融合》，《北大东南亚研究论文集》，2009年。
③ 王任叔：《印度尼西亚古代史》（上），周南京、丘立本整理，中国社会科学出版社1987年版，第458页。
④ O. W. Wolters, *History, Culture, and Region in Southeast Asian Perspectives*, Singapore: Institute of Southeast Asian Studies, 1982, p. 21.

（三）吴哥寺的平面分布与神王合一崇拜

吴哥寺，又称"吴哥窟"，或"小吴哥"，英文写作"Angkor Wat"，建筑面积约2平方公里，是世界上规模最大的宗教建筑物，始建于苏利耶跋摩二世在位时期（公元1113—1150年），直至13世纪初阇耶跋摩七世（公元1181—1215年在位）时期才最后完工，历时近90余年。像其他神庙一样，吴哥寺既是国王生前的寝宫，又是死后的陵墓。

从整座寺庙的外观上来看，吴哥寺的建造理念是典型的曼陀罗式的结构，由多层长方形回廊组成的建筑物及其之间的间隔组成，即由多个同心长方形回廊组成（见附图三十）。最外面的长方形回廊是一道护城河，长1500米，宽1360米，河面平均宽度为190米；从外到内的第二个长方形回廊是用红土所筑成的围墙，东西长1025米，南北宽802米，高4.5米。护城河和围墙之间由东、西两道堤连通，两堤与进入里面的东门、西门相连。西堤长200米、宽12米，上铺砂岩板，堤道两侧的护栏上各蹲立着一头石雕巨狮，护栏上还各雕刻着一尊七头蛇神"那伽"，神蛇的7个头呈扇形分布。东堤则是一道土堤。西门是吴哥寺的主要入口，门廊宽约250米，门廊正中有3个门洞，上均有石塔。穿过门廊就是第三道长方形回廊了，这是一个可以容纳数千人的大广场。广场中间是一条由大门通向神殿的中央石道，长约350米。石道高出广场地面1米多，两侧各一座藏经阁及池塘。第四道长方形图案就是吴哥寺的主体建筑，是一座建在一个石砌的长332米、宽258米的台基上的神殿。神殿由一组通过多层回廊环绕、逐层递进上升的塔群组成，是典型的印度教宇宙观念图景。

吴哥寺的主体寺庙又分为三层，每层四周都有石砌回廊围绕。各层的四边都有石雕门楼，以遮盖回廊。两层之间用阶蹬连接，阶蹬上面以屋顶覆盖。回廊、石塔、石门楼上均有大量精美的图案装饰。

从整体上来看，吴哥寺所代表的象征印度神王观念的曼陀罗分为两个层级：

第一个层级是远观的视角，即把整座吴哥寺看作是宇宙山——梅卢山，而围绕寺庙的护城河就是梅卢山周围环形的海洋，围绕护城河的就是环绕着梅卢山的环形陆地。在印度宗教宇宙观中，梅卢山是神仙之城所在地，是神仙们居住的地方。梅卢山本身也是分层级的，神仙之城位于山顶，周围最下层是保护之神的居所，从最下层开始的第二层是天堂，这里是印度教中33尊天神的居所，梅卢山之上是重重叠叠的宝塔，是其他神灵居住的地方。①

从上述对吴哥寺的描述中可以看到，围墙及内部的空间和主体寺庙的分布也是分层级的，所以符合了曼陀罗的理念，是神界宇宙的模仿。有学者从建筑学的角度评论说"吴哥窟风格的建筑是高棉建筑巅峰时的代表，这种风格在平面布局上表现出成熟的大家风范，不但将中心对称与中轴对称完美融合，还将印度教的宇宙哲学贯穿其中，体现了神权和王权的统一，充溢着力量感"②。

第二层级是近观的视角，即把围墙及内部所包含的空间和建筑物作为印度宗教中的大宇宙，即不包括护城河。用这种角度来分析的原因是，吴哥寺主体部分本身也是分层级的。除了围墙、围墙与主体寺庙之间的空间是第一、二个层级之外，主体神庙还分为三层，这也和印度宗教神话故事中的宇宙是一致的。此时，代表梅卢山的主体神庙、围墙和空间就成为了环绕梅卢山的环形陆地和"海洋"了。主体神庙的三个层级逐次升高，如同梅卢山之巅的宝塔一般，"位于最高层的平台中央筑有高塔，塔尖离地65米，与二层平台四角的小塔形成完美的组合，象征着印度教和佛教神话中的宇宙中心和诸神之家——须弥山"③。因此，从近处的角度看，吴哥寺也象征着神王合一观念，是建造者苏利耶跋摩二世把自己视为印度宗教神话故事中的神灵的一种手段。他把毗湿奴的雕像供奉在吴哥寺主塔之内。这尊毗湿奴的雕像跨在他的坐骑迦楼罗上，"当然这是国王作为毗湿奴的化身而被神圣化的象征"④。

（三）坎蒂中的神王崇拜

古代爪哇地区特有的神庙坎蒂（Candi）也是国王在世时安放他所崇拜的神灵的地方。国王死后，则把它当作陵墓，埋葬在这里，所以，坎蒂又称陵庙。有的西方学者说"坎蒂的功能就是敬奉死去之后与神合一的

---

① Robert Heine‑Geldern, "Conceptions of State and Kingship in Southeast Asian", *Far Eastern Quarterly* 2 (1942), p. 17.
② 谢小英：《神灵的故事：东南亚宗教建筑》，东南大学出版社2008年版，第114页。
③ 梁志明等主编：《东南亚古代史》，北京大学出版社2013年版，第298页。
④ [英] D. G. E. 霍尔：《东南亚史》（上），中山大学东南亚历史研究所译，商务印书馆1982年版，第153页。

国王或王后的场所"①。由于佛教和印度教在古代印度尼西亚同时存在，所以，"坎蒂不分佛教或印度教"②。

印度尼西亚的坎蒂除了寺庙主体建筑外，还包括附加建筑，如宗教仪式洗浴池、修行隐居所、入口、走廊等。王任叔先生认为，"坎蒂"这个词来源于印度的"Chandigriha"，意思是"Chandi"之家，"Chandi"则是死之女神。③ 因此，所有被称为坎蒂的建筑，大都是保存国王骨灰的地方。

就中爪哇的坎蒂而言，大体形状是垂直的柱状物，包括基部或脚部、主体、顶部三个部分。坎蒂的三个部分分别代表凡界、纯界、神界。④ 代表神王合一的神灵雕像就放在主体部分的神龛上。

东爪哇的坎蒂虽然沿用了中爪哇的原形，但也发生了变化。东爪哇的坎蒂大体上可以分为两种类型：一种以查威坎蒂（Jawi）和基达尔坎蒂（Kidal）为代表，即包括三个垂直的部分：地基、主体、顶部，与中爪哇地区的坎蒂略显矮胖而又更倾向于平面感而言，东爪哇的坎蒂则更显极强的垂直感，中间部分突出了纤细感，顶部则形成了金字塔形，目的在于突出顶部的高耸；另一种以查果坎蒂（Jago）为代表，以阶梯状结构为特征。这种坎蒂一般包括几个平台，平台之间有台阶相连，越往上，平台越小，台阶最末处就是胎室。胎室就是放置象征神王合一信仰的神像的地方，即相当于神龛。有学者也指出，"胎室内原先放有一尊或几尊雕像，这些神像往往被认为是某一国王"⑤。

在古代印度尼西亚，人们认为，坎蒂是死去的祖先的住所，因为国王祖先是神灵，因此，坎蒂也就是神灵的住所。崇拜神灵就等于崇拜祖先。所以，在这里，古老的祖先崇拜与神王崇拜相结合了。⑥ 从形状上来看，

---

① Ann R. Kinney With Marijke J. Klokke, *Worshiping Siva and Buddha: The Temple Art of East Java*, Honolulu: University of Hawaii Press, 2003, pp. 29—30.

② 吴虚领：《东南亚美术》，中国人民大学出版社2010年版，第367页。

③ 王任叔：《印度尼西亚古代史》（上），周南京、丘立本整理，中国社会科学出版社1987年版，第441页。

④ Ann R. Kinney With Marijke J. Klokke, *Worshiping Siva and Buddha: The Temple Art of East Java*, Honolulu: University of Hawaii Press, 2003, p. 30.

⑤ 吴虚领：《东南亚美术》，中国人民大学出版社2010年版，第367页。

⑥ Ann R. Kinney With Marijke J. Klokke, *Worshiping Siva and Buddha: The Temple Art of East Java*, Honolulu: University of Hawaii Press, 2003, p. 30.

坎蒂与印度教、佛教中的梅卢山（须弥山）非常相似，具有塔状尖顶、分层的主体，结实的地基。因为神仙居住在梅卢山上，所以，古代印度尼西亚国王用坎蒂作为自己的陵墓，就是把自己比作居住在梅卢山上的神仙。因此，坎蒂就是神灵和祖先居住之地梅卢山的微缩版。

现存的爪哇地区的坎蒂基本上都是东爪哇时期的，大多都已残破，保存完好的已不多了，只有几座，如查果坎蒂（Jago）、查威坎蒂（Jawi）、帕纳塔兰坎蒂（Panataran）、贝拉汉坎蒂（Belahan）等。

二 空间结构与神王合一崇拜

东南亚的印度教神庙，尽管被有的学者按不同的艺术风格将其划分为吴哥式、占婆式、爪哇式、巴厘岛式和泰米尔式5种类型[1]，但从整体轮廓来看，都具有下宽上窄、分层分级、折角突出、顶端越来越细的特点。这些特点与印度教、佛教神话故事中的梅卢山的形象联系在一起，也体现出神王合一的思想观念。就如学者所说的："神性不仅在神殿里显现，也表现在寺庙本身的结构、形制中。"[2]

虽然古代柬埔寨各王朝、爪哇岛上各王朝和占婆王国各王朝所修建的神庙各有特点，但其基本的形状和象征意义却没有改变，都类似于四周陡峭的山峰，有的学者又将其形容为玉米棒子形和炮筒形。神庙的主体由三部分构成，一是坛基，二是根部，三是上部。在空间结构上，特征最明显的是根部和上部。根部就如同房子的柱子一样，目的在于支撑上部。但并不是一根根可以计数的柱子，而是由多个阶梯状的折角所构成的墙体。根部最初由面向东、南、西、北四个方向的四个立面合围而成，正面朝东[3]，其他三面往往有假门。从正面拱门可以进入陈放代表国王神性本质所在的神灵雕像的胎室。

在古代印度宗教神话故事中，人类总是要受到来自神界东、南、西、北四个方向上的宇宙神力的影响。因此，神庙的四个立面应该分别正对着

---

[1] 吴杰伟：《东南亚印度教神庙的分类及特点》，《南洋问题研究》2013年第4期，第78—85页。

[2] 谢小英：《神灵的故事：东南亚宗教建筑》，东南大学出版社2008年版，第239页。

[3] 吴杰伟：《东南亚印度教神庙的分类及特点》，《南洋问题研究》2013年第4期，第80页。

这四个基点方向①，以使寺山与梅卢山一致。但是大多数的寺山根部，已不再是由四个立面合围而成了，每边以折角的方式形成了多个立面，因为折角先向外逐阶增加，然后再向内逐阶递减。这样，神庙四边的每边已不再是一个立面，而是带有多个折角的多个立面，四边都以同样的方式构成，使得整座神庙的根部看起来就如同由无数个折角所构成的圆柱状物。如普兰巴南三座主神殿的根部就是由多个折角构成的。折角从根部一直延伸到顶部，把庙身变成了布满无数凹槽的"山峰"（见附图二十九）。

多个折角导致了东、南、西、北每个方向上都有多个立面。按印度宗教神话故事的习惯，每个立面有一尊神灵来保护的话，那么立面越多则保护该神庙的神灵数目越多，说明神庙的主人权力越大。此外，由于神庙的每边都有多个立面，每个立面就是一个独立的单元，每个单元就成为艺术家创作神灵故事的空间，立面越多，创作的空间越大，能承载的故事越丰富，越能体现出神界的图景。普兰巴南神庙建筑群、吴哥窟神庙建筑群中由多个折角形成的立面墙壁上布满了各种神仙的浅浮雕就是最好的例证。这些神仙的浮雕说明了该建筑物是神灵生活的地方，神庙内所供奉的神灵雕像是国王的"原身"，死后要转世回到神界。这些浮雕就是神界形象。正如学者所说："显然，苏利耶跋摩二世在生前就已经打算将他的寺山作为陵庙，提前设计了遍布美丽天女的天堂（见附图三十一）。他在寺山中供奉了毗湿奴的神像，那就是他自己；在他死后，他将自动化身为毗湿奴神，去主宰世界，受后世子孙和万民的尊崇。"② 因此，对于神庙内所供奉的象征国王的神像而言，它是神王合一的体现。此外，每个向外凸起的折角从根部一直贯穿到顶部，布满整座神庙周身，使得神庙从顶端到根部都形成了纵向的"山峰和沟壑"。这样，整座神庙构成了名副其实的梅卢山。神庙内的国王更成了名副其实的梅卢山的统治者——因陀罗。

从横向方面即水平方向上来看，古代东南亚的印度教神庙明显地具有分层分级的特点。这是统治者把自己神化在建筑上的体现。有学者这样评论东南亚的印度教神庙："以神秘山脉形式建筑的重叠扩建的吉蔑寺庙，

---

① I. W. Mabbett, "Devaraja", *Journal of Southeast Asian History*, Vol. 10, No. 2 (Sep., 1969), p. 210.

② 吴虚领：《东南亚美术》，中国人民大学出版社2004年版，第139页。

以及不仅是礼拜之地、而且也是皇陵和机构的设计似乎将尘世的王朝与灵界联系在一起。"① 因此，东南亚的印度教神庙是世间国王和天堂神灵的连接点。这样，人们以神界的形状来建造神庙就不足为奇了。

从分层分级方面来看，与印度教、佛教中梅卢山的形状非常相似。因为在婆罗门教（印度教）中，宇宙的中心是名叫贾布威巴（Jambudvipa）的环形陆地，环形陆地之上是梅卢山，梅卢山之上才是神仙之城。所以这里就出现了山上有山的"层级"观念。佛教的宇宙观与此大同小异，只是在佛教中，梅卢山的山坡是天堂的最下层，这里是宇宙四大保护之神的居所，梅卢山山顶是第二层天堂，是33尊天神居住的地方，是神仙之城。梅卢山之上，是重重叠叠的宝塔，是其他天神的居所。② 因此，无论是在婆罗门教的宇宙观中还是在佛教的宇宙观中，都具有明显的"分层分级"的特点。有学者这样评论说："须弥山"（梅卢山）檐顶数目（总是非偶数）反映神和神的地位如何（这座建筑即供献给他）：11层为湿婆，9层为梵天或毗湿奴等。③ 古代东南亚印度教神庙分层分级的理念与此有关。将神庙建成层层重叠的目的就在于把它塑造成梅卢山的形状，以体现这里是神灵的居所。国王埋葬在这里的目的就是要证明他死后要恢复到神灵的状态，回到神界，因为他是神界的一员。甚至有的西方学者认为国王在天堂里是地位比较高的神："国王，作为梅卢山（神庙）的主人，应当被认为是印度教万神殿中的某个领导之神。"④

东南亚的印度教神庙在水平方向上的"层级"特征主要体现在根部和顶部。神庙的根部如同一根柱子，它的作用除了内部留出一个不太大的空间作为胎室以保存神灵雕像外，最主要的功能还是作为顶部的支柱。由于留出一个空间用作胎室，所以，神庙的根部基本上是垂直的，这是根部与顶部的最大区别。虽然是垂直的，但也看得出分层的痕迹。

---

① [澳] A. L. 巴沙姆主编：《印度文化史》，闵光沛等译，商务印书馆1999年版，第658页。

② 这些神仙的居所一般情况下分为26层。参阅 Robert Heine-Geldern, "Conceptions of State and Kingship in Southeast Asia", *Far Eastern Quarterly* 2 (1942), p. 17.

③ [美] 克利福德·格尔兹：《尼加拉：十九世纪巴厘剧场国家》，赵丙祥译，王铭铭校，上海人民出版社1999年版，第252页。

④ I. W. Mabbett, "Devaraja", *Journal of Southeast Asian History*, Vol. 10, No. 2 (Sep., 1969), p. 210.

顶部则不一样。顶部建在由根部形成的平台之上。建筑师们在建完根部之后，把根部的顶端做成另建一个神庙的平台形状，即相当于另一个坛基，根据根部的折角走势，把根部按一定比例缩小后建在平台之上，这样，顶部的折角才能与根部的折角重合，形成一道连续的沟壑。由于建筑师采用了建完一层再建另一层的步骤，所以，层与层之间的分界非常明显。有时为了突出层与层之间的关系，建筑师们还会使用不同形状的材料来建层与层之间的分界区。有的分界区凸出明显，又构成了一层，有时层与层之间的分界区表面饰以各种图案。建筑师们有时将有的平台周围留出足够的空间来放置各种神灵雕像或其他各种与神界有关的雕像，普兰巴南三座主塔就属于这种形制。有的平台四周没有留出足够的空间，所以就没有放置神灵雕像的地方，8世纪爪哇迪恩高原上的比玛神庙（Bima）（见附图三十二）就属于这种形制。这种形制的神庙，由于层与层之间缩进的比例不大，顶端不尖，所以它的形状基本上呈木桩形，各立面比较陡峭。

  在印度宗教神话故事中，神灵分为多个级别，分别住在不同的神界里。印度教神庙在水平方向上具有分层分级的特点与此有关。每个层级的四周都雕铸着各种神灵的雕像，这是神界的生活图景。实际上，东南亚的印度教神庙就是梅卢山的再现。梅卢山的占有者国王就相当于神界的因陀罗。

  这里需要强调的是，虽然古代东南亚地区的印度教神庙起源于印度，但与印度的神庙已不相同了。有的学者这样评价说："婆罗浮屠和吴哥窟无疑都看得出印度影响的迹象，但它们绝不是印度建筑的翻版。在印度考古发掘中，也不存在完全像它们一样的建筑。"[①] 所以，虽然神灵是印度的，但国王神化的方式是东南亚的。

  综上所述，古代东南亚地区的印度教神庙，从平面分布方面来看，主神庙总是处于中心位置，四周由更小的神庙环绕，小神庙的外面或者还有围墙，围墙之外有护城河等，就像婆罗门教、佛教中的宇宙中心梅卢山被海洋和陆地层层环绕一样。就空间结构而言，古代东南亚地区的神庙在垂

[①] ［澳］A. L. 巴沙姆主编：《印度文化史》，闵光沛、陶笑虹、庄友、周柏青等译，商务印书馆1997年版，第652页。

直方向上无论是吴哥寺的周身还是普兰巴南主塔群的周身都布满了由许多折角所构成的立面。这些立面分别正对着东、南、西、北和东南、东北、西南、西北各个方向。这与印度教、佛教中宇宙之山由神灵守护着四面八方相一致。另外，从水平方向上来看，东南亚的印度教神庙具有明显的分层分级的特点，这也是受印度教、佛教中神灵的居所是分层级的观念的影响的结果。

第三节　王城、王宫中曼陀罗式的神王崇拜

一　古代东南亚王城的位置与曼陀罗图案

按印度宗教神话故事中神仙之城位于神界的中心梅卢山上的观念，世间国家王城的位置也要在小宇宙（王国）的中心，就如学者所说的，即便不在王国的地理位置的中心，至少也要在王国的魔力的中心①，要被山水环绕，省和属国要分布在王城的周围，要形成环绕王城的圆圈，这样，王城就代表着梅卢山，国王就是因陀罗。这方面的实例是可以找到的。建立于9世纪初的吴哥王朝，耶输达罗补罗（Yasodharapura）是它的王城之一。该城每边长两英里半，呈正方形，其中每边都正对着东、南、西、北四个基点方向，正中央是一座山——巴肯山（Phnom Bakheng）。巴肯山由一些小石头组成。按照印度宗教宇宙观念，整座耶输达罗补罗城代表着神界，呈四方形是与神界由四大保护之神在东、南、西、北四个方向守卫着神界相一致，而正中央的巴肯山则代表整座梅卢山，因为梅卢山的位置处于神界的正中央。巴肯山内供奉着象征湿婆的林伽。林伽象征着现实国王的神圣本质，关乎国家的生死存亡。

据缅甸编年史记载，古代骠人王国的王城室利差呾罗（Srikshetra，即碑谬）位于下伊洛瓦底江，据说是由因陀罗带头来建造的，形状犹如梅卢山之巅的神仙之城输多萨纳（Sudarsana），共有32道门，中间有一金宫。"从王城的其他部分可以看出，存在着把王城建成圆形的企图。"②

---

① Robert Heine-Geldern, "Conceptions of State and Kingship in Southeast Asian", *Far Eastern Quarterly* 2 (1942), pp. 17—18.

② Ibid., p. 19.

在古代缅甸，存在着国家有几个省（属国），王城就有几道门的习俗，因此，室利差呾罗的 32 道门就对应着 32 个省，32 个省的首领和国王一起构成了大宇宙中神灵的数目"33"，国王就是这 32 位首领的统治者"因陀罗"。有学者认为，在古代缅甸的神王观念中，方形观念已经替代了大宇宙中的圆形观念①，因为那些王城的遗迹是呈方形的。公元 1857 年由敏同王建立的曼德勒（Mandalay）也是一个很好的例子。从外观上看，整座城呈正方形，每边长近一英里，每边正对着东、南、西、北四个方向，整座城被一条护城河环绕，护城河之内是一道环形的城墙，城墙之内才是人居住的地方。王宫位于正中央，王宫议事大厅的御座之上是七层的宝塔，因此，整座王宫被认为是梅卢山。曼德勒城每边城墙上都有三道门，四边共 12 道，门上雕刻着行星黄道带图案，暗示着该城是天堂的形象，因为行星在环绕着宇宙神山旋转。有学者这样评论说："缅甸国王们喜欢通过天道（cosmic lines）建立新都来展示其威严"，"首都和国家的布局区划都反映了佛教的宇宙观中处于中心的梵天为其他 32 位神灵所簇拥环绕的观念"②。除上述说到的几个王城外，缅甸的其他王城如阿瓦、勃固等都是皇宫坐落在巨大的正方形城堡中心，城堡由城墙和护城河环绕。

14 世纪中期在湄南河下游崛起的泰人阿瑜陀耶王朝，也是一个受印度神王观念影响比较深的国家之一，这从其王城阿瑜陀耶的选址和分布上也能够得到说明。据历史记载，阿瑜陀耶王朝最早的王城并不是后来的阿瑜陀耶城，而是在罗斛地区，"然后，一次霍乱流行迫使他（乌通王）离开原住的城市，他就向南迁移了五十英里，在湄南河中一个岛上建立了新的首都，名叫堕罗钵底·室利·阿瑜陀耶"③。阿瑜陀耶城所坐落的小岛由河沙淤积而成，北面是华富里河，西面和南面是湄南河，东面开凿了一条巴萨运河，这样，华富里河和湄南河就连在一起，对阿瑜陀耶城形成了合围。不知是有意还是无意，围绕阿瑜陀耶城的两大河流和人工开凿的运

---

① Robert Heine-Geldern, "Conceptions of State and Kingship in Southeast Asian", *Far Eastern Quarterly* 2 (1942), p.19.

② ［澳］安东尼·瑞德：《东南亚的贸易时代：1450—1680 年》（第二卷《扩张与危机》），孙来臣、李塔娜、吴小安译，孙来臣审校，商务印书馆 2010 年版，第 87—88 页。

③ ［英］D. G. E. 霍尔：《东南亚史》（上），中山大学东南亚历史研究所译，商务印书馆 1982 年版，第 224 页。

河就形成了环绕王城的海洋，整座阿瑜陀耶城就如同印度宗教神话中的梅卢山。虽然城内纵横交错的水道和陆路打乱了印度宗教宇宙观中的环形理念，但是城内各个街区周围又被水环绕，形成了大小不同的次级宇宙结构（见附图三十三）。因此，整座阿瑜陀耶城就如同完整的梅卢山。

二　大宇宙结构式的宫廷和行政管理

古代印度的神王观念也渗透进了东南亚各国的宫廷习俗中。这里还是以古代缅甸的宫廷习俗为例来说明这个问题。据说，古代缅甸有四个大王后和四个小王后。王后的称号分别为东妃、北妃、西妃、南妃等，她们分别代表着宇宙的四个方向和东南、东北、西南、西北四个方向。有证据表明，古代缅甸的宫廷内，国王办理公务的大厅周围是各个大臣的办事大厅，目的是强调国王代表着处于宇宙中心梅卢山之巅、天堂之内作为群神之君的因陀罗的角色。[①] 另外，缅甸末代王朝国王锡袍王（Thibaw）的宫廷中有代表宇宙东、南、西、北四个方向的大臣，他们的职责就是各负责处理王城和王国内的四个方向上的事务。显然，他们分别与佛教中保卫宇宙中心梅卢山的四大保护之神相对应。他们的旗帜的颜色与梅卢山上四大守护之神的相一致，如负责东方的大臣的旗子是白色的，代表东方的守护神；负责北方的大臣的旗子是黄色的，代表北方的守护神等。缅甸的这种宇宙观念数目不仅在大臣中存在，也存在于下层官员中，如有四个下等秘书，八个助理秘书，四个传令官，四个皇家差使等。总之，古代缅甸宫廷内的各种职位的配置都遵循着印度宗教观念中宇宙神灵的数目。

印度宗教中的神王观念在泰国阿瑜陀耶王朝的宫廷中也比较突出。在国王之下，分别设立了四个部来协助国王完成对国家的管理，这四个部是：政务部、宫务部、财务部、田务部。政务部负责地方行政和司法，宫务部负责管理宫廷内部的事务和审理国民诉讼，财务部主管王国财政收入，田务部负责实施农田生产和粮食储备。[②] 虽然阿瑜陀耶王朝宫廷中所设立的管理国家的四个部并不位于东、南、西、北四个方向上，但从

[①] Robert Heine‑Geldern, "Conceptions of State and Kingship in Southeast Asian", *Far Eastern Quarterly* 2 (1942), p. 20.

[②] 中山大学东南亚历史研究所编：《泰国简史》，商务印书馆1984年版，第14页。

"四"这个数字的角度来说,它所代表的可能就是佛教宇宙观中守护神仙之城的四大神。此外,阿瑜陀耶王朝时期的大臣被划分为左部和右部,即南和北两个部分。这也是跟印度宗教宇宙观念有关。在国王加冕仪式上,官员们分别坐在国王的左右两侧,因为国王面东而坐,他的右手就在南方,而左手则在北方,右边的大臣主管军政,左边的大臣主管民政,原因是代表战争的火星处于南方。实际上,阿瑜陀耶王朝时期的百姓也被划分为左(北方)右(南方)两个集团。左手集团代表民政,右手集团代表军政。所以,阿瑜陀耶王朝国王任命坐在自己右手边的大臣主管军政明显是受到了印度宗教宇宙观念影响的结果。

三 王宫中象征神王崇拜的符号

王宫是国王和王室成员居住和处理国家日常事务的地方。在受印度宗教文化影响的东南亚国家中,王宫是最能体现神王崇拜的实物之一。但是东南亚古代国家的王宫由于建筑材料本身不易长久保存的原因,或者是人为的种种破坏的原因而很少能够完整地保存下来。现今东南亚地区保存得比较完好的是泰国的王宫。即便是泰国的王宫,也只不过是三百多年的时间而已,更早的都在战火中灰飞烟灭了。所以,此处只以泰国现存的大皇宫为例,来论述神王崇拜这个问题。

泰国的大皇宫始建于1782年曼谷王朝拉玛一世时期,位于曼谷市中心,最先按大城王朝的旧宫来建造,后来,在各位国王不断地扩建下,直到今天成为占地面积218400平方米的伟大建筑群。大皇宫是泰国历代王宫中保存得最完好、规模最大、最富民族特色的宫殿,是国家的宗教中心和处理政务的中心,也是国王和王室成员的居所。但由于拉玛八世1946年在宫内头部中弹身亡,所以拉玛九世便从大皇宫搬到宫外东面新建的拉达宫居住。大皇宫现今主要用于举行国王的加冕典礼和一些宫廷仪式,也对外开放,供游人参观。

大皇宫是受印度神王观念影响的统治者利用宗教来作为统治工具的重要体现,即把王权和神权紧密结合起来,把国王等同于神灵的一种观念。就如莫海量所说:"混合性的宗教文化满足了统治者政治的需要,各种神灵给君王们带来了灵感,他们通过在皇宫内修建更大、更宏伟的寺庙神殿,重塑着神的世界模式,唤起信徒的感情和想象力,使君王与神灵合二为一。"① 无怪乎，大皇宫内处处都体现出神灵的色彩。

首先，从大皇宫中一些比较著名的宫殿的名称来看，它们似乎与神灵有着某种联系。如最有名的节基殿、因陀罗殿等。"节基"的意思就是"手持神盘者，即黑天（毗湿奴的一个化身）""世界之王""帝王"。实际上"节基"，就是梵语"转轮王"（cakravartin）这个词的音译。在佛教中被称为转轮王的只有佛陀。所以，曼谷王朝的建立者把王朝的名号称为"节基"（又译"却克里"）并把自己所建造的王宫取名为"节基宫"，意在证明自己就是那个"转轮王"，即佛陀。正如学者所说的："在泰国，佛像和佛殿的大门都朝向东方，国王的御座也是面向东方，不言而喻，国王将自身看做佛。"② 此外，因陀罗是印度婆罗门教中最早的神灵之一，是战神。国王把自己的宫殿命名为"因陀罗殿"可能是这个殿专供因陀罗使用，或者这个殿是由因陀罗所造，再或者就是这个殿与因陀罗神有关。

其次，泰国大皇宫中最能说明神王崇拜的证据就是分层高耸的佛塔、分层的伞盖、无处不在的神蛇那伽等与宗教神灵有关的图案和建筑。

大皇宫中高耸的佛塔与印度宗教宇宙观念中梅卢山上呈宝塔状的神灵居所相似，意在说明，这里就是神灵的居所，国王、王室成员被视为神灵。至于各宫殿中国王御座上方的分层的伞盖，泰语称为"差"，意思为"多层华盖"，也可以在神仙居住的地方找到。根据婆罗门教（印度教）、佛教的宇宙观念，梅卢山上神仙居住的地方是分层级的，即天堂是分层级的，天堂最下一层是人类居住的地方，从第二层开始才是神仙居住的地方，神仙也是分等级层次的，从第二层往上按地位逐级上升，就如学者所说的："梅卢山之上的多层宝塔是其余的神仙居住的地方。"罗伯特·海涅-格尔登（Robert Heine - Geldern）认为，梅卢山上神仙居住的地方共分26层，当然有时也会有变化。③ 所以，多层华盖象征着梅卢山上神仙的居所。大皇宫中国王宝座上方和周围的多层华盖因而也说明，这就是神灵的居所，是把国王神化的表征。据有的学者说，多层

---

① 莫海量等：《王权的印记：东南亚宫殿建筑》，东南大学出版社2008年版，第22页。
② 同上书，第203页。
③ 参阅 Robert Heine - Geldern, "Conceptions of State and Kingship in Southeast Asian", *Far Eastern Quarterly* 2 (1942), p. 17. 注释②。

华盖或白伞象征国王的统治权,是一种统治工具,"它代表受保护的隐蔽的达摩或崇高的法和至高无上的统治权"①,同时,"伞盖和宝座一般即用以代表佛"②。所以,这些学者的观点也说明,国王代表最高的法,他就是达摩。

大皇宫给人印象最深的除了高耸的佛塔之外,恐怕要算无处不在的那伽龙头雕像了。在大皇宫的各种建筑物中,只要是非笔直的能雕刻成尖状物的地方都会以那伽头的形状出现,如屋脊两端上翘部分、房屋山墙两斜边的末梢部分、楼梯扶手、甚至国王龙座的靠背上等,都装饰着那伽图案,或那伽龙头。大皇宫中的这些那伽图案与印度宗教有关,婆罗门教、佛教中都有那伽神。在婆罗门教中,在神仙和魔鬼搅乳海获取长生不老的仙药的过程中,正因为那伽被作为绳捆绑在梅卢山上,才使得神仙和魔鬼们能搅动乳海,取得仙药。在佛教中,传说在佛陀悟道的前一天,那伽神用自己的身体为佛陀遮风挡雨,后来那伽变化为人类剃度出家。泰国和东南亚其他国家所发现的那伽护卫着佛陀的雕像就是源于此。因此,大皇宫中无处不在的那伽神蛇雕像预示着这个地方是神灵毗湿奴所在的地方,或者这个地方就是佛陀悟道成佛的地方。因为从大皇宫中的那伽雕像上看,尤其是房屋顶部,围墙顶部的那伽头形雕像,呈现出保护生活在其中的主人之状。就如有学者所说的"建筑的尖顶、国王的王冠、宝座的基座都象征着这座山(梅卢山),而居住于尖顶之下、就座于宝座之上的国王等同于一位神明,塔状尖顶的建造也是为了象征、颂扬国王的神性"③。

最后,泰国的国徽和皇室标志——迦楼罗(Garuda)是一个半人半鸟的神物,有的学者称其为金雕,有的学者称其为大鹏金翅鸟,是毗湿奴大神的主要坐骑,用以装饰普密蓬·阿杜德国王的节杖和皇室旗帜。泰国的许多政府机构都将迦楼罗运用到自己的徽章上,代表该部门为国王服务,即为国家服务。此外,国王还会将迦楼罗这个标志授予国家做出巨大贡献的机构,象征着"受皇室任命、指派"的意思。但颁发这样的标志

---

① [美]约翰·F.卡迪:《东南亚历史发展》,姚楠、马宁译,上海译文出版社1988年版,第42—43页。
② 常任侠编著:《印度与东南亚美术发展史》,上海人民美术出版社1980年版,第14页。
③ 莫海量等:《王权的印记:东南亚宫殿建筑》,东南大学出版社2008年版,第54页。

的情况是很少的，这将被视为一种崇高的荣誉。① 所以，迦楼罗也是神王崇拜的典型代表，因为它代表着国王。

综上所述，古代东南亚受印度神王观念影响国家的王城的位置要与宇宙神界梅卢山的位置相似，都要处于王国的中心，即便不是王国地理位置的中心，也要是王国的魔力中心，而且还要有环绕王城的代表神界的环形海洋和山峰的河流或城墙。王宫内各种建筑物的分布、国王御座所处的位置、各种官员的配置也要与神界相一致。泰国大皇宫内节基殿、因陀罗殿等一些宫殿的名称，宫殿内宝塔形的伞盖、无处不在的神蛇那伽，象征国王权力的王徽迦楼罗等，都是神王崇拜的具体体现。

第四节 梅卢山与东南亚的神王崇拜

有学者认为"梅卢山以第三种维度的方式升起，它穿透了天堂；在穿透天堂的过程中它超越了时间和空间；在超越时间的过程中，它成为了一种使平面断裂的魔法工具"②。所以，梅卢山是到达天堂的通道。世间的国王通过这个通道就能与神界沟通。就如马贝特所说："梅卢山并不是简单的环形的中心，它是一台垂直起降的升降机，它把大宇宙和小宇宙，神与人，时间和非时间连接了起来。"③ 受印度宗教文化影响的东南亚古代国家国王之所以在生前都要建立一座象征梅卢山的神庙来供奉自己所崇祀的神灵而死后则把这里当作自己的陵墓，就是因为国王相信自己死后能通过神庙进入天堂。正如学者评论的："须弥山（Meru，即梅卢山），即世界的中心、肚脐和枢轴，是天界、地界和阴界的交汇点，是神、人、魔鬼得以往来于几种存在领域的旱桥。"④

在印度宗教神王观念中，国王本身是神灵之一，居住在梅卢山上，转

---

① *Thailand into the* 2000's, Published by the National Identity Board Office of the Prime Minister, Bankok, Kingdom of Thailand, 2000, pp. 4—5.

② I. W. Mabbet, "The Symbolism of Mount Meru", *History of Religion*, Vol. 23, No. 1 (Aug., 1983), p. 66.

③ Ibid., p. 68.

④ [美] 克利福德·格尔兹：《尼加拉：十九世纪巴厘剧场国家》，赵丙祥译，王铭铭校，上海人民出版社 1999 年版，第 136 页。

世化身来到人间是为了拯救"正法"遭到破坏，而处于混乱不堪的人类世界的，死后还要恢复到神灵的状态，回到神界梅卢山上去。有的西方学者也说："国王有神圣的来源，转世到人间，是来拯救人类的，死后还得回到原来的地方，即恢复到神灵本身的状态。"① 象征梅卢山的神庙就是国王"回家"之路。为了能够死后回到家中，人们把国王的骨灰、遗物等保存在一个容器中，并把容器埋藏于神庙内的神龛底下；为了能够恢复到神灵的状态，东南亚古代的统治者大多都会根据自己的形象来雕铸所供养的主神雕像，或者根据神灵的形象来雕铸自己的肖像，并把这些雕像保存在象征梅卢山的寺山（神庙）内，以示国王通过雕像与神合二为一，并通过寺山（神庙）回到了神界。因此，东南亚古代受印度宗教文化影响国家的国王都要建造保存"神我"的寺山。阇耶跋摩二世建造的寺山就是吴哥王城中坐落在正中央的巴肯寺（Bakheng），里面供奉的就是象征国王的林伽。阇耶跋摩七世建造的寺山就是巴扬寺，因为阇耶跋摩七世信奉的是大乘佛教，所以巴扬寺内供奉的就是象征自己的佛陀或菩萨雕像。苏利耶跋摩二世建造的寺山就是吴哥窟，有学者认为："吴哥窟的建筑设计模拟印度教观念中的宇宙，中央高耸的金字塔形基坛和其上的五塔仿照宇宙中心妙高山而建，四周的回廊象征喜马拉雅山的山峰，而最外层的护城河则象征深邃的海洋"②，吴哥寺内到处可见作为毗湿奴化身的国王肖像，体现着高棉人的宇宙观和神王崇拜的思想精髓。爱尔朗加建造的神庙就是贝拉汉浴池，因为那里有他坐在毗湿奴神身上的雕像。肯·昂罗建造的神庙就是卡根南甘（Kagenangan）坎蒂，在这座陵庙里供奉着他的以湿婆形象制作的神像。③ 阿努沙帕提建造的神庙就是基达尔坎蒂（Candi Kidal），象征他的湿婆雕像原先就保存在这里，但后来被荷兰殖民者运去了该国。④ 毗湿奴瓦尔达纳建造的神庙就是查果坎蒂（Candi Jago），这

---

① Ann R. Kinney With Marijke J. Klokke, *Worshiping Siva and Buddha: The Temple Art of East Java*, Honolulu: University of Hawaii Press, 2003, p. 25.

② 吴虚领:《东南亚美术》，中国人民大学出版社 2004 年版，第 138 页。

③ 王任叔:《印度尼西亚古代史》（下），周南京、丘立本整理，中国社会科学出版社 1987 年版，第 511 页。

④ Ann R. Kinney With Marijke J. Klokke, *Worshiping Siva and Buddha: The Temple Art of East Java*, Honolulu: University of Hawaii Press, 2003, p. 92.

里有他以菩萨形象雕铸的神像。① 此外，占婆国王拔陀罗跋摩（Bhadra-varman）也在美山地区建立了一座保存象征自己与湿婆林伽［湿婆—拔陀罗首罗（Bhadresvara）］结合的神庙，据说这座神庙是占婆地区最早的陵庙。

这些供奉在神庙里的神像，被人们认为是国王的真身，他们也像人类一样，有生命，有喜怒哀乐，需要衣食住行。平日里，国王和臣民必须很好地侍奉他们，给他们献祭，甚至给他们换衣洗澡，献上鲜花、水果、食物，燃香点灯，顶礼膜拜，取悦他们，这样才会得到他们的保佑，才会六畜平安，生活幸福。据说，那些洗过神灵的水就是圣水，除了一部分保留下来以备再次使用之外，其余的就分给在场的人们。②

因为每位国王都建立自己的神庙，甚至有的国王建有多座神庙，因此，神庙越来越多。直到今天，东南亚地区的印度教神庙随处可见。就如陈显泗所说："这些做法便是从他（阇耶跋摩二世）的统治时期开始。他以后的继承者们将此继承下来，沿袭下去，故而才有了标志着这个王朝灿烂文化的众多的建筑的出现和遗留。"③

在印度教、佛教观念中，梅卢山除了象征神仙居所之外，它本身也被信徒们视为了神灵，被人格化，"在某种意义上，国王就是梅卢山"④。"在外印度的佛教国家，国王的加冕典礼由婆罗门主持。在这个仪式上，主要的特征之一就是坐在御座上的国王代表梅卢山，四周由八位在婆罗门教宇宙观中代表八个方向上的八尊保护之神的婆罗门围绕。"⑤ 因此，在婆罗门教、佛教观念中，梅卢山除了象征神界的中心之外，本身还被认为是神，而且是被人格化的神。梅卢山本身代表神灵这种现象也常被东南亚的统治者用来神化自己。在爪哇神话故事中，国王是梅卢山人格化之后的

---

① Ann R. Kinney With Marijke J. Klokke, *Worshiping Siva and Buddha: The Temple Art of East Java*, Honolulu: University of Hawaii Press, 2003, p. 95.

② Ibid., p. 20.

③ 陈显泗：《柬埔寨两千年史》，中州古籍出版社1990年版，第241页。

④ I. W. Mabbet, "The Symbolism of Mount Meru", *History of Religion*, Vol. 23, No. 1 (Aug., 1983), p. 80.

⑤ Robert Heine-Geldern, "Conceptions of State and kingship in Southeast Asia", *Far Eastern Quarterly* 2 (1942), pp. 21—22.

骨架，婆罗门是他的眼睛，刹帝利是他的脖子，吠舍是他的身躯，首陀罗是他的腿。① 在1906年柬埔寨国王西苏瓦（Sisowath）的加冕仪式上，国王本身就被认为是梅卢山。他的右眼代表太阳，他的左眼代表月亮；他的手和脚代表东、南、西、北四个基点方向；头顶上的六层华盖代表最下面的六层天堂；他的皇冠代表梅卢山之顶的因陀罗宫上的尖顶；他的拖鞋代表大地。②

东南亚国家国王除了把自己说成是梅卢山这种现象之外，还通过某种方式把自己与梅卢山联系起来以证明神圣性和合法性，其中比较常见的方式就是比喻或暗喻。这种方式的本质与把国王直接比喻或暗喻为某尊神灵的方式是一致的。在受印度神王观念影响下的东南亚，把国王比喻为神灵是一种常用的将国王神化的手段。这种方式尤其在早期的国王神化中用得比较多，如古代爪哇岛上的达鲁玛王国国王普尔那跋摩就被比喻为毗湿奴，前马达兰王朝的爱尔朗加被比喻为阿周那等。这可能与东南亚地区生产力水平的发展变化有关。

梅卢山处于曼陀罗图案的中心，统领着周围一切的模式被东南亚的统治者用来宣示自己的权威。因为古代东南亚早期的国家是"一批为数众多，大小不一的政权，它们是在引进印度文化之后，吸收印度的王权观念而逐步建立起来的"③。恰如Wolters博士所说，"曼陀罗"制（或称"王圈"制）就是代表一些没有明确的空间地理边界的特殊的、不稳定的政治形势，处于这种形势下的每个小国家都会从各个方向寻求自身的安全。④ 曼陀罗制国家集团能够形成的原因是处于共主地位的国王是世界超凡的中心⑤，他掌握着神力⑥，他是创造的开始。各小政权围绕在共主周

---

① I. W. Mabbet, "The Symbolism of Mount Meru", *History of Religion*, Vol. 23, No. 1 (Aug., 1983), p. 73.

② Robert Heine - Geldern, "Conceptions of State and Kingship in Southeast Asia", *Far Eastern Quarterly* 2 (1942), p. 22.

③ 梁志明等主编：《东南亚古代史》，北京大学出版社2013年版，第261页。

④ O. W. Wolters, *History, Culture, and Region in Southeast Asian Perspectives*, Singapore: Institute of Southeast Asian Studies, 1982, p. 17.

⑤ [美]克利福德·格尔兹：《尼加拉：十九世纪巴厘剧场国家》，赵丙祥译，王铭铭校，上海人民出版社1999年版，第150页。

⑥ 梁志明等主编：《东南亚古代史》，北京大学出版社2013年版，第262页。

围的目的是寻求国王神力的保护。

以曼陀罗制的模式组织起来的古代东南亚国家集团在半岛地区最为典型的就是吴哥王朝阇耶跋摩七世统治时期以吴哥为政权中心的国家集团。当时，占婆的首都佛逝城，老挝的万象地区，今天"泰国的披迈、华富里、素攀、叻武里、佛统等地就是他的属地"①。阇耶跋摩七世对这些属地的统治方式就是曼陀罗式的。这可以从他把象征自己的菩萨雕像送到这些属地这件事中得到证实。因为神像（有时是林伽）是国王神性之所在②，神像代表王权。在海岛地区，据碑铭记，出现于公元 7 世纪中后期的室利佛逝王国是一个部落首领以寻找神力的方式建立起来的。用这样的逻辑思维来判断，室利佛逝对所征服地区的控制也是用神力来完成的，即通过曼陀罗的方式来统治的。这种判断从 Wolters 的研究中得到了证实，他认为公元 7—11 世纪室利佛逝的统治者对苏门答腊和马来半岛实施着曼陀罗式的权威。③ 另外，公元 14 世纪爪哇岛上的麻喏巴歇（Majapahit）王朝，由爪哇岛、大部分的苏门答腊岛、一些印度尼西亚群岛组成，毫无疑问这是一个曼陀罗式的国家集团。这几个不同的岛屿之所以能够组合在一起形成一个国家，就是因为他们有一个具有神力的国王。这个国王就是格尔塔那加拉（Kertanagara）和他的重孙拉查萨纳加拉（哈奄·武禄）。格尔塔那加拉征服小国的手段就是通过他所谓的"佛陀—拜依拉哇"仪式，这个仪式首先使他成为湿婆—佛陀，然后再派人把象征自己的神像送到小国去，以示自己的神力已经到达了那个地方，要那里的统治者承认他的宗主地位，否则就会派军队去进攻。

综上所述，曼陀罗模式和处于这个模式中心的梅卢山对东南亚国家国王产生了深远的影响。首先，以梅卢山为中心的曼陀罗模式使得东南亚古代国家按照这个模式来组建。在曼陀罗模式的影响下，东南亚古代国家国王要有与大宇宙中的神灵数目相同的大臣、省（属国）、王妃等。其次，

---

① จิตร ภูมิศักดิ์ โองการแช่งน้ำและข้อคิดใหม่ในประวัติศาสตร์ไทยลุ่มน้ำเจ้าพระยา กรุงเทพฯ: ฟ้าเดียวกัน 2547 หน้า ๑๗

② Robert Heine – Geldern, "Conceptions of State and Kingship in Southeast Asian", *Far Eastern Quarterly* 2 (1942), pp. 15—30.

③ O. W. Wolters, *History, Culture, and Region in Southeast Asian Perspectives*, Singapore: Institute of Southeast Asian Studies, 1982, p. 21.

曼陀罗模式中的梅卢山被认为是连接天人的通道，世间的国王通过这里可以到达天堂，所以，东南亚各国的国王才会把象征自己"原身"的雕像保存在这里，以便死后能从这个通道回到原来的地方。再次，因为梅卢山通过创造力量来统摄着周围的一切，所以，东南亚古代国家国王也把自己说成是梅卢山本身，具有神力，通过把象征神性的雕像送给属国来宣示自己的权威。最后，东南亚古代国家国王往往会把自己说成是梅卢山，他的四肢分别代表曼陀罗模式中的四个不同方向，以此来神化自己。

本章小结

曼陀罗就是由中心和围绕中心的同心圆圈共同构成的图案。在印度宗教中，曼陀罗的中心具有无穷的力量，是一切创造的源泉。这个中心统摄着周围的一切。在印度教、佛教宇宙观念中，曼陀罗的中心就是梅卢山，是诸佛、神灵和菩萨的居所。曼陀罗的结构及处于曼陀罗结构中心的梅卢山对古代东南亚各国的影响很大，传统的东南亚王国以符合曼陀罗图表的思想观念来处理各种事务。首先，古代东南亚受印度神王观念影响国家的王城的位置要与宇宙神界梅卢山的位置相似，都要处于王国的中心，即便不是王国地理位置的中心，也要是王国的魔力中心，而且还要有环绕王城的代表神界的环形海洋和山峰的河流或城墙。王宫内各种建筑物的分布、国王御座所处的位置、各种官员的配置也要与神界的相一致。其次，要以梅卢山的形状来建造神庙，即在平面分布方面要有围绕主神庙的小神庙，在空间结构方面要建成层层重叠的宝塔似的形状。再次，曼陀罗模式中的梅卢山被认为是连接天人的通道，世间的国王通过这里可以到达天堂，所以，东南亚各国的国王才会把象征自己"原身"的雕像保存在这里，以便死后能从这个通道回到原来的地方。最后，因为梅卢山通过创造力量来统摄着周围的一切，所以，东南亚古代国家国王也把自己说成是梅卢山本身，具有神力，通过把象征神性的雕像送给属国来宣示自己的权威。

第七章 结 论

神王崇拜（或称神王合一信仰）实际上就是把国王视为、比喻为、等同于神灵的一种现象，即把国王神化。到公元后的几个世纪，印度的神王崇拜观念传播到了东南亚地区。东南亚当地的统治者在印度神王观念的启发下，自觉地吸收了能与自己的本土文化相融合的部分，并创造出了具有东南亚本地特色的神王崇拜文化。通过本文各章节的研究，可以把东南亚国家神王崇拜的文化特质归纳为如下几点：

一、国王起源神灵化。古代印度神王观念的起源与战争、人间"正法"（各种姓应尽的义务和责任）有关。首先是因为神界或人间发生了战争，就需要一个能带领军队进行作战的人，这个带领军队使自己取得胜利的人，在人间就是后来的国王，在神界就是因陀罗。其次，人间处于"坏法"流行、纲常不守、盗贼横行、弱肉强食等混乱状态时，为了维持人间的"正法"，拯救人类，才由创造之神创造了国王来统治人间。所以，国王从起源上看，就是神。

二、国王称号神灵化。古代印度神王观念传播到东南亚后，对东南亚当地的统治者产生了重要的影响，最直接的影响体现在国王的称号方面。印度神王观念对东南亚国家国王称号的影响虽然最明显的地方表现为：有些国家的国王称号就直接采用印度教中三大主神的名号，但是在各个地区，又各有特点：吴哥和占婆王国的国王称号更多的是以印度式的"阇耶"开头，以"跋摩"结尾，中间部分是印度教主神的名号；爪哇地区各王朝的国王常把印度国王称号和本地首领的称号结合起来作为自己的称号，表现出了极强的本土文化与外来文化的融合；泰国由于是受小乘佛教影响比较深的国家，国王称号中除了印度教中的神灵名号之外，还出现了佛教中的"达摩王"这个称号，以此来证明国王在宗教修行方面已达到了相当于佛陀的地位。

三、国王品德神王化。印度神王观念传播到东南亚后，对当地统治者的直接影响也体现在国王的品德方面，这种现象尤其在受小乘佛教影响较深的泰国比较明显。泰国从古至今的国王由于受到印度神王观念的影响，国王要具有八尊神灵的美德的观念深深地在各朝各代的统治者身上打下了烙印。由于这种美德只有通过宗教修行才能获得，所以，泰国的统治者往往都会出家修行一段时间，甚至有的国王为了能获得这种美德而终身出家修行。此外，古代印度两大史诗中的英雄人物的美德也对东南亚地区的统治者产生了重要的影响，尤其是罗摩的美德。东南亚地区大多数的古代国家都受到了印度罗摩故事的影响，而且这种影响持续至今，罗摩在当地家喻户晓。在东南亚地区，罗摩被描绘成了十全十美的完人，一个好儿子、一个好兄长、一个好丈夫、一个英雄、一个明君。东南亚的统治者尤其是泰国的统治者往往把罗摩（即"拉玛"）作为自己的称号，意在说明自己如同罗摩一样是一个完美的人。

四、林伽崇拜神王化。古代东南亚的一些统治者，如吴哥王朝的创建者阇耶跋摩二世、占婆王国最早的国王拔陀罗跋摩等，都赋予了林伽崇拜新的内涵，即把林伽崇拜与本地的祖先神灵崇拜相结合，把自己神化在林伽之中，林伽变成了国王神圣本质的象征。林伽既代表活着的国王也代表死去的国王，被供奉在处于曼陀罗图案中心象征梅卢山的神庙之内。所以，人们崇拜林伽就等于崇拜国王，也等于崇拜死去的祖先。吴哥王朝国王所崇拜的林伽与占婆王国国王所崇拜的林伽虽然所象征的意义相同，但在林伽的装饰上存在着区别。吴哥王朝的林伽基本上不做任何装饰和雕刻，比较简单，只是一根竖立在约尼上的石柱或石桩；而占婆王国的林伽则把国王的头像或代表国王的神灵（湿婆）的头像雕刻在上面，有的还会给林伽套上金质的躯壳，再在躯壳上雕刻上象征国王的人头形象，来体现供奉林伽的国王既神圣又高贵。

五、神灵雕像人格化和国王雕像神灵化。东南亚古代国家的神灵雕像大多被赋予了人的特征。最典型的就是古代柬埔寨的神灵雕像。柬埔寨古代各个朝代所遗留下来的神灵雕像，如湿婆神雕像、毗湿奴神雕像、佛陀雕像、菩萨雕像和其他一些神仙舞女雕像，一方面，具有神灵的特征；另一方面，从其体貌特征上来看，与孟高棉人的面部特征：高颧、方脸、厚唇等非常相似，实际上这些神像具有双重性的身份特征，一方面，代表神灵本身；另一方面，则是神像建造者——国王的形象，因此，古代柬埔寨的神灵雕像是神与人的统一。在柬埔寨的神灵雕像中，人格化最为典型的是阇耶跋摩七世时期雕铸在吴哥寺寺塔上的菩萨形象。这些在吴哥地区随处可见的菩萨形象其实就是阇耶跋摩自己的形象。

在爪哇地区，情况刚好相反，在雕铸国王雕像的时候，工匠师们把神灵的种种习性注入到了国王的雕像之中，使国王变成了人间的神，如赋予国王的雕像多手，手中所持之物与神灵相同；把国王雕塑成坐在神灵的坐骑之上等，以此来神化国王，如前马达兰王国爱尔朗加的雕像就被赋予了毗湿奴的特征，新柯沙里王朝格尔塔那加拉的雕像则被赋予了佛陀、菩萨的特征。当然，东南亚古代受印度神王观念影响国家的国王，无论是信奉婆罗门教（印度教）还是佛教，在把某一尊神灵作为主要信奉对象的同时，不排斥其他神灵的存在，容许不同的人信奉不同的神灵。有时国王自己同时信奉多尊神灵，雕铸多尊神灵的雕像。这些无论是被赋予了神灵特征的国王雕像还是被人格化了的神灵雕像都被供奉在象征曼陀罗中心梅卢山的神庙（寺山）之内，以期通过神庙回到神界。

六、建筑神王化。古代东南亚国家国王由于受到印度神王观念的影响，在建构国家的时候往往都会以印度宗教中的宇宙观念来思维，要把王都建在王国的中心，即便不在王国的地理位置的中心，也要在王国的"魔力"的中心，四周要有山水环绕，就如同梅卢山一样；王宫则要建在王城的中心，宫殿房屋的布局要与神灵居住的地方相似，尽量营造出"小宇宙"（王国）与"大宇宙"（神界）相一致的理念，以此来体现国王相当于神界之王因陀罗的地位。

古代东南亚地区的宗教建筑更是紧密地与印度宗教神话故事中的宇宙形象联系在一起。首先，神庙的平面布局与宇宙结构曼陀罗图案相似，即由一个中心和层层环绕中心的部分构成，正中间的神庙就被认为是曼陀罗图案中心的梅卢山，神庙中的国王就相当于梅卢山上的统治者因陀罗。其次，神庙本身的空间结构体现着印度宗教神话故事中的梅卢山形象，如四周布满了象征山峰的沟壑，从而使得体现神界中东、南、西、北四个方向的观念更加明显。再次，在水平方向上，多层重叠的观念也体现着梅卢山上不同神灵居住在不同层级之内的观念。因此，这里是神灵居住的地方，把国王埋葬在其中，则意味着国王就是居住在梅卢山上的神灵。

七、国家管理神王化。一是国与国之间的关系基本遵循着印度宗教神话故事中曼陀罗的模式，即一个中心和围绕中心的同心圆圈的模式，如阇耶跋摩七世对属国的统治方式，格尔塔那加拉对属国的统治方式。二是在数字方面要与大宇宙神界曼陀罗模式中的神灵数目相一致，如省（属国）的数目、大臣职位的数目、王妃的数目等，这种现象尤其在信奉小乘佛教的国家中比较典型。只有这样，国家才会繁荣昌盛，不会混乱。三是国王被认为是处于曼陀罗中心的梅卢山本身，他的身躯构成了梅卢山，他的四肢分别代表东、南、西、北四个方向。国王被认为是神，具有通神的能力，通过诵经念咒能把天上的神灵请来惩罚那些对自己不忠之人。有的国王把咒语镌刻在石碑上，石碑被竖立在全国各地，以此来吓唬百姓，维护自己的统治地位。

总之，东南亚的神王崇拜虽然起源于印度，但在这里却被当地统治者自觉地借鉴，通过融化、过滤、吸收等方式，变成了自己的文化，具有了自己的文化特征。本文所论述的就是东南亚地区自己的神王崇拜。东南亚古代国家的神王崇拜从最初的崇拜具有神性的婆罗门、把国王比喻为神灵，发展到后来的在林伽崇拜中把国王神化、在雕像中把国王神化、在建筑中把国王神化、在国家管理中把国王神化等，这是东南亚地区各国生产力发展水平在宗教文化上的反映。

关于东南亚的神王崇拜这个问题，尽管有部分学者在东南亚的历史研究中、政治研究中、建筑研究中、美术研究中和文学研究中提到过，但他们大都限于本学科领域内的视角，没有进行过跨学科系统全面的论述。本文从跨学科综合的视角出发，对印度神王观念的起源及传播到东南亚、以林伽为核心的神王崇拜、建筑遗物中的神王崇拜、雕像中的神王崇拜、曼陀罗式的神王崇拜等方面进行了深入的研究，基本涵盖了历史学、政治学、美术学、宗教学等方面的知识，所以，本文是对东南亚神王崇拜的系统论述，是对前人研究的综合。

参考文献

一 著作

1. 陈春锋：《恒河的神性：古印度诱惑》，中国画报出版社 2010 年版。

2. 陈序经：《文化学概观》，中国人民大学出版社 2005 年版。

3. 段立生主编：《东南亚宗教嬗变对各国政治的影响》，泰国曼谷大通出版社 2007 年版。

4. 段立生：《泰国文化艺术史》，商务印书馆 2005 年版。

5. 贺圣达：《东南亚文化发展史》，云南人民出版社 1996 年版。

6. 贺圣达：《缅甸史》，人民出版社 1992 年版。

7. 黄宝生：《印度古代文学》，知识出版社 1988 年版。

8. 姜继：《东南亚民间故事》（上、中、下），福建人民出版社 1982 年版。

9. 梁志明等主编：《东南亚古代史》，北京大学出版社 2013 年版。

10. 梁英明：《东南亚史》，人民出版社 2010 年版。

11. 林太：《〈梨俱吠陀〉精读》，复旦大学出版社 2008 年版。

12. 李谋、姜永仁编著：《缅甸文化综论》，北京大学出版社 2002 年版。

13. 李晨阳、瞿健文、卢光盛、韦德星编著：《列国志·柬埔寨》，社会科学文献出版社 2005 年版。

14. 吕大吉：《宗教学通论新编》（上、下），中国社会科学出版社 1998 年版。

15. 莫海量等：《王权的印记——东南亚宫殿建筑》，东南大学出版社 2008 年版。

16. 裴晓睿、张玉安：《印度的罗摩故事与东南亚文学》，昆仑出版社 2005 年版。

17. 戚盛中：《外国习俗丛书：泰国》，世界知识出版社 1996 年版。

18. 宋立道：《神圣与世俗：南传佛教国家的宗教与政治》，宗教文化出版社 2000 年版。

19. 申旭：《老挝史》，云南大学出版社 1990 年版。

20. 田禾、周方冶编著：《列国志·泰国》，社会科学文献出版社 2005 年版。

21. 覃圣敏：《东南亚民族：越南、柬埔寨、老挝、泰国、缅甸》，广西民族出版社 2006 年版。

22. 王任叔：《印度尼西亚古代史》（上、下），中国社会科学出版社 1987 年版。

23. 王红生：《神与人：南亚文明之路》，人民出版社 2011 年版。

24. 谢小英：《神灵的故事——东南亚宗教建筑》，东南大学出版社 2008 年版。

25. 轩书瑾编：《探索发现大全集——玛雅·印度·巴比伦》，高等教育出版社 2011 年版。

26. 薛克翘等主编：《东方神话传说》（第七卷《东南亚古代神话传说》）（上、下），北京大学出版社 1999 年版。

27. 姚卫群：《印度宗教哲学概论》，北京大学出版社 2006 年版。

28. 杨昌鸣：《东南亚与中国西南少数民族建筑文化探析》，天津大学出版社 2004 年版。

29. 张英：《东南亚佛教与文化》，中央民族大学出版社 1999 年版。

30. 张凡、王贞：《东南亚神话故事》，陕西师范大学出版社 1992 年版。

31. 中山大学东南亚历史研究所《泰国简史》编写组：《泰国简史》，商务印书馆 1984 年版。

32. ［澳］安东尼·瑞德：《东南亚的贸易时代：1450—1680 年》（第二卷《扩张与危机》），孙来臣、李塔娜、吴小安译，孙来臣审校，商务印书馆 2010 年版。

33. ［澳］梅·加·李克莱弗斯：《印度尼西亚历史》，周南京译，商务印书馆 1993 年版。

34. [法] G. 赛代斯：《东南亚的印度化国家》，蔡华、杨保筠译，蔡华校，商务印书馆 2008 年版。

35. [美] 亨利·富兰克弗特：《王权与神祇：作为自然与社会结合体的古代近东宗教研究》（上、下），郭子林、李岩、李凤伟译，上海三联书店 2012 年版。

36. [美] 珍尼·理查森·汉克斯：《文化的解读——美国及泰国部族文化研究》，刘晓红主译，李子贤审校，云南大学出版社 2002 年版。

37. [英] D. G. E. 霍尔：《东南亚史》（上、下），中山大学东南亚历史研究所译，商务印书馆 1982 年版。

38. [英] 爱德华·泰勒：《原始文化：神话、哲学、宗教、语言、艺术和习俗发展之研究》，连树声译，谢继胜、尹虎彬、姜德顺校，广西师范大学出版社 2005 年版。

39. [英] 马林诺夫斯基：《文化论》，费孝通译，中国民间文艺出版社 1987 年版。

40. G. E. Harvey：《缅甸史》，姚楠译，商务印书馆 1957 年版。

41. 芭芭拉·沃森·安达娅、伦纳德：《马来西亚史》，黄秋迪译，中国大百科全书出版社 2010 年版。

42. 《摩奴法论》，蒋忠新译，中国社会科学出版社 2007 年版。

43. 《薄伽梵歌》，张保胜译，中国社会科学出版社 1989 年版。

44. 《佛本生故事选》，郭良鋆、黄宝生译，人民文学出版社 2001 年版。

二 论文

1. 邓兵：《略论印度神话》，《解放军外国语学院学报》1999 年第 22 卷第 2 期。

2. 刀承华：《泰国泰人地方保护神崇拜初探》，《云南民族学院学报》（哲学社会科学版）1999 年第 16 卷第 4 期。

3. 葛维钧：《毗湿奴及其一千名号》，《南亚研究》2005 年第 1 期。

4. 葛维钧：《毗湿奴及其一千名号》（续一），《南亚研究》2005 年第 2 期。

5. 葛维钧：《毗湿奴及其一千名号》（续二），《南亚研究》2006 年第 1 期。

6. 葛维钧：《毗湿奴及其一千名号》（续三），《南亚研究》2006 年第 2 期。

7. 葛维钧：《毗湿奴及其一千名号》（续四），《南亚研究》2009 年第 1 期。

8. 葛维钧：《毗湿奴及其一千名号》（续五），《南亚研究》2009 年第 2 期。

9. 韩辉：《试论印度神话中梵天的升格与虚化》，《新乡学院学报》（社会科学版）2011 年第 25 卷第 5 期。

10. 韩辉：《论印度神话中毗湿奴的化身》，《中州大学学报》2011 年第 28 卷第 4 期。

11. 刘婕：《化身众相——印度教中的毗湿奴与湿婆》，《上海文博论丛》2010 年 10 月 28 日。

12. 梁敏和：《印度宗教文化与印尼原始宗教文化的融合》，《北大东南亚研究论文集》2009 年。

13. 李谋：《印度文化与古代东南亚》，《南亚东南亚研究》2009 年第 3 期。

14. 潘岳、何玉艳：《东南亚那伽信仰的特点研究》，《广西民族大学学报》（哲学社会科学版）2011 年第 33 卷第 5 期。

15. 吴圣杨：《地神信仰与泰国的国王崇拜——泰国国王崇拜的民俗学解读》，《东南亚研究》2006 年第 1 期。

16. 吴圣杨：《从贵女贱男到男尊女卑——婆罗门教对泰民族女权文化变迁的影响分析》，《南洋问题研究》2010 年第 1 期（总第 141 期）。

17. 易建平：《赫梯王权的神化问题》，《世界历史》1991 年第 2 期。

18. 英加布：《山神与神山信仰：从地域性到世界性——"南亚与东南亚山神：地域、文化和影响"研究综述》，《世界宗教文化》2012 年第 4 期。

19. 张弛：《论古代印度王权合法性来源的变迁》，《蚌埠学院学报》2012 年第 1 卷第 2 期。

20. 朱明忠：《达摩——印度文化的核心概念》，《南亚研究》2000 年第 1 期。

21. 朱明忠:《印度传统文化中促进社会和谐的思想与观念》,《南亚研究》2009 年第 1 期。

22. 张玉安:《印度神话传说在东南亚的传播》,《北京大学学报》(哲学社会科学版) 1999 年第 5 期第 36 卷 (总第 195 期)。

23. 赵自勇:《古代东南亚的印度化问题浅谈》,《华南师范大学学报》(社会科学版) 1994 年第 3 期。

三 英文著作

1. Barbare Watson Andaya and Leonard Y. Andaya, *A History of Malaysia* (*Second Edition*), Palgrave, 2001.

2. Chris Baker and Pasuk Phongpaichit, *A History of Thailand*, Cambridge University Express, 2005.

3. Colin Mackerras Edited, *Easter Asian: An Introductory History*, Longman, 2000.

4. D. R. Sardesai Edited, *Southeast Asian History*, Westview Press, A member of the Perseus Books Group, 2006.

5. Denis Segaller, *Thai Ways*, Chiang Mai: Silkworm Books, 2005.

6. D. G. E. Hall, *A History of South - east Asia*, London: Macmillan & Co. Ltd, 1955.

7. David G. Marr and A. C. Milner edited (with an introduction by Wang Gungwu), *Southeast Asia in the 9th to 14th Centuries*, Institute of Southeast Asian Studies Singapore and the Research School of Pacific Studies Australian National University, 1986.

8. David Chandler, *A History of Cambodia* (*Fouth edition*), Westview Press, 2008.

9. Dawee Daweewarn, *Brahmanism in South - east Asia* (*From the Earliest Time to 1445 A. D.*), Sterling Publishers Private Limited (New Delhi), 1982.

10. Foreign Office, The Public Relations Department, Office of the Prime Minister, *The Monarchy*, Paper House Limited Partnership, 2000.

11. Grant Evans, *The Last Century of Lao Royalty: A Documentary History*, Silkworm Books, 2009.

12. G. P. Singh S. Premananda Singh, *Kingship in Ancient India: Genesis and Growth*, Akansha Publishing House, New Delhi – 110002 (India), 2008.

13. H. G. Quaritch Wales, *Siamese State Ceremonies*, Taylor & Francis, Inc., 1995.

14. H. G. Quaritch Wales, *Ancient Southeast Asian Warfare*, 11 Grafton Street, New Bond Street, Bernard Quarritch, Ltd., London, 1952.

15. H. G. Quaritch Wales, *The Making of greater India: A Study in South–east Asian Culture Change*, 11 Grafton Street, New Bond Street, Bernard Quarritch, Ltd., London, 1951.

16. J. Stephen Lansing, *Perfect Order: Recognizing Complexity in Bali*, Princeton University Press, Princeton and Oxford, 2006.

17. Lieut–General Sir Arthur P. Phayre, *History of Burma*, London: Trubner & Co., Ludgate Hill, 1883.

18. Michael D. Coe, *Angkor And The Khmer Civilization*, Thames & Hudson, 2003.

19. Mary Somers Heidues, *Southeast Asia: A Concise History*, Thames & Hudson Ltd, London, 2001.

20. Noble Ross Reat, *Buddhism: A History*, Asian Humanities Press, Berkeley, California, 1994.

21. O. W. Wolters, *History, Culture and Region in Southeast Asian Perspectives*, Southeast Asia Program Publications, Southeast Asia Program, Cornell University, Ithaca, New York, In Cooperation With The Institute Of Southeast Asian Studies, Singapore, 1999.

22. Pierre–Yves Manguin, A. Mani and Geoff Wade, *Early Interactions Between South And Southeast Asia*, Institute Of Southeast Asian Studies (Singapore) and Manohar (India), 2011.

23. S. A. Nigosian, *World Religions: A History Approach*, Bedford/st. martin's Boston, New York, 2008.

24. *Thailand into the 2000's*, Published by the National Identity Board Office of the Prime Minister, Kingdom of Thailand, 2000.

25. Tineke Hellwig and Eric Tagliacozzo Edited, *The Indonesia Reader: History, Culture, Politics*, Duke University Press, Durham and London, 2009.

26. Vittorio Roveda, *Sacred Angkor: The Carved Relief of Angkor Wat* (Photography By Jaro Poncar), River Books Bangkok, 2000.

四 英文论文

1. G. Carter Bentler, "Indigenous States of Southeast Asia", *Ann. Rev. Anthropol*, 1986, 15: 275—305.

2. George Coedes, Review by: Lawrence Palmer brggs, "The Hinduized States of Southeast Asia: A Review Histoire Ancienne des Etats Hindouises d'Exteme - Orient", *Far East Quarterly*, Vol. 7, No. , 4 (Aug. , 1948), pp. 376—393.

3. Ian Hodges, "Western Science in Siam: A Tale of Tow Kings", *Osiris*, 2end Series, Vol. 13, Beyond Joseph Needham: Science, Technology, and Medicine in East and Southeast Asia (1998), pp. 80—95.

4. I. W. Mabbett, "Devaraja", *Journal of Southeast Asian History*, Vol. 10, No. 2 (Sep. , 1969), pp. 202—233.

5. I. W. Mabbett, "The Symbolism Of Mount Meru", *History of Religions*, Vol. 23, No. 1 (Aug. , 1983), pp. 64—83.

6. Kenneth R. Hall, "The Indianizatin of Funan: An Economic History of Southeast Asia's State", *Journal of Southeast Asian Studies*, Vol. 13, No. 1 (Mar. , 1982), pp. 81—106.

7. Paul A. Lavy, "As in Heaven, so in Earth: The Politics of Visnu, Siva and Harihara Images in Preangkorian Kmer Civilisation", *Journal of Southeast Studies*, Vol. 34, No. 1 (Feb. , 2003), pp. 21—39.

8. Robert Heine - Geldern, "Conceptions of State and Kingship in Southeast Asia", *Far Eastern Quarterly* 2 (1942), pp. 15—30.

9. Santosh N. Desai,"Ramayana—An Instrument of Historical Contact and Cultural Transmission between India and Asia", *The Journal of Asian studies*, Vol. 30, No. 1 (Nov., 1970), pp. 5—20.

10. Stanley J. Tambiah, "The Galactic Polity: The Structure of Traditional Kingdoms In Southeast Asia", Presented at the April 26, 1976 Meeting of the Section of Anthropology.

11. Susan L. Huntington, "Kings as God, God as Kings: Temporality and Eternity in the Art of India", *Ars Orientalis*, Vol. 24 (1994), pp. 30—38.

12. Sheldon Pollock, "The Divine King in the India Epic", *Journal of the American Oriental Society*, Vol. 104, No. 3 (Jul. –Step., 1984), pp. 506—528.

13. S. J. Tambiah, "The Buddhist Conception of Kingship and Its Historical Manifestation: A Reply to Spiro", *The Journal of Asian Studies*, Vol. 37, No. 4 (Aug., 1978), pp. 801—809.

五 泰文著作（括号内为汉译）

1. อุดม เชยกีวงศ์ เรียบเรียง, ศรัธาของพญานาค,สำนักพิมพ์ภูมิปัญญา, 2547.

（乌通·车基翁编著：《那伽信仰》，普班雅出版社佛历 2547 年版。）

2. ชาญวิทย์ เกษตรศิริ, อยุธยา: ประวัติศาสตร์และการเมือง, มูลนิธิโตโยต้าประเทศไทย, 2548.

（昌维·哥些西丽：《阿瑜陀耶王朝的历史和政治》（Ayutthaya: History and Politics），泰国 TOYOTA 基金会佛历 2548 年版。）

3. สมบัติ จำปาเงิน, นำชมพระบรมมหาราชวังและวัดพระแก้ว, 2020 เวิลด์ มีเดีย, 2542.

（宋巴·扎巴恩：《参观大皇宫和玉佛寺》，2020 World Media 佛历 2542 年。）

4. พลาดิศัย สิทธิธัญกิจ, ประวัติศาสตร์ไทย, สุขภาพใจ, 2547.

（帕拉底赛·西提檀基：《暹罗历史》，苏帕猜出版社佛历 2547 年版。）

5. จิตร ภูมิศักดิ์, โองการแช่งน้ำและข้อคิดใหม่ในประวัติศาสตร์ไทยลุ่มน้ำ

จ้าพระยา, กรุงเทพฯ : ฟ้าเดียวกัน, 2547.

（集·普萨：《湄南河流域泰国历史中的誓水圣言及其新的解读》，曼谷：发底乌甘出版社佛历 2547 年版。）

6. บุญมี แท่นแก้ว, พระพุทธศาสนาในเอเชีย(เน้นด้านอารยธรรม), โอ เอส พริ้นติ้ง เฮ้าส์, 2548.

（普米·坦叫：《亚洲佛教》，O. S. Printing House 佛历 2548 年版。）

7. สุมาลี มหณรงค์ชัย, อินดู-พุทธ จุดยื่นที่แตกต่าง, สุภาพใจ, 2546.

（苏玛丽·玛哈那隆猜：《印度教——佛教：不同的视角》，苏帕猜出版社佛历 2546 年版。）

8. พีระพงศ์ สุขแก้ว, สู่พรหมัน, My Bangkok Publishing House, 2548.

（皮拉彭·苏叫：《解读婆罗门教》，My Bangkok Publishing House，佛历 2548 年版。）

9. ชัย เรืองศิลป์, ประวัติศาสตร์ไทย (สมัย พ. ศ. ๒๓๕๒-๒๔๕๓) ด้(านสังคม), เรืองศิลป์ ปากซอยเริงพยงค์, 2517.

（猜·楞新：《泰国历史：社会（佛历 2352—2453 年）》，楞新·巴梭冷帕勇出版社佛历 2517 年版。）

10. ผศ. วิมล จิโรจพันธุ์ ผศ. ประชิด สกุณะพัฒน์ อุดม เชยกีวงศ์, ประวัติศาสตร์ ชาติไทย, กรุงเทพฯ:แสงดาว, 2548.

（维蒙·集罗查潘、巴却·苏古那帕、乌通车基翁：《泰族历史》，曼谷星刀出版社佛历 2548 年版。）

11. เทพ ทับทอง, มหัศจรรย์เมืองไทยในอดีต,กรุงเทพฯ: ชมรมเด็ก, 2546.

（铁·塔通：《泰国昔日的奇人奇事》，曼谷充隆德出版社佛历 2546 年版。）

12. จินดา. เพชรมณีวรรณเรียบเรียง, พ่อขุนรามคำแหงมหาราช: อัครมหากษัตริย์ แห่งอาณาจักรสุโขทัย, สำนักพิมพ์รุณรุ่ง

（金达·贝玛尼湾编：《素可泰王国的拉玛甘亨大帝》，泰国署光出版社。）

13. ปิยะกาญจน์ ๙ พระมหากษัตริย์ไทยแห่งราชวงจักรี, สำนักพิมพ์หอสมุดกลาง 09 พ. ศ. 2537.

（毕亚甘：《却克里王朝的九世国王》，2009 中央图书馆佛历 2537 年版。）

附　录

附图一：

摩亨左·达罗文化遗址中出土的印章①

---

① 图片来源：[印] R. C. 马宗达、H. C. 赖乔杜里、卡利金卡尔·达塔：《高级印度史》，张澍霖、夏炎德、刘继兴、范铁城、朱万麟等译，商务印书馆1986年，插图，第2页。

附录 / 199

附图二：

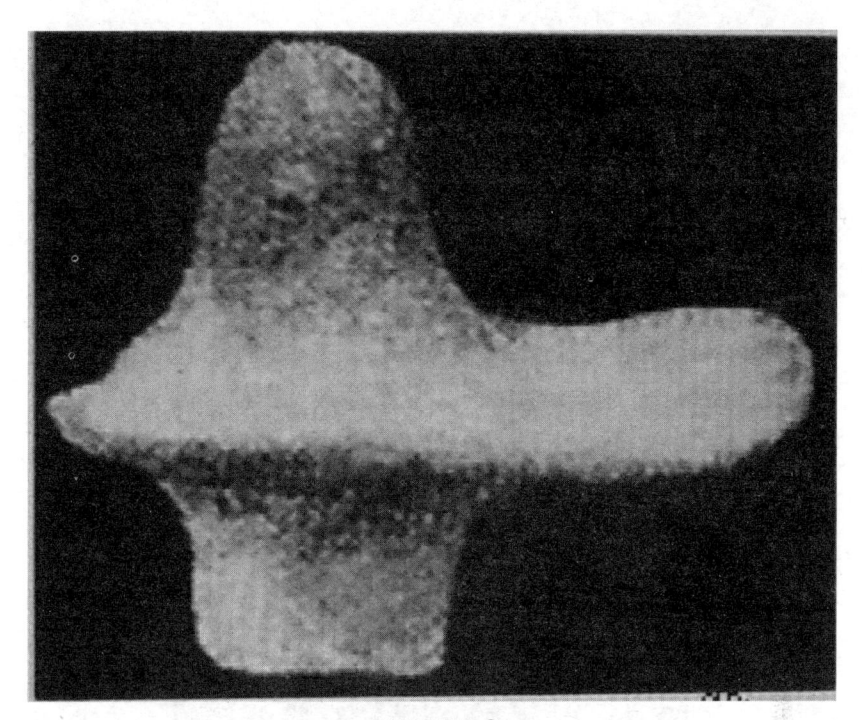

早期的林伽①

---

① 图片来源：张乐：《印度湿婆造像研究》，博士论文，西安美术学院，2011年3月1日，第81页。

200 / 东南亚神王文化研究

附图三：

公元前 2 世纪左右的林伽①

---

① 图片来源：Sherman E. Lee, *A History of Far Eastern Art* (*Fifth Edition*), Naomi Noble Richard ed, New York: Prentice Hall, Inc. and Harry N. Abrams, Inc., 1994, p. 103.

附录 / 201

附图四：

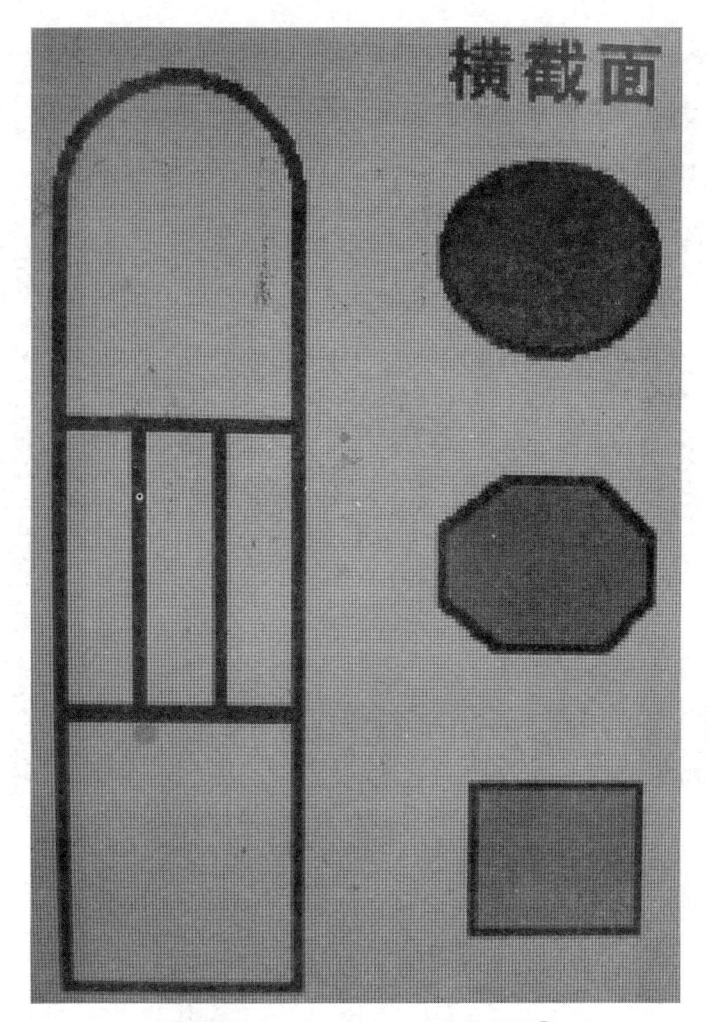

林伽及其上、中、下三部分的横截面①

---

① 图片来源：张乐：《印度湿婆造像研究》，博士论文，西安美术学院，2011年3月1日，第81页。

202 / 东南亚神王文化研究

附图五：

吴哥王朝阇耶跋摩二世时期的林伽①

---

① 图片来源：吴虚领：《东南亚美术》，中国人民大学出版社2004年版，第93页。

附图六：

方形约尼①

---

① 图片来源：http://en.wikipedia.org/wiki/Lingam#/media/File：Linga-Yoni.jpg.

附图七：

饰面林伽①

---

① 图片来源：张乐：《印度湿婆造像研究》，博士论文，西安美术学院，2011年3月1日，第90页。

附图八：

木卡林伽图①

---

① 图片来源：Paul Mus, Translated by IW Mabbet, Edited by IW and DP Chandler, *India Seen From The East: Indian And Indigenous Cult In Champa*, Caulfield: Momsh University Press, 2012, p. 66.

附图九：

当代柬埔寨女孩①

---

① 图片来源：Michael D. Coe, *Angkor and the Khmer Civilization*, London: Thames & Hudson, 2003, p. 59.

附图十：

诃里诃罗雕像（局部）①

---

① 图片来源：吴虚领：《东南亚美术》，中国人民大学出版社2004年版，第71页。

附图十一：

普侬达的毗湿奴雕像（约6世纪）①

---

① 图片来源：吴虚领：《东南亚美术》，中国人民大学出版社2004年版，第73页。

附图十二：

孟族风格的佛头雕像（6世纪）①

---

① 图片来源：吴虚领：《东南亚美术》，中国人民大学出版社2004年版，第73页。

附图十三：

科·克里恩的女神雕像（约 7 世纪）①

---

① 图片来源：吴虚领：《东南亚美术》，中国人民大学出版社 2004 年版，第 83 页。

附图十四：

真腊菩萨雕像（8 世纪）①

---

① 图片来源：吴虚领：《东南亚美术》，中国人民大学出版社 2004 年版，第 85 页。

附图十五：

荔枝山的毗湿奴雕像（9世纪初）①

---

① 图片来源：吴虚领：《东南亚美术》，中国人民大学出版社2004年版，第95页。

附图十六：

巴孔寺的三人群雕像（9世纪后期）①

---

① 图片来源：吴虚领：《东南亚美术》，中国人民大学出版社2004年版，第102页。

附图十七：

班迭斯雷寺的湿婆和帕尔瓦蒂雕像（10世纪后期）①

---

① 图片来源：吴虚领：《东南亚美术》，中国人民大学出版社2004年版，第116页。

附图十八：

班迭斯雷寺的女神雕像（10世纪后期）①

---

① 图片来源：吴虚领：《东南亚美术》，中国人民大学出版社2004年版，第118页。

附图十九：

巴普翁时期的龙头佛像（11世纪）①

---

① 图片来源：吴虚领：《东南亚美术》，中国人民大学出版社2004年版，第127页。

附录 / 217

附图二十：

阇耶跋摩七世的面部雕像①

---

① 图片来源：http：//en.wikipedia.org/wiki/Jayavarman_Ⅶ.

附图二十一：

发现于泰国披迈的阇耶跋摩七世雕像①

---

① 图片来源：吴虚领：《东南亚美术》，中国人民大学出版社2010年版，第154页。

附图二十二：

巴扬寺寺塔上的菩萨肖像①

---

① 图片来源：http：//en.wikipedia.org/wiki/bayon.

220 / 东南亚神王文化研究

附图二十三：

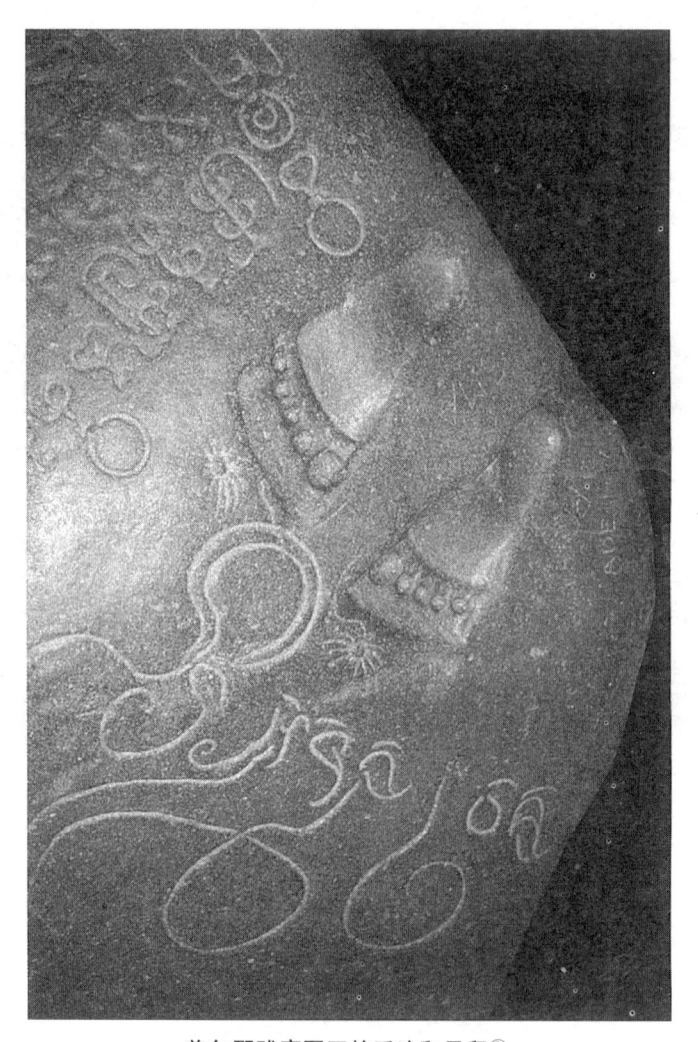

普尔那跋摩国王的手迹和足印①

---

① 图片来源：Ann R. Kinney With Marijke J. Klokke, *Worshiping Siva and Buddha: The Temple Art of East Java*, Honolulu: University of Hawaii Press, 2003, p. 18.

附图二十四：

象征菩萨的毗湿奴瓦尔达纳雕像（13 世纪）①

---

① 图片来源：Ann R. Kinney With Marijke J. Klokke, *Worshiping Siva and Buddha: The Temple Art of East Java*, Honolulu: University of Hawaii Press, 2003, p. 118.

附图二十五：

作为毗湿奴转世的爱尔朗加雕像①

---

① 图片来源：Ann R. Kinney With Marijke J. Klokke, *Worshiping Siva and Buddha: The Temple Art of East Java*, Honolulu: University of Hawaii Press, 2003, p. 65.

附图二十六：

贝拉汉浴池墙壁上的毗湿奴配偶雕像①

---

① 图片来源：Ann R. Kinney With Marijke J. Klokke, *Worshiping Siva and Buddha: The Temple Art of East Java*, Honolulu: University of Hawaii Press, 2003, p. 62.

附图二十七：

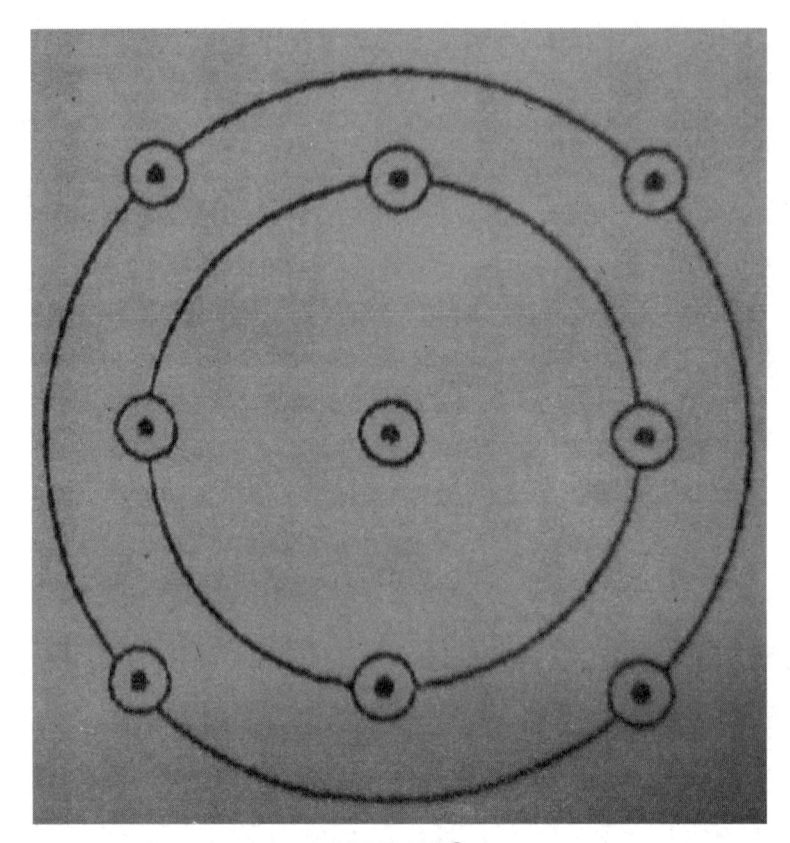

曼陀罗图案①

---

① 图片来源：Stanley J. Tambiah, "The Galactic Polity: The Structure Of Traditional Kingdoms In Southeast Asia", *Anthropology and the Climate of Opinion*, Annals of the New York Academy of Sciences (New York) 293, p. 70.

附图二十八：

婆罗浮图俯瞰图①

---

① 图片来源：Ann R. Kinney With Marijke J. Klokke, *Worshiping Siva and Buddha*: *The Temple Art of East Java*, Honolulu: University of Hawaii Press, 2003, p. 23.

附图二十九：

普兰巴南的三座主神庙①

---

① 图片来源：http://en.wikipedia.org/wiki/History_of_Indonesia#/media/File:Prambanan_complex_1.jpg.

附录 / 227

附图三十：

吴哥窟俯瞰图①

---

① 吴虚领：《东南亚美术》，中国人民大学出版社2010年版，第129页。

附图三十一：

12 世纪上半叶吴哥寺墙壁上的仙伎①

---

① 图片来源：Sherman E. Lee, *A History of Far Eastern Art (Fifth Edition)*, Naomi Noble Richard ed., New York: Prentice Hall, Inc. and Harry N. Abrams, Inc., 1994, p. 273.

附图三十二：

8世纪上半叶爪哇迪恩高原上的比玛神庙（Bima）①

---

① 图片来源：Sherman E. Lee, *A History of Far Eastern Art* (*Fifth Edition*), Naomi Noble Richard ed., New York: Prentice Hall, Inc. and Harry N. Abrams, Inc., 1994, p. 278.

附图三十三：

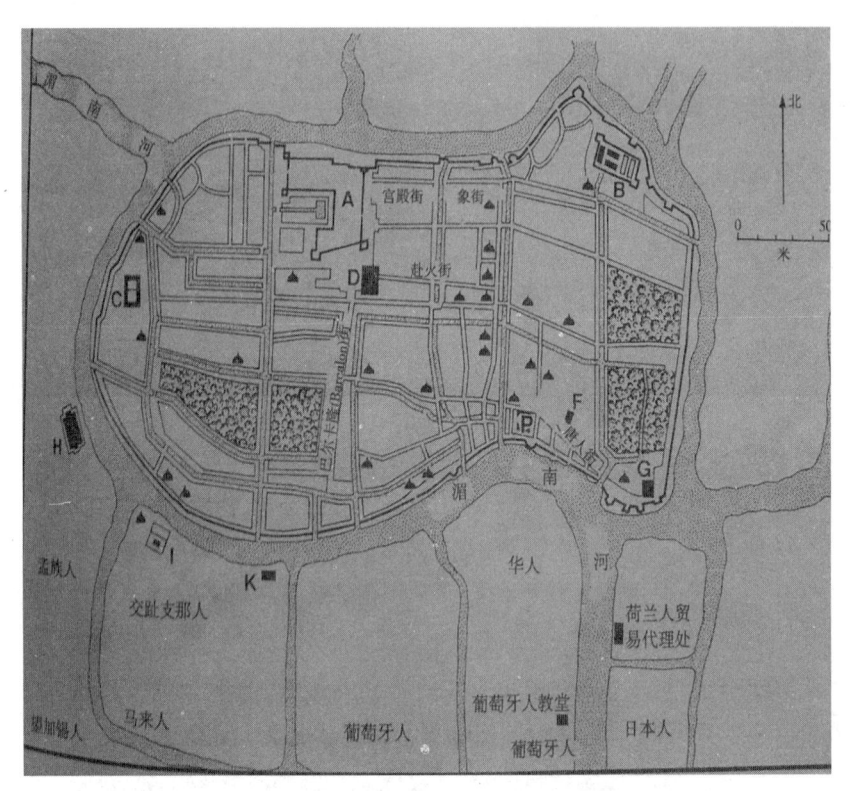

1687 年时期的阿瑜陀耶城平面分布图①

---

① 图片来源：[澳] 安东尼·瑞德：《东南亚的贸易时代：1450—1680 年》（第二卷《扩张与危机》），孙来臣、李塔娜、吴小安译，孙来臣审校，商务印书馆 2010 年版，第 89 页。

后 记

东南亚文化的特点是人与宗教神灵二者的融合。国王与宗教神灵的互动更是东南亚宗教文化的一朵奇葩。东南亚神王文化存在的地域广、时间长跨度长，虽然有些国家的神王文化已经成为历史，但泰国的神王文化仍然存在，要系统完整地考察比较困难，本书对东南亚神王文化的研究只是抛砖引玉，目的是引起更多学者对该领域的关注。

《东南亚神王文化研究》的最终成书经过了近五年的时间，可以分为两个阶段：第一个阶段为博士论文阶段，在这个时期，我按北京大学博士论文的要求完成；第二个阶段是博士毕业后的修改完善阶段。参加工作后，我有幸到泰国进行学术考察，再次接触到了泰国的神王文化并对博士论文进行了部分补充和完善，使其成为著作。

本书在写作过程中得到了北京大学梁敏和教授、吴杰伟教授和薄文泽教授的指导，姜景奎教授、金勇副教授、史阳副教授、杨国影副教授对本书的修改也提出了许多建议，此外，北京外国语大学的白湻教授、中国社会科学院的周方冶副研究员也在本书的写作过程中提出了许多修改意见，在此一并表示诚挚的感谢！由于本人水平有限，不足之处在所难免，还望同行批评指正。

张红云
2017 年 6 月 22 日